メディアと文化の
日韓関係

相互理解の深化のために

奥野昌宏・中江桂子 編

新曜社

まえがき

　私たちは他者とどのように向き合い、どのように相互理解を深めるべきなのか、そしてどうすればそれが可能なのか、私たちの思考の出発点はそこにある。
　誰もが抱えるこの素朴な問いにたいして的確に答えるのはそう簡単なことではない。ましてそれが国家と国家あるいは国民と国民の間で、ということになるといっそう困難さが増す。拠って立つ歴史や文化の規定性がより複雑になり、そのことによってステレオタイプの効用が高まってしまうからである。一人ひとりの知識や経験は多様であっても、集合状況においては、ともすれば個別性が埋没しやすくなる。社会には多様なディスコースのやりとりがあり、それが時に融和を生み出し、あるいはさらなる葛藤を惹起させる。国家間の歴史問題についてはその振り幅が大きくなりがちであり、やりとりは闘争の趣きをきたしやすい。歴史的事実と歴史認識は別であるとの考え方もあるが、現実にはそう単純に分けることができない。なぜならば「事実」の確定には価値観に裏打ちされた「認識」が不可避に存在するからである。
　ディスコースのやりとりにおいて重要な位置にあるメディアが、融和の産出に寄与する場合もあるが、葛藤の増幅力として働くこともあり、このことが問題の解決を遅らせたり、相互理解の妨げとなることさえある。このことは、「近くて遠い国」と長らく称されてきた日本と韓国の場合も同様である。ここにいう相互理解とは、同じ見方、考え方になることを指すわけではもちろんない。安易な同一化はむしろ危険でさえある。それと同時に、いたずらに違いを強調し過ぎることも避けなければならない。違いを誇張することは排他性に繋がり、それは攻撃性を助長しかねないからである。相互理解はいうまでもなく社会的関係性のなかにあり、その関係性には正負あるいは異同の両面が存在する。そのことを前提にして先入観を捨て、互いに真摯に向き合うことでしか相互理解はありえないのである。
　さて2015年は、戦後、すなわち日本の植民地支配終結から70年、日韓基本条約の締結から50年目にあたる節目の年であった。しかし両国関係はけっし

て良好ではなかった。これに先立つ2012年夏の李明博韓国前大統領の竹島（独島）上陸を契機に両国関係は極度に悪化したのである。さらにその後も安倍晋三政権と朴槿恵政権との関係は冷え込み続け、日韓関係は長らく悪化したままであった。また政権同士の軋轢のみならず、たとえば、日本では一部のメディアが「嫌韓」を売り物にし、ネットのなかには「嫌韓」と「反日」が溢れた。その多くは健全な「批判」ではなく、故なき「誹謗」であり、相互理解とは逆方向のベクトルをもっていた。日韓両国のコミュニケーションは、従来の政治やジャーナリズムあるいはマス・メディアの範囲を超えて、大衆文化やネットを通じた市民レベル、草の根レベルにまでおよぶ広範で多層的に展開される時代となったが、この状況が相互理解にとって両義的であるのも現実である。

　このように混迷する現実を踏まえながら、日韓関係をメディアと文化の側面からとらえなおすという企図により、成蹊大学アジア太平洋研究センターのもとに研究プロジェクトが立ち上げられた。本書は2012年度から3カ年実施されたこの日韓共同プロジェクト「日韓比較メディア研究――情報と文化の位相」の研究成果である。

　プロジェクト・メンバーは、以下のとおりである（五十音順）。
　日本側：市川孝一（明治大学）、大石裕（慶応義塾大学）、奥野昌宏（成蹊大学：代表者）、小林聡明（日本大学）、鈴木雄雅（上智大学）、田中則広（NHK）、蔡星慧（学習院女子大学）、中江桂子（成蹊大学）。
　韓国側：李錬（鮮文大学校）、金政起（韓国外国語大学校）、金泳徳（韓国コンテンツ振興院）。
　なお、本書を編むにあたっては、上記メンバーのほか、森類臣（立命館大学）、崔修南（慶應義塾大学院生）、文嬿珠（韓国放送通信審議委員会）、白承憸（韓国コンテンツ振興院）の各氏に執筆を願った。

　日韓両国のメディアや文化にかんする比較研究はここ十年余り積極的に行なわれているし、関連の書籍や論文もかなりの数が公刊されている。ただ内容面からみると、いわゆる「韓流」を中心とする現代のメディア文化に関連するものが多くを占めているように思われる。こうした実状に鑑み、本書では同種の内容を含みつつも、できる限り歴史的視点を反映させるように配慮した。またメディアについては機械装置としてのメディアだけでなく、メディアとしての人間の営為にも注目した。さらに相互理解にとって正のベクトルをもつ事象だ

まえがき

けでなく、コンフリクトをなす歴史的事象も取り扱われている。なぜならば、仮に相互理解が実現するとすれば、それは歴史的な積み重ねのなかにおいてのみであり、またその過程においては常に負のベクトルも現出するからである。と同時にまた、負の状況にあっても時に大勢に抗う人間の力にもあらためて目を向ける必要があろう。こうした考えがいささかでも本書に実現しているならば執筆者一同うれしい限りである。

　前半の第6章までの論考は、主として日韓の文化史上のトピックや大衆文化の相互交流の現状を通じて、歴史との向き合い方や相互理解への道筋をどうとらえればいいのか、といった点について論じたものである。また、後半の第7章以降は、戦後の政治体制やメディア・言論状況のもとで展開されたメディアの政治、ナショナリズム、その結果としての相互理解の正負の展開についての論考が並んでいる。テーマや視座・射程はそれぞれ異なるが、日韓関係における事実はいかに形成されているか、メディアは社会をどのように伝えているのか、理解の物語はどのように構築されるか、などの問題について、文化とメディアあるいはジャーナリズムの視点から考察したものである。私たちはその多様性と多角性を大事にしたいと考えている。そもそも異質な立場を尊重する相互理解とは、単純で「わかりやすい」総括を警戒し、むしろ「わかりにくさ」を大事にする、ということを通じてしか実現しない。単純なわかりやすさに従うことが、じつは多くの犠牲を支払うことになるのだと、私たちは日韓の歴史から学んできたのである。単純な結論を安易に求めず、真摯に真直に相互に向き合う姿勢こそが、すべての政治的打算を凌駕して相互理解に向けた一歩を加えることになるのだと考える。

　先に触れたとおり、この研究プロジェクトの実施については、2012～2014年度の3カ年にわたって成蹊大学アジア太平洋研究センターの助成を受けた。その成果として本書を成蹊大学アジア太平洋研究センター叢書の一冊として上梓できることにたいし、同センターにあらためて謝意を表したい。またプロジェクトの遂行過程で両国の多くの研究者やジャーナリストから貴重なお話を伺うことができた。それらが研究や執筆をするうえで大いに役立ったことは言うまでもない。ここでは逐一お名前をあげることは省略するが、すべての協力者にたいして心から感謝したい。さらには、出版事情が厳しい折から本書の刊行を承諾された（株）新曜社と繁多な編集業務を一手に引き受けてくださった

同社編集部の渦岡謙一さんに衷心よりお礼を申しあげたい。
　2016年1月

　　　　　　　　　　　　　　　　　　　　　　　　　　　　編　者

目　　次

まえがき　　　　　　　　　　　　　　　　　　　　　　　編者　3

第1章　朝鮮の美を見つけた日本人のパイオニアたち
　　　　　　　　　　　　　　　　　　　　　　　　金政起　13

　　1　はじめに　13
　　2　柳、淺川兄弟、そして朝鮮陶磁の美　15
　　3　民藝論の「実験場」としての朝鮮民族美術館　20
　　4　おわりに　24

第2章　工芸家たちの「もうひとつの近代」
　　　　——国境を超えた文化活動の記録として　　中江桂子　28

　　1　はじめに　28
　　2　工芸家たちの「もう一つの近代」をめぐって　29
　　3　文化を守るため装置　33
　　4　柳における博物館思想の発展　39
　　5　おわりに——相互理解への長い道のり　43

第3章　日本における韓流の経緯と現状　　　　　　金泳徳　50

　　1　はじめに　50
　　2　韓流と日本　50
　　3　韓流ブームの経緯　51
　　4　韓国ドラマとK-POPの現状　53

5　おわりに——韓流の今後　60

第4章　もう一つの韓流ブーム
　　　　　——韓国歴史ドラマ・ブームについての覚書　市川孝一　63

　　1　はじめに——ブームへの注目　63
　　2　韓国歴史ドラマ・ファンへの道　66
　　3　韓国歴史ドラマとは　67
　　4　なぜ、中高年男性に受けるのか？　74
　　5　おわりに　77

第5章　インターネットを通した日本大衆文化の受容現況と特徴　　　　文嬿珠・白承嫌　88

　　1　はじめに　88
　　2　日本大衆文化に対する開放政策とメディア環境の変化　89
　　3　研究内容および研究方法　93
　　4　インターネットを通した日本大衆文化の受容状況　95
　　5　日本大衆文化の受容特性と日本大衆文化開放政策への影響　100
　　6　おわりに　112

第6章　戦後日韓関係の相互認識をめぐる言説
　　　　　——記憶の再生産と認識の相違を超えて　蔡星慧　115

　　1　はじめに　115
　　2　帝国の記憶、不遇の連続性　116
　　3　新保守主義を超える文化言説　119
　　4　拒否から受容へ　122

5　むすびに代えて——新たな談論に向けて　127

第7章　韓国の博物館における日本の表象　　中江桂子　130

　　1　文化は解放されたのか　130
　　2　柳宗悦展という挑戦　134
　　3　記者会見というディスコミュニケーション？　138
　　4　ジャーナリズムのなかの言論封鎖
　　　　——文化財の政治的利用をめぐって　140
　　5　歴史的トラウマを超えて　143

第8章　1970-80年代における韓国の対日情報発信
　　——対外広報誌『アジア公論』を中心に　田中則広　146

　　1　はじめに　146
　　2　韓国弘報協会の設立経緯と『アジア公論』の概要　147
　　3　『アジア公論』の主要テーマと量的変化　149
　　4　1973年における『アジア公論』の情報発信　153
　　5　1980年における『アジア公論』の情報発信　159
　　6　1987年における『アジア公論』の情報発信　164
　　7　おわりに　170

第9章　1998年韓日首脳共同宣言以後の情報・文化交流について　　李　練　174

　　1　はじめに　174
　　2　金大中大統領在任中の韓日関係　176
　　3　盧武鉉大統領在任中の韓日関係　180

4　李明博大統領在任中の韓日関係　184
　　　5　アンチ韓流と「嫌韓」の潮流　186
　　　6　韓日関係改善策の模索と提言　190

第10章　日韓両国民の相互意識とメディア　　　　奥野昌宏　195

　　　1　日韓関係の近景　195
　　　2　相互意識の現状　197
　　　3　メディアの位置　205
　　　4　メディアの今後　209

第11章　韓国における代案言論メディア創出のダイナミズム
　　　　――言論民主化運動の系譜から　　　　　　森　類臣　215

　　　1　はじめに――問題の所在　215
　　　2　朴正煕政権による言論弾圧と言論民主化運動　219
　　　3　全斗煥政権による言論弾圧と言論民主化運動　225
　　　4　『ハンギョレ新聞』の創刊　231
　　　5　インターネット新聞『オーマイニュース』登場　234
　　　6　李明博政権のマスメディア掌握と代案言論メディア　235
　　　7　おわりに――言論民主化運動の系譜から見る代案言論メディア
　　　　　　　　　　　　　　　　　　　　　　　　　　　　　241

第12章　朴正煕政権下韓国の外信メディア統制――読売新聞ソ
　　　　ウル支局閉鎖の展開過程を中心に　　　　小林聡明　254

　　　1　はじめに　254
　　　2　第一次閉鎖：1972年9月8日〜同年12月6日　255

3　第二次閉鎖：1973年8月24日〜1975年1月10日　261
4　第三次閉鎖：1977年5月4日〜1980年1月15日　269
5　おわりに　273

第13章　日韓両国のメディア・ナショナリズム――2014年8月、竹島／独島問題を事例として　　大石裕・崔修南　278

1　はじめに――日韓関係とメディア・ナショナリズム　278
2　竹島／独島問題の新聞報道(1)　2014年8月11〜12日　281
3　竹島／独島問題の新聞報道(2)　2014年8月13〜16日　284
4　竹島／独島問題の新聞報道(3)　それ以降の批判の応酬　286
5　考察――争点連関と歴史認識の観点から　289

装幀・虎尾　隆

第1章
朝鮮の美を見つけた日本人のパイオニアたち

金政起

1 はじめに

　今、日韓関係は朴槿惠政権になって最悪の状況であると、日韓に詳しい専門家たちが懸念している。日韓関係は常に浮き沈みの歴史のなかにあった。金大中政権になり、1998年には金大中-小渕の日韓共同宣言以降、両国の関係は善隣関係に回復されてきたようにみえた。続く2002年にはKBSドラマ『冬のソナタ』がNHKで放映され、人気が高まるにつれ、日本全国いたるところで「韓流」ブームが大衆文化を染めた。韓国側でも、金大中政権が韓国における日本の大衆文化輸入を許容したことをきっかけとして、大衆文化の日韓交流が相互拡大し、これが両国の相互理解に貢献したことは言うまでもないだろう。
　しかし、李明博政権になって小康状態だった日韓関係は、彼の退任直前におこなった突然の独島（竹島）訪問と日本の天皇謝罪要求発言により、それ以降は冷え込みはじめた。朴槿惠政権に入ってからは慰安婦問題も重なり、関係改善の道筋は見えない。右翼性向の安倍政権になって、両国の歴史認識の差はますます広がり、日韓関係は悪化する一方である。
　この状況を改善する方法はないのであろうか。この問題に対して日韓に詳しい専門家たちが様々な提案を出している。私は、常に浮き沈みがある政府対政府の関係によるだけではなく、民間レベルの日韓間文化交流のなかに改善への可能性を探ることこそ、最も効力のある処方と考える。だからといって、国家の役目がないわけではない。たとえば、安倍政権は極右性向の在特会（在日朝鮮人の特権を認めない会）が「朝鮮人の野郎、死ね」という人種偏見を吐き出しているのに、これを放置しているのは文明国の姿勢ではない。表現の自由は無限ではない。国際的に認められる普遍的な価値を正面から裏切る状態を放置

すれば、もしかすると日韓民族間の感情の溝がさらに深まる懸念もある。
　韓国では2004年初めから日本の大衆文化を開放しているので、今では地上波チャンネルを除く放送のなかに日本の大衆文化がいたるところに見られる。とはいえ、まだ日本のドラマとアニメの場合は、地上波放送では見ることができない。これは両国間の文化の流れを妨げる人為的な壁といわざるを得ない。両国間における文化交流のチャンネルを広げることに国家が積極的に取り組むべきである。
　このような観点から奥野昌宏教授が主導する本プロジェクト「文化とメディアの日韓関係」が日韓関係の正常化に貢献することを期待している。奥野教授は研究目的について、「日韓両国におけるメディア環境と情報文化の生産と受容の実情を明らかにし、そこから得られた見解を通じて両国の相互理解に貢献することを目的にする」と言っている。
　私は本稿で、過去の軍国主義の日本が朝鮮を占領した時、植民地時代の何人かの日本人の知識人たちが朝鮮総督府の植民政策にかかわらず、またはそれに対抗してむしろ朝鮮の文化主権を宣揚した事例を明らかにする。
　1910年に朝鮮を合併した日本帝国主義は、1930年代にはいると中国の侵略を始めるが、これは日本が覇権主義的な軍国主義にエスカレートすることを意味した。対朝鮮の歴史をみると、1919年の独立運動を機に名目的に掲げていた、いわば「文化政策」の看板まで取り止めて、露骨な朝鮮文化の抹殺政策に入る。朝鮮の歴史を消すことを基本的立場とし、創氏改名をはじめ朝鮮語を枯死させるための画策にも走る。しかし私が取り上げようとする知識人たちは、この政治的に厳しい期間にわたって活動し、かつ、朝鮮文化の抹殺政策に対抗して戦った日本人たちである。
　その日本人とは柳宗悦、淺川伯教・淺川巧兄弟、金沢庄三郎である。柳と淺川兄弟など柳同好人は、1920～30年代に朝鮮陶磁器の美を通じて「美の朝鮮」を見つけた人たちである。私は近年出版した『美の国朝鮮』（ハンウル、2011）において彼らを取り上げたが、本稿ではいくつかの資料に基づいて、彼らの他の姿を加えて論じたい。柳は彼が見つけた朝鮮の陶磁美をモチーフにして民藝理論を完成する一方、実践家として民藝運動を創導した。柳の民藝理論は社会疎通理論としてだけではなく、日韓の文化交流を支える、理論的な潜在力となったことを評価したい。

第1章　朝鮮の美を見つけた日本人のパイオニアたち

　金沢庄三郎が著わした『日鮮同祖論』は、朝鮮語と日本語が同じルーツ（同系）だというテーマを提唱した本である。もちろん彼の『日鮮同祖論』も日帝の朝鮮強占を合理化する論理で、軍国主義者たちが利用した側面は忘れるべきではない。しかし、この側面を除くなら、日韓「同祖論」自体が吟味されることなく「悪の種」とされてはならない。日本の考古学の編年史で命名された、「弥生時代」（紀元前8〜7世紀前後から紀元後2〜3世紀頃まで）以降、水稲耕作が青銅文化とともに朝鮮半島の南部から日本へ渡ってきたことは、すでに文献史学や考古学的にも考証済みの事案である。弥生文明は今日の日本文化の重要なルーツのひとつであることは否定できない。これをはじめとする様々な文化交流が考古学的時代からすでに存在しているが、それを基礎として、日本と朝鮮半島の双方は、それぞれの歴史を積み重ねてきたことを認めなければならない。このような視点からみるならば、日韓「同祖論」は、日本帝国主義が掲げた「内鮮一体」という過去の政治の一時期の枠組みに拘束された理論というよりも、より大きな歴史的背景から理解すべき理論であると考える。このような過去の一時期の政治的枠組みから離れて、あらためて捉えなおしてみるなら、金沢の『日鮮同祖論』は日韓の文化のありようを我々に考えさせる、パイオニア的な洞察ではないかと考える。

　しかし、私はここでこの深いテーマを深刻に取り上げるつもりはない。本稿では主に、朝鮮民族にとって暗闇の植民地時代のなかで、柳同好人たちが朝鮮の美を再発見し、それを日本の「民藝」と結びつけ、日韓の文化と連携した過程に焦点を置きたい。その上で、柳が提唱した民藝理論が日本社会における社会疎通理論としてだけではなく、日韓の文化交流を活性化させる理論的な潜在力を持ったことを提示したい。

2　柳、淺川兄弟、そして朝鮮陶磁の美

2-1　柳と朝鮮陶磁との出会い

　ここでは柳宗悦（1889〜1961）が提唱した民藝論と朝鮮との関係を考察する。彼は近世日本が生み出した天才的な文士であり、民藝理論の唱道者である。彼は茶人、古美術のコレクター、批評家、または宗教哲学者とも呼ばれ、幅広い活動範囲をもっているが、私はここでは特に、彼が提唱し、直接飛び込んだ民

藝運動の理論家、実践家としての顔に注目したい。この彼の一側面に、朝鮮陶芸とのかかわりが大きく横たわっていることは見逃せない。これは、日韓間の文化に共鳴しうるものがあることを裏づける重要な事例として価値があり、私はおおいに注目している。次第に明らかになるであろうが、彼が主導した民藝運動は朝鮮陶磁器の美がモチーフになったものである。

　では、彼が見つけた朝鮮陶磁器の美の本質とは何か。これに基づいた民藝の概念とは何か。結論からいうと、民藝論こそ日韓文化が決して「他者」ではなく、共通の母胎から生まれたことを見せてくれる明らかな事例なのである。

　まず、柳がどのように朝鮮陶磁の世界に目覚めたのか、その過程を振り返ってみる。柳は元々朝鮮とは縁のない、西洋の天才的な美術人などをとりあげる雑誌『白樺』の中心的担い手であった。しかし、彼は偶然朝鮮の陶磁器を見て、彼の美意識がそれこそコペルニクス的に変わったのである。

　柳の美意識は1913〜14年朝鮮半島に渡った淺川兄弟の目を通じて形成される。彼らのような案内者がいなかったら、柳は朝鮮美術どころか、朝鮮に対する関心もそれほど深く持つことはできなかったであろう。柳が朝鮮の陶磁器に目覚めるようになったのは1914年9月、彫刻家を目指していた淺川伯教が朝鮮からお土産に持ち帰った青華白磁の壺を見たことに由来するといわれる。その2年後、朝鮮に入り、彼の弟、巧と交友を持つことで、朝鮮陶磁の世界へ本格的にかかわることになる。ここから、彼がのちに日本で民藝という新たな美学を着案し、民藝運動を提唱するようになった発源地が朝鮮陶磁の世界だったことがわかる。

　柳は伯教が持ってきた青華白磁の壺（染付秋草文面取壺・カバー写真参照）を見て、『白樺』1914年12月号に次のような感動を打ち明けており、彼がいかに新たな美の世界に「驚愕」したかが推測できる。

> 自分にとって新しく見出された喜びの他の一つを書き添えよう。それは磁器に現はされた型狀美（shape）だ。之は全く朝鮮の陶器からを得た新しい驚愕だ。嘗て何等の注意をも払はず且つ些細事と見做して寧ろ軽んじた陶器等の型狀が、自分が自然を見る大きな端緒になるとは思ひだにしなかった……自分のしり得た範囲では此型狀美に対する最も発達した感覚を持つた民族は朝鮮人だ。

第1章　朝鮮の美を見つけた日本人のパイオニアたち

　このような朝鮮の青華白磁との出会いは、柳の朝鮮美の世界への入り口となった。その後、柳は淺川巧と交友しながら朝鮮美の世界を見つけたのである。彼は朝鮮の美を様々な形で表現しているが、ここには荘厳な美、グロテスクな美（1916）、偉大な美（1920）、意志の美、偉力ある美、地に横たわる安泰な鞏固な美（1922）などがある。彼は陶磁史で高麗朝と朝鮮朝を比べて、高麗の作りに女性の美があるとすれば、李朝の作りには男性の美があるとも言った。

　もちろんここには彼の植民史観と批判される「悲哀の美」もある。しかし、柳はこの「悲哀の美」という見方を1920年代後半から次第に克服しはじめ、「健康の美」に変えていくことがうかがえる。例えば、1922年に書いた「李朝陶磁器の特質」では、朝鮮美の特色を「悲哀」といいながらも、その時点ですでに李朝の意味に対して意志の美、男性の美とも表現しているのである。

　柳の朝鮮美観が最もよく表われているのは「喜左衛門井戸をみる」（1931）の文章である。柳はこの茶碗を見て即座に言う。「いい茶碗だ。だが何という平凡極まるものだ……何一つ飾りがあるわけではない。何一つたくらみがあるわけではない。尋常これに過ぎたものとしてはない。凡々たる品物である」。彼は続けて、「それは朝鮮の茶碗だ。それも貧しい者たちが普通に使うものだ。本当に下手物だ。典型的な雑器だ」と言う。ここで彼は、一切飾りのない、操作のない自然そのままの美に基づく民藝の美に気づかされたのであり、それが具体的には朝鮮の美によることがわかる。

2-2　不均衡の美

　もう一つ、柳が朝鮮美の特色に見つけたのが不均衡の美である。これは定型の美ではなく、破型の美である。これは彼の思想が、奇数の美、侘び寂びの美学に発展していくきっかけになったものである。

　柳は、青華白磁の飾り気のない紋様「秋草文」の美を見出し、朝鮮の粉青沙器というジャンルに心酔した。柳は、かつて淺川伯教が持ってきた青華白磁の壺に「染付秋草文面取壺」と名づけたことを始発点として、彼の民藝理論が生まれたのである。「秋草文」というジャンルは柳の美意識をよくあらわしており、議論する意味があると考える。それにたいして、現代日本の代表的な民藝論の批判者である出川直樹は柳の「悲哀の美」の理論と関連させて、柳のこの命名を批判している。

はたして柳は「悲哀の美」と結びつけて朝鮮の青華白磁の壺に「秋草文」と名づけたのであろうか。出川が主張する主な争点は以下である。すなわち、「秋草文」とは、日本で平安時代以降様々な部門の工芸紋様で広く使われたものであり、「どこにでもある菊、ススキ、萩、キキョウ、オオバコなど秋草だけを描いている」という。ところが、朝鮮の青華白磁の「秋草文」を調べてみると、5月頃に咲く菖蒲の花がある。また「秋草文」のなかで代表的な文様となっている蘭も、春から夏にかけて咲くのが多く、秋の草ではない。すなわち、朝鮮の青華白磁「秋草文」には秋草だけが描かれているわけではないのに、秋の寂しい風景を「悲哀の美」に結びつけるために、柳は意図的に「秋草文」と名づけた、というのである。

　果たしてこのような主張は正しいのであろうか。しかし、秋草文を専門的に研究した肥塚良三（こえづかよしぞう）によると、広義的には菊、梅、喋喋などを描いたのも秋草文に含まれるというのである。柳が「秋草文」と名づけた背景がわかる資料は『白樺』1922年9月号に掲載された「挿絵の説明」である。彼は秋草文の壺に対する挿絵の説明で「野菊」という秋の草を挙げ、（　）のなかに「時々蘭、ナデシコ、梅と竹が加わる」と説明している。

　肥塚は1988年「李朝秋草文展」を機に秋草手（秋草文）について次のように言う。

> 例えば、豪華絢爛な牡丹は、人目をひく春の花の代表となり、野辺や庭先で可憐な花を咲かせる秋草は、己の美しさを誇示するでなく、人知らず咲き、人知らず散ってゆく、はかない抒情をもつ花となった。そして、後者の場合、そのはかなさゆえに自然の情趣を理解する「心ある人」がみれば、秋草は牡丹に劣らぬ、殊の他美しいものと理解された。こういった美意識のとらえ方は、つまるところ外見の美しさではなく、その奥にある内面の美を汲みとろうとする態度である。

　これは柳が彼の美意識のなかに、秋草文を加えたことを説明する内容であることに間違いない。すなわち、悲哀の美と関わって秋草文を取り入れたことこそ、出川の意図的なものに見える。

第1章　朝鮮の美を見つけた日本人のパイオニアたち

2-3　淺川兄弟

　次に、柳を陶磁器の世界へ導いた淺川兄弟とは誰なのか。兄の伯教は1913年の日帝時代にソウルの南大門の近所のある小学校教師に赴任し、朝鮮に入って彫刻家を夢見た若い芸術家であった。その芸術家の目に朝鮮陶芸の美が入ったのは、ある意味偶然ではなかったのであろう。彼は後に朝鮮の白磁壺に出会った経緯を振り返りながら、「ある日の夜、京城(ソウル)の古物商の前を通ってみると……朝鮮の物の中に白い壺一つが灯の下で輝いていた」といい、「ほんのりして、膨らんだ、丸いものに惹かれ、しばらく覗いてみた」という（淺川1956）。

　彼はこの白磁壺を入手し、「高麗青磁が過去の冷たい美としたら、この白磁は現在の自分の血が通じる、生きている友だ」という。この器もやはり柳を感動させた青華白磁であった。このように朝鮮陶磁器の美に目覚めた伯教は、日本人の学者やコレクターたちの間で「朝鮮陶磁の神様」というあだ名を得るようになる。日本人のコレクターたちの間で「三島」と呼ばれる朝鮮粉青沙器の美も、彼が発見した。彼は朝鮮陶磁器の近代性を指摘し、その例に粉青沙器の伸びやかな器型や、自由奔放で幾何学的な紋様を挙げている。これが柳の朝鮮陶磁観に伝わったといっていい。

　弟の巧は兄を追って1年後の1914年朝鮮に渡った。彼は兄伯教が見つけた朝鮮陶磁器の美を共有しただけではなく、もっと大きな見地から朝鮮人の生活の中へ飛び込んで土着文化を内面化させた、当時では珍しい日本人であった。彼は朝鮮に渡ってきた多くの日本人とは違って朝鮮語を覚え、朝鮮人と心から付き合う「友」になったのである。

　巧は朝鮮の土着文化を内面化させた数々の文章を残したが、そのなかでも『朝鮮の膳』と『朝鮮陶磁名考』は力作である。『朝鮮の膳』は彼が朝鮮人の使う日常品に親しむなかで朝鮮の美を発見したことへの言及であり、現場における研究の成果である。この著書を読むと、彼がどのように朝鮮人の生活に密着し、美意識を悟ったのかがわかる。「正しい工藝品は使用者の手によって次第にその独特な美が発揮される」といい、「したがって、ある意味で使用者は美の完成者」ともいう。彼は具体的に、「朝鮮の膳は純美端正したものでありながら、私たちの日常に近く奉仕し、歳月とともに優雅な趣を加えていくことで、正しい工藝を代表する」といった。

19

これは柳が民芸理論を完成させた『工藝の道』のテーマそのものである。加えて、巧は工芸美の法則があるといい、一番先にすべてのものを越える根底になる工芸の本質は「用（使われ方）」と指摘するが、ここにも柳から強い影響を受けたことがうかがえる。柳は1924年朝鮮民族美術館をソウルに建てるが、これは巧と意気投合したひとつの結果であった。

　結論からいうと、柳と淺川兄弟は朝鮮陶磁の美を媒介にして朝鮮人の心の友になろうとした、植民統治の当時では珍しい日本人であった。朝鮮陶磁の美が日本の民芸の美と提携するという意味で、彼らは日韓文化交流の重要性を悟ったパイオニアであった。

3　民藝論の「実験場」としての朝鮮民族美術館

3-1　美術館への情熱

　柳は淺川巧と意気投合してソウルに朝鮮民族美術館を設立する。これは「他者」によって設立された最初の民間博物館であった。柳はなぜソウルに当時としては考えられなかった大型文化事業を進めたのか。彼は1921年1月、『白樺』に「朝鮮民族美術館設立について」を発表し、「数少ない朝鮮の作品はおそらく10年後は散逸の悲しみに遭うだろう……私はその不幸な散逸を防ぐためにもこの企画を実践に移す」と強調している。もちろん、朝鮮人ではない日本人が朝鮮の優れた作品が散逸してなくなることを防ごうとすることの意義は大きい。しかし、それがすべてだったのであろうか。彼は「朝鮮民族のあの優れた作品が私たちの心と深く交流する日が来る」という信念と、「その作者としての民族が私たちの心の友になる」という望みを完遂するために、ソウルで朝鮮美術館を建てることにしたと明かしている。このような発言に隠れている真意は何だろうか。

　当時、柳と巧が交換した意見をみると、当時の朝鮮人たちは「そのような心の余裕もなく」、力も関心もなかったのは確かである。それでもこの少数の日本人の「他者」たちが、少なくないお金と熱意をもって、このような文化事業を敢行したのだ。

　この美術館の設立過程を見ると、柳が相当緻密な計画を立ててそれなりに献身したことがわかる。柳が朝鮮民族美術館を設立しようと決めたのは、1920

第1章　朝鮮の美を見つけた日本人のパイオニアたち

年冬の初めに、巧が我孫子の柳の自宅を訪問して互い意見を交わしたのが契機であった。彼は翌年1921年の『白樺』1月号に「朝鮮民族美術館の設立について」を発表し、その後彼が陶磁器展覧会、講演会、声楽家の夫人を同伴した音楽会を通じて募金運動を積極的に進めた。他にも巧とともにソウルの骨董品街を歩き回り、収集活動を進めると同時に美術館の敷地確保のために企業人と交渉をした。

　柳は1922年10月、ソウルの黄金町で「李朝陶磁器展覧会」を開いたが、大盛況だった。これはまだ設立されていない「朝鮮民族美術館」を主催者の名に掲げて開催されたものであり、柳自身が評した通り、「この展覧会は私たちが計画した民族美術館を具体化する一歩だった」のである。それから約1年後、美術館の敷地を確保するために日本企業人たちと交渉したが、うまくいかず、柳は朝鮮総督府の斉藤実総督に会って、景福宮のなかの緝敬堂を借りた。そうして朝鮮民族美術館は1924年4月9日に開館した。

　振り返ってみると、彼の美術館設立運動は猛烈で、熾烈で、献身的としかいいようがない。その上、計画に従ってソウルと東京を行き来しながら緻密に、そして忙しく走り回ったのだが、その執念は驚くべきである。どうして彼はそれほど朝鮮民族美術館の設立に没頭したのであろうか。柳は批判者たちがみるように、日本帝国主義の「文化政治」の僕として熱を上げたのであろうか。それとも柳の「仕方がないディレッタント」（チェ・ハリム、1974）気質だったのだろうか。それとも彼には、審美主義者と植民主義者という二つの顔が共存（柄谷行人、1997）していたのであろうか。

　日本の美術史学者の土田真紀は、朝鮮民族美術館の所蔵品の特徴が「反ミュジアム・ピース」であることを教えてくれる。「ミュジアム・ピース（museum piece）」とは、美術館に所蔵するのに適切な価値のある作品を意味するが、世の中に溢れる無数の作品のなかで一旦美術館に所蔵されると、その作品は「美術館保証」を受けることになる。しかし、言い換えると、それは単に名品主義でもある。だとすれば、「美術館もまた既成の価値に権威を与え、交換価値の高い作品を集めることになってしまう」。これにたいして、「朝鮮民族美術館はそのような意味でむしろ反ミュジアム・ピースという考えに基づいて企画された美術館だった」（土田真紀2007）。これは当時、彩壺会派の奥田誠一などが高麗青磁を高く評価し朝鮮時代の陶磁器を「堕落の時代」と見下していることに

対して、柳らはむしろ朝鮮の青華白磁や粉青沙器など、いわば「反ミュジアム・ピース」を所蔵品として集めたことをいう。

　私は土田の見解に賛同するが、ここには柳の遠大な構想が潜在していると考える。それは、柳がこれから既成の美の概念を転覆する、革命的な民芸思想を朝鮮陶磁器という媒介を通じて民衆の「下手物」を「実験」してみようとする構図である。その実験は様々な意味を含んでいるが、最も重要なのは、当時日本に広がっていた朝鮮に対する蔑視観を打破しようとする意図を表わしたものである。柳は1921年5月、東京神田で「朝鮮民族美術展覧会」を開催し、次のように言う。

> 此會を形造る主要部分は殆ど李朝期の作だと云ふ事を豫め知ってほしい。然しかく云ふ時一般の人は先入の偏見によって、朝鮮の作で見られるものは高麗以前のもののみだと云ふ事をよく云ふ。然しそれが謬見であると云ふ事を此展覧会が是定すると私は考へてゐる。然し、私はかかる「破邪（polemic）」の意によって此展覧会の意味を主張しようとするのではない。朝鮮民族の特色は却て李朝期の作に現れるという積極的理解が此展覧会を促した一つの動機である。（柳1981：699）

　これは柳が朝鮮の作品には見るほどのものはないと考える日本人の先入観を間違いと指摘し、その間違いを直す方法として考え出したのが「朝鮮民族美術展覧会」であることを明らかにしているのである。具体的な処方として、間違いを打ち砕く行動（破邪）すなわち戦いをするより、朝鮮時代の陶磁器の現物を広く見せることのほうが、人々に自らの誤った先入観に気づかせるには、重要だと考えたのだ。言いかえれば、世間に広まっているあの氷山のような朝鮮偏見の壁を崩してみようと試みているのではなかろうか。また彼は既成の美の概念を崩し、革命的な民藝の美学をその美の現場である朝鮮で実験しようと大胆に試みているのではなかろうか。

3-2　民藝理論とは？

　民藝、すなわち民衆の工芸は、柳が朝鮮陶磁の世界と出会ってから生涯穿鑿（せんさく）した芸術である。前述で、柳が創案した民藝を既成の美の概念を転覆する革命

第1章　朝鮮の美を見つけた日本人のパイオニアたち

的な美の思想の結晶物であると示唆したが、それは何を意味するのか。柳は1928年の著作『工藝の道』において、「もし貴方がある工藝品をみて、美術的なるが故に美しいと云うなら、貴方の認識は間違っている」といい、「だがもしそれを工藝的なるが故に美しいと呼ぶなら、貴方の理解は極めて正しい」という。ここで私たちは柳が既成の美の概念を転覆しようとする革命的な美学観をうかがうことができる。

　彼は同著作において11の工芸の法則を出しているが、それは彼が創り出した民藝理論の核心である。それを並べてみると、使われ方（用）、庶民の日常品（下手物）、大量に安価に在ること、労働、庶民大衆、協業、手工芸、天然、無心、没我、単純さである。柳はその一つ一つに、それがなぜ美の原理なのかを例を上げながら説明し、既存の美術と彼が立てる工芸の違いを説く。すなわち、既成の美術は使われ方（用）から離れた、少数貴族の鑑賞を中心とした高い「上手品（うわてのしな）」に過ぎないので、ここでは美しいどころか醜いというのである。これは長年既成の美の概念とされてきた、均整（symmetry）の美から、不均整（asymmetry）の美への転換でもある。その上、彼は人為的に創造した美ではなく、無心の美を強調しているが、これは朝鮮陶磁器から見つけた美が無心、没我、単純さの所産であることを示唆している。

　これは当時、日本で陶磁界の見解を主導していた、「鑑賞陶磁」を立てる彩壺会の美意識に対抗したものでもある。彼らは、朝鮮文化は中国の模倣に過ぎず、陶磁史における朝鮮時代は高麗時代に比べて陶磁の堕落期であると規定していた。それが東洋陶磁研究の第一人者であるという奥田誠一など彩壺会派の見解であった。それに対して柳は、1920年「朝鮮の友に贈る書」において次のように反駁している。

　　或者は支那の影響を除いては、朝鮮の藝術はあり得ないかように云う。或は又支那の偉大に比べては、認め得る美の特色がないかの様に考へている。実に専門の教養ある人々すら、時としてかかる見解を抱く様である。然し私はかかる考えが真に独断に過ぎなく、理解なき謬見に過ぎぬのを感じてゐる……特に著しい内面の経験と美の直観とを持つ朝鮮が、どうして支那の作品をそのままに模倣し得よう。

私が重視するのは、柳が植民統治下にいた朝鮮人に単に同情する気持ちからではなく、彼の美意識によって発見した朝鮮美の本質を大切にするが故に、彩壺会派と戦っていたと思われるからである。その後、柳はこの朝鮮美に基づいて民藝理論を唱導し、民藝運動を展開する。
　柳は「民藝の趣旨」(1933) で次のように言う。

> 　私は譬えでこの真理を明らかにしませう。人間が歩むと云う事は平凡な事柄です。愚かなものでさへ上手に歩きます。ですが如何に上手に歩くとも、人はそれを讃美せず、又歩く者もそれを誇りには考えてゐません……かりに吾々が足を痛めるとしませう。又は闇夜に燈火もなく歩くとしませう。歩行は忽ち平凡ではなくなるのです。一歩一歩意識して歩かねばならぬ不自由と困難とを咎めるでしょう……若しも吾々が健康な体に帰るなら、あの巧みな歩行を無意識に平易に行ふではありませんか……民藝もこの平易さにおいてのみ成就するのです……それは文法を知らない日本人が、困難な日本語を平気で使いこなすのとも同じです。ぎこちなく一々文法を意識して話す外国語の場合と如何に異なるでせう。

　これは柳が、文法のような定型枠に縛られた定型美ではなく、文法の定型枠を離れ、無限の話用があってこそ生きた言語になることにたとえて、民藝の美を理論的に比喩した部分である。日本の研究者竹中均はイギリスの社会学者アンソニー・ギデンズの構造化理論をもって民藝理論を社会理論に昇華させた。
　私はこの社会理論をさらに進化させると、優れた社会疎通理論になると考える。社会疎通は、ある社会が生きている共同体のなかで人々が平和に、または人間らしく生活を営むために必要な条件である。社会疎通理論は一つの国の共同体だけではなく、その領域を越えて他の国の人との共同体を形成する時も、例えば日韓間の文化共同体を形成する時も有用な理論と考える。

4　おわりに

　本稿では、柳の民藝思想が朝鮮の陶磁世界との出会いをたどることを通じて、どのように形成されたのかを追跡し、その結果、日韓が充分に疎通可能な文化

であることがわかった。また、私は民間レベルの文化交流こそ日韓間の相互理解、引いては相互友好に通じる道であると主張するが、柳らの活動はその根拠でもある。ただ前述したように、柳、金沢庄三郎のような善意の知韓派の日本人たちは、日韓両国で批判の対象になることもしばしばある。

　しかし私は、柳の「悲哀の美」を標的にした批判は、彼の思想的な遍歴をふまえるなら、短絡的な批判に過ぎないと考える。彼はすでに1920年代以降このような美意識を克服し、朝鮮の美を「健康の美」、または「荘厳な美」といった概念へと変化させている。同じく金沢庄三郎の場合、『日鮮同祖論』は日本の軍国主義者たちが植民統治術として考案した「内鮮一体」を扶助するものとして、日韓両方から批判の標的になっている。たしかに、彼の理論は日本帝国主義に利用されてしまったが、本来彼が主張したテーマは、民族主義やその支配という政治とは乖離している。簡単にいうと、朝鮮語が古日本語の祖語という点、したがって二つの言語は同系ということだけなのである。したがって彼の主張は「同祖」が目的なのではない。二つの言語の長い交流と密接な関係性を示す事例として、言語が取り上げられ、「同祖」という言葉が使われたにすぎないのである。それは例えば、同書の序章で「朝鮮は文明国である」に続いて、第一章では「朝鮮は神の国である」という説を出しているが、これは当時の朝鮮文化を抹殺しようとする日本帝国主義の植民政策に逆行する主張であることにも、あらわれている。

　現代日本の村上春樹は、韓国の若者たちにも人気のある小説家だが、彼は日中韓の間で争いになっている尖閣列島（中国名釣魚島）、独島（日本名竹島）をめぐる日中韓の三カ国が争っている状況に対して、「領土紛争が国境を越えて魂が行き来する道筋をふさいではならない」（『朝日新聞』2012年9月28日）と強調した。日韓間の海の道・玄海灘は、日本または韓国という国ができるはるか昔から朝鮮半島の南部の加羅人たちと倭人たちが往来しながら交流してきた生命の船道であった。

　村上春樹の言葉は単純な修辞に止まらない。それは、日本の古い歴史書『古事記』と『日本書紀』に登場する天之日矛(あめのひぼこ)（槍）の記録によっても裏付けられる。両書は「新羅の王子」である日矛が玄海灘を渡って、「三種の神器」をはじめ、各種の玉など、さらに熊神籬(くまのひもろき)一具を持って来たと記している。熊神籬とは常緑樹の枝で囲われた神座を意味するが、この形は日本の古神道の原型だ、

と考証した日本の学者は昔から一人二人ではない。いまなお天之日矛は日本全国の多くの神社で祭神として祭られている。

　日本の国民作家・司馬遼太郎は彼の人気シリーズ『街道をゆく』の一作で、朝鮮半島の南部加羅と九州は一つの文化圏であることを様々な話題で伝えている。これは昔から日韓の文化は、現在の国境によって分断されるべきでないことを示しているのではなかろうか。

　最後に、柳の美学理論には平和思想が深く含まれていることも、注目に値する。民藝理論は、前述したように、社会疎通理論として一つの社会に生命力を吹き込むことだけでなく、他者と共存する社会であっても疎通を見いだすことにより平和を求めることができる可能性をも示しているということである。彼の平和思想は「複合の美」という言葉で象徴されるが、彼は1918年に書いたエッセイで「野に咲く多くの花は野の美を傷めるであらうか。互い互いを助けて世界を単調から複合の美に彩るのである」というところによく現われている。彼は、さらにさかのぼれば1917年の別の文章において、「吾々が持ち得る最も恐らく一切の世界が一色によって塗抹されるといふ事である」とも言っている。これは、彼の「複合の美」という概念の内容を示唆するものである。

　柳宗悦は日本が軍国主義一色に進んでいくことに反対し、近くは北東アジア、ひいては世界のすべての国の文化圏的な多元主義こそ美しい平和に至る道と力説したのである。この平和思想は、現在の北東アジア3カ国が平和より紛争に走る現実に新たな意味を持たせるに違いない。

参考文献

淺川巧（1931）『朝鮮陶磁名考』朝鮮工芸刊行会（復刻版、草風館、2004年）
淺川伯教（1922）「李朝陶器の価値及び変遷に就いて」『白樺』1922年9月号
─── （1956）『李朝の陶磁』座右寶刊行会、非売品
李進熙（1977）「柳の美術観の変遷」『暮らしの創造』1977年冬号
─── （1978）「李朝の美と柳宗悦」『季刊三千里』1978年春号
奥田誠一（1931）『日本工藝史概説』雄山閣
金沢庄三郎（1929）『日鮮同祖論』刀江書院
柄谷行人（1997）「美学の効用──［オリエンタリズム］以後」『批評空間　第二期』
　14号、大田出版

肥塚良三（1988）「李朝秋草ついて」『李朝の秋草』大阪市立東洋陶磁美術館
杉山享司（2010）「二つの展覧会によせて――［柳宗悦と朝鮮］その時代」『民藝』687号、2010年3月
高崎宗司（2002）『朝鮮の土となった日本人――浅川巧の生涯』増補三版、草風館
竹中均（1999）『柳宗悦、民藝.社会理論――カルチュラル・スタディーズの試み』明石書店
チェ・ハリム（崔夏林）（1974）「柳宗悦の韓国美術観に関して」『朝鮮とその芸術』知識産業社、（ソウル、ハングル翻訳版）
土田真紀（1998a-b）「朝鮮民族美術館のその後を追って――韓国国立中央博物館での調査」『民藝』1998年3-4月号
――――（2007）『さまよえる工藝――柳宗悦と近代』草風館
――――（2010）「柳宗悦と朝鮮民族美術館」『朝鮮陶磁図録』日本民藝館
出川直樹（1997）『人間復興の工芸――「民芸」を超えて』平凡社
中江桂子（2009）「柳宗悦〈民芸〉というまなざし――ヘゲモニーへの挑戦の軌跡」『国際行動学研究』第4巻
中見真理（2003）『柳宗悦　時代と思想』東京大学出版会
――――（2006）「悲哀の美から複合の美へ――柳宗悦像の再構築を願う」『文化的記憶――柳宗悦が発見した朝鮮と日本』イルミン美術館
柳宗悦（1959）「李朝陶磁の七不思議」『民藝』第80号、1959年11月
――――（1972）『朝鮮とその芸術』日本民藝協会編、春秋社
――――（1981）『柳宗悦全集』第6巻、筑摩書房
――――（1984）『朝鮮を想う』筑摩書房
梁智英（2008）「「彼の朝鮮行」が語るもの」『日本語と日本文学』第47号、筑波大学文学会編

第2章
工芸家たちの「もうひとつの近代」
——国境を超えた文化活動の記録として

中江桂子

1　はじめに

　文化接触ないし文化交流といわれるものが、しばしば政治や経済の衝突や交差をきっかけに起こり、また促進されることをふまえるなら、文化交流そのものを素朴に語ることこそが既に政治的である、との批判は承知している。しかし、支配-被支配の政治的関係のあるところの人間がすべてそれを複製するように政治的であるとは限らない。むしろ支配-被支配関係の枠組みのなかにすべてを読み込んでいくような見方こそがステレオタイプ、すなわち知の怠慢であり、歴史の重層性を見失わせる原因であるともいえよう。本稿では、これまで支配や剝奪という側面ばかりが強調されがちな日韓併合時代の文化交流について、別の一側面を論じたいと思う。それは、多くの工芸家たちが、芸術そして社会の新たな構想の夢をアジアにみたその歴史的刻印についてである。
　明治近代以来、西欧への強い憧れと強迫に苛まれてきた日本人が、そのありように対してある種の疑義をもち、西欧近代とは異なるものをアジアに求めはじめたのは、大正から昭和にかけてであった。また、それはたいていは西洋から日本へ、日本からアジアへという、オリエンタリズム的視線の連鎖として受け止められ批判されてきた。しかし、その局面にとどまらない人々の活動に目を向けたい。現在グローバル化の進む時代にあって、まさに近隣諸国との歴史認識が現在に深く反映されるのであればなおさら、ステレオタイプを呪文のように繰り返すのではなく、この時代の日本と東アジアの実情について冷静に、広く深く向き合い理解する努力こそ、私たちにとって意味があるものに違いないからである。

2　工芸家たちの「もう一つの近代」をめぐって

　2012年4月から7月にかけて、東京国立近代美術館で開催された展覧会「越境する日本人——工芸家が夢見たアジア1910s-1945」は、私たちに当時の工芸家たちがアジアに模索したものについて考えさせる、挑戦的な企画であったと思う。その企画展の主任学芸員であった木田拓也は、この時代にアジアへ目を向けた美術家たちの活動は、「アジア的価値観に根差した、西欧近代の追従ではない「もう一つの近代」を実現する場として「アジア」を眺めていた日本人のまなざしを念頭に置かなければならない」（木田2012：11）とした。
　「芸術とアジア主義」という概念で想起されるのは、まずもって岡倉天心の「アジアはひとつ」というあまりにも有名な一文であるが、この言葉は多くの誤解を孕むものだったと思われる。少なくともこれは、西欧列強的覇権のアジアにおける再現を日本に促す、といった単純な解釈では終わらないものを持っていた。天心は日本の美術史の原点というべきところに外来の文化（儒教・道教・仏教）を置き、東洋の美術史の重要な要素を日本のなかに発見する。また天心は日本を「アジア文明の博物館」とした。

　　アジア文化の歴史的な富を、系統的にその秘蔵の実物を通して研究し得る場所は、日本においてないのである。奈良の寺院は、唐代の文化の、また当時隆盛の極みにあって、日本のこの古典期の創造に大いに影響を与えたインド芸術の代表的作品に富んでいて、かくも目覚ましい時代の宗教的儀式と哲学はいうまでもなく、その音声、発生、儀礼、服装に至るまで、手をつけずに保存してきた一国民にとって、当然の相続財産となっているのだ。……かくて日本はアジア文明の博物館である。いや、たんに博物館にとどまらない。というのは、日本民族の特異な天分は、古きを失うことなく新しいものを喜び迎える、あの生ける不二一元論の精神によって、過去の理想のあらゆる局面をあまさず維持しようと努める。……日本の芸術史は、こうしてそのままアジア的理想の歴史となる。（岡倉1980：16-17）

　これは廃仏毀釈とともに始まった明治近代の流れとは一線を画すものであり、

アジアの一等国として拡大していこうとする政治的アイデンティティとは異なる、天心特有の感受性を表明している。天心は、ヘゲモニーによって部分を全体に従属させる安堵感に支えられた全体調和ではなく、部分の自律性を前提に全体の調和を模索する、東洋の民主主義をめざした。主権の途切れることのない継承や、他に征服されたことのない島国としての条件によって、アジア文明の各時代の個別性がそのままに、日本のなかに美術史のなかに刻印されていることが、まさに日本の文明的遺産となっていることを示し、また、このような日本の美術史の特徴的状況こそ、アジアの共生のモデルとして想定されている。それぞれの個別性を保存しつつ、それら異質な個別性の共存とともに全体として穏やかな調和を達成しようとする、「もう一つの近代」像である。

　ヨーロッパとの対抗関係とアジアの牽引者としての日本を表明するために一般的に利用される「アジア主義」という概念のなかに、天心の思想を単純に位置づけることには無理がある。前引用のなかにある「日本民族の特異な天分」との内容も、島国であり征服を経験したことのない固有の歴史が培ったものであり、それを天皇制への崇敬を示すという解釈は可能かもしれないが、天皇が日本の文化を牽引したというような理解の立場ではないことは一目瞭然であろう。まして、東洋の最上位に日本を置くなどという志向は全くない。大日本帝国のイデオローグとしては「欠陥」ともいえる天心のこの思考は、東京美術学校校長であり帝国博物館美術部長であり、かつ、パリの万国博覧会に出品予定の『稿本日本帝国美術略史』の編纂主任でもあった岡倉天心が、ついにその編纂から外されるという事件の、おそらく根本的な原因であった。小路田泰直によれば、福地復一が天心の後任として編纂主任になるや、福地は大日本帝国公式の美術史（東洋の美術の真髄を培った歴史として日本美術史を位置づける考え方）を前面に出し、極端な天皇中心の家族国家論を言いたて、いわゆる日本的なるものが自生的文明として形成されたとの主張をした（小路田1997：54-70、稲賀2008：30）。いわば天心とは反対の立場がここに公式に表明されることになったのである。

　美術や芸術の分野の作品や人物が大日本帝国における文化支配のためのイデオローグとしてまずは認識されるという、しばしば現在でも無数に反復されるステレオタイプは、天心ひとりをとってみても大きな誤解を含むことがわかる。そして、私たちが気づかなければならないのは、これは天心ひとりのことでは

第2章　工芸家たちの「もうひとつの近代」

なく、特に工芸の分野において多くの芸術家のひとりひとりが、それぞれの立場からアジアへ越境して活動を広げており、「もう一つの近代」を意識するしないによらず、また政治的な背景にもかかわらず、多様かつ他なるものへの崇敬が基調であったことである。

　東洋への越境とそこに見出された新しい美の発見をいうなら、たとえば本稿の冒頭で紹介した「超越する日本人」展のなかでも、横河民輔、小森忍、あるいは自由学校の北京生活学校などを含み、言及するべき対象が広範にわたっている。本稿のテーマである韓国あるいは朝鮮との関わりのなかに論述を限るとしても、まだ多くの研究対象がありうる。岡倉天心とは美への考え方に対してある部分で決定的に対極的な立場をとる芸術家たちのなかでも、他への崇敬という基本的な態度に関して、共通のものを感じさせる人間は多々いるのである。ある意味での限界を引き受けながらも、柳宗悦と民藝の活動家吉田璋也について、もう一つの近代への模索のかたちを論じたい。

　柳宗悦の関心は、朝鮮、アイヌ、沖縄をはじめ、日本各地の地方の生活のなかに育まれた文化のなかにあった。周縁の文化へとひたすらに向けられる柳の関心について、「純粋な日本」という表現をもちいたがために、誤解が助長されるような結果となっている。軍国色濃い時代に《純粋な日本》といえば、日本独自の特有の文化内容を指し示しており、ナショナリズムとの関連のもとで位置づけられてしまいがちなのは想像に難くない。天心が指摘するように日本古来の文化そのものがアジア文化の博物館なのだとすれば、むしろ純粋な日本的なるものは地方文化のなかにあるというビジョンをとることになった大政翼賛会文化部（岸田1941）は、当然のように、民藝運動を利用していくことになった（樋田2012：48）。

　柳宗悦自身、『手仕事の日本』のなかで、「日本の文化の大きな基礎」について語り、その重要な二本柱として自然と歴史を挙げている。しかし、その自然とは何かといえば、島、岬、港、町、山、川、平野、湖水、などの複雑な地形と、それぞれに固有の多様な自然が存することを述べ、しかも北から南まで見渡せば、場所それぞれに風土に特有の変化があることに注目する。つまり柳に言わせれば、日本の特徴とは多様性そのものなのだ。また、歴史とは何かといえば、先達たちが各々の自然のなかで知恵や経験を積み重ねてきた結果としての生活のことなのであって、それは具体的にいえば、それぞれの地域にそれぞ

れの歴史と生活の形があるということに帰する。だから柳が「日本的なものを育てるべき」とか、「伝統は国家の財産である」とかいうとき、それは、各地の多様性を多様性として守り、中央のヘゲモニーによって多様性を潰されるようなことのない状態を含意したものであった（中江2009）。実際『手仕事の日本』のなかでは、上記の記述に引き続き、日本の各地方に伝統的に使われている品物の数々を紹介し、多様な地方の生活文化と品物についての詳細な記述が綴られている。他のどの著作においても、自然のありようとそのなかで暮らした人々の生活史が封印されたモノと文化にあふれている状態、かつ、中央権力のヘゲモニーに晒されていない状態を、柳は「健やかな」生活のあるべき姿として評価しているのである。本来そのような自然と生活との内的結合は日本全体に溢れていたはずなのだ。しかし今では、その健やかな文化が、朝鮮や沖縄などの周縁部にこそ息づいていることに、柳は感激しているのである。

　　人は文化の程度を、只土地の広狭で計つてはならぬ。只経済の多寡で数へてもならぬ。工業の新舊で評してもならぬ。真の貧富はどれだけその国が多くの文化価値を有するかどうかに掛る。ここに価値とは正しきもの、誠なるもの、美しきもの、健やかなるものを云ふ。是等の性質こそは文化の軽重を測る尺度である。文化価値をおいてどこの文化に意義があろう。かかる本質的価値に乏しいなら、如何に流行の先を進むとも、如何に厖大な施設を有つとも、如何に大きな販路を開くとも、二次的な事に過ぎないではないか。（柳1940：15・137）

　土地の自然と生活のなかから生まれた工芸のありようを高く評価し続けた柳宗悦の、民藝の精神をうけつぐ代表者のひとりは、吉田璋也である。吉田は鳥取出身の医者であり、新潟医専在学中より我孫子にいた柳を訪ね、民藝運動に親しんでいた。おのずから鳥取を中心とする民藝運動のキーマンとなる吉田だが、1938年よりたびたび中国北方に軍医として勤務すると、当地にて民藝の発見と擁護とに幅広く活動することになる。もとより日本人であり軍医という立場でありながらも、吉田はそこでの生活のなかで出会う木綿、陶磁器、型染め、荒物などに神経を配り、民芸品ひとつひとつとの出会いや、品物と生活との結びつきについて綴るのをやめない。「支那を平和の楽土となすには農民

第2章　工芸家たちの「もうひとつの近代」

の工芸へも意を傾け、その発展によって農民の富裕となるを助け、東洋文化のためにも支那の土と支那人の血液でなくば生まれない美しさを、永遠に伝えることも、吾人日本人に科せられた任務ではあるまいか」（吉田1998：96-97）。中国に赴任したばかりの年に書かれたこの言葉にあらわれているのは、多様性のひとつひとつをその文化の当事者の生活のなかで、当事者によって豊かにしていくことこそ価値があるのだという信念である。それは戦況の如何に左右されることはなかった。1943年の9月に北京中央公園の新民堂で開催された「華北厚生産業展覧会」について、次のように紹介している。

　　この展覧会は、日本人は関与しないで、華人の新工夫になるもので、工芸の上ではまだ低調なものではあらうが、斯様な華人の仕事の動きが、見えるやうになつたことは、欣ばしいことで、大いに将来に希望を持ち、さらに育成に援助したいと思ふ。（吉田1944：22）

　このような柳や吉田らの民藝思想のアジアへの展開には、西欧列強の植民地主義のなかの文化政策ないし文化統治とは、かなり隔たった世界観があることがわかる。少なくとも彼らひとりひとりの思想と行動は、覇権主義とは反対の立場であった。むしろ、被支配者側にある民衆たちの工芸にたいして強い憧れと崇敬をもち、それを守ることが自ら使命と感じていたものも多くあった。これは、オリエンタリズムとむやみに混同されてはならないものである。

3　文化を守るための装置

　アジアに驚きの目を向けた工芸家たちが拠り所にしたもののひとつは、現地の文化的遺物が収拾され展覧されるようになった博物館である。とくに韓国においては、博物館・美術館の成立が日韓併合時代に日本によって進められた経緯があるため、これらもまた、帝国下における文化事業全般を帝国支配の手段というステレオタイプで一括して批判しその価値を否定するという多くの言説にさらされてきた。冒頭で述べたように、ここでは繰り返されてきた陥穽に陥らないように注意しつつ、吟味の対象としたい。
　韓国最初の博物館である李王家博物館は1908年に開設された。開設の経緯

のなかでは、岡倉天心が積極的に伊藤博文や寺内正毅らに進言したことの影響があったとされる。伊藤が総理時代、天心は伊藤のもとに頻繁に通い「日本は今の中に外國の美術にのみ醉ふことを止め、日本美術の本然の姿に目覺めて長き傳統を究め之が興隆を計らなければならない」などの進言を重ねた。それを理解した伊藤は帝国博物館の創設に尽力し、朝鮮総督になって来鮮してからは、朝鮮美術の復興に力を注いだことが知られている。また、寺内が二代目総督になると、天心は来鮮し寺内に博物館、古跡調査などの必要性を説いた（淺川1945：265-270）。伊藤や寺内を日本帝国主義と同一視するなら、これもまた支配のための文化政策として批判の的になろうが、当時の日本の政府内部が一枚岩であると考えることはまさに事象の表面的見方である。少なくとも、岡倉天心の、各地に固有の芸術保護の姿勢は、前述の「もうひとつの近代」との関連のなかで捉えなければならないであろう。伊藤もまた政府内部のなかで韓国併合にたいして最後まで異を唱えた人物であり、朝鮮の歴史と朝鮮人の才能に畏敬をあらわすことを厭わなかった、頑固な人格が伝えられている（新渡戸1970：548-551）。

　李王家博物館の開設に向けたもうひとつの背景としては、関野貞をあげておかなければならないであろう。東京帝国大学工科大学助教授であった関野は建築物調査のために1902年にはじめて韓国に渡り、慶州、大邱、開城、京城などを踏査した。これは新羅・高麗・李氏朝鮮の各時代の建造物と遺跡調査にかんする最初の系統的な記録である（有光2007：206）。そのなかで多くの遺跡の盗掘や遺物の散逸を惜しんだ関野は、総督府当局に博物館の必要を訴えたが、この要望は藤田良策などその後に続く古蹟調査にかかわる人々に受け継がれていく。藤田は、高麗の陶磁器や金銀品の多くが異邦人の手に売られ散逸することが多いなかで、李王家博物館があることによって半島の宝を一部でも救うことができたことに、胸をなでおろしている（伊藤2011：171）。政治支配が到達するところ古蹟調査が始まり、それが統治に直結しているということを否定しないにせよ、古蹟調査がすべて統治のためだけに行なわれたと考えるのもバランスを欠く。古蹟調査が朝鮮半島への理解や親しみを深め、その崩壊や散逸を防ぐべく活動した人間があり、それらの収集拠点を半島のなかに求めたことは、李王家博物館と1915年の総督府博物館の設置への後押しとなった。

　李王家博物館は来鮮する歴史家や美術家たちにとって、得難い勉強の場と

第2章　工芸家たちの「もうひとつの近代」

なったことは言うまでもない。淺川伯教(のりたか)は、1913年にはじめて訪鮮すると李王家博物館を頻繁に訪ねている。そこにあった如意輪観音に東洋のミロのヴィーナスを見てとると、それは「心に嚴肅な崇敬の念を呼び起こす。支那の六朝時代、朝鮮の三國時代、我が國の飛鳥時代、この佛像を通してこの三時代のつながりを雄辨に聞く事が出来る」(淺川1945：266)、と感激しているし、同様の感激は高麗青磁のコレクションを目にしたときにも繰り返されている。のちに李朝窯の調査研究と陶片の収集をつうじて朝鮮文化の理解者であり紹介者となった淺川の原点には、博物館での学びがあった。また、李王家博物館から借りた品々が上野公園で展覧された1912年の拓殖博覧会では、バーナード・リーチと富本憲吉が、興奮しながら朝鮮焼きの美しさについて談義している。朝鮮の土を手に入れたいとリーチが言い出し、展示品を互いに手にとってみたいと言い合った、とくに墨で唐草文様の徳利が気に入った……など、触れ合いに喜んだ報告がある（富本1912：19)。これがリーチの朝鮮行きの引き金になった。このように博物館は文化の媒介を担い、朝鮮の文化に直接触れ学ぶ機会を日本人に与えた。そして民藝をはじめ広い影響をあたえることになったのである。

　古蹟調査の成果を収集保存する博物館として景福宮の北側に総督府博物館が開館するのは1915年、その翌年には「古蹟および遺物保存規則」の発布があり、古蹟にたいする取締や保存調査の法制上の整備が整えられた。総督府博物館はその開設から日本の敗戦による博物館接収まで、朝鮮半島の考古学遺物と古美術の調査研究および保存のための拠点となった。しかし日本の戦況が悪化すると総督府の博物館への処遇は悪化の一途をたどる。1930年代以降になるとついに、博物館主任と職員らは総督府との信頼関係を断ち、民族や国籍を越えた博物館人としての判断で、文化財の保護の活動を必死に展開したことも、歴史の記憶として忘れるべきではない[1]。

　また、かねてより日韓併合に反対し、同化や教化という言葉に抵抗し続けた柳宗悦が、朝鮮民族美術館の構想を発表したのは1920年、開館は1924年であった。

　柳が朝鮮民族美術館を構想した動機には、朝鮮美術に対する愛情の深さとともに、日本の朝鮮への政策に対する激しい憤怒の情が何よりも強かった。20歳のころから朝鮮の白磁に親しみ、また淺川によって朝鮮への目を開かれ、はじめての朝鮮訪問で海印寺や佛國寺を訪れて、大蔵経や石窟庵に世界的な遺産

を認識した柳は、そのような民族を武力で抑える日本の政策を激しく憤った。日本の知識人たちが沈黙するなか、その憤りを著わすのに常に的確であった。

> 先づ、彼等から奪つたものは軍隊であり、吾々から送ったものが彼等のものではない吾々の軍隊であつた。吾々は先づ永遠の獨立を彼らに不可能ならしめる固定した方法をとった。更に尚自律する彼等の精神を認めない事によって、只日本に適する道徳と教育を與へた。一言で言へば物質に於ても霊に於ても彼等の自由と獨立とを奪つた。（柳1919：6・28）

> 朝鮮固有の美や心の自由は、他のものによって犯されてはならぬ。否、永遠に犯されうるものでないのは自明である。眞の一致は同化から來るのではない。……私には教化とか同化とかいふ考へが如何に醜く如何に愚かな態度に見えるであらう。私はかかる言葉を日鮮の字引から削り去りたい。（柳1920：6・49-50）

柳は朝鮮人が慣れ親しんだ言語や生活文化をはぎ取るような同化教育を、真向から批判する立場を変えなかった。そして、朝鮮独自の文化を朝鮮民族に忘れさせようとする日本の支配に抵抗して、朝鮮の文化を朝鮮人が決して忘れることのないよう、美術館を建てることを考えた。言論の抵抗とともに実践の抵抗をおこなったのであった。このため、それまでの常識のなかの美術史がとらえるような収蔵品とは異なる作品が求められていたことも、意識しておく必要があるだろう。彼にとっての美術館設立は、観賞のためでもなく、研究のためでもなかったからである。すなわち、「民藝」である。民藝運動は、芸術運動であると同様に、あるいはそれ以上に、社会運動としても大きな意味をもっていた。民藝のモノを愛することは、そのモノを生んだ人々の心を愛し敬うことであり、ヘゲモニーによって虐げられようとしている文化を守ることでもある。朝鮮民族美術館は、そのような意味で、日韓併合と同化政策に対する、柳の抵抗活動そのものであった。

> その藝術が偉大であるとは、直ちにその民族が美への驚くべき直観の所有者であると云ふ意味である。……それは實に繊細な感覺の作品である。私

第2章　工芸家たちの「もうひとつの近代」

は朝鮮民族の、美に對する敏鋭な神経に對しては、實に疑ひ得るいささかの餘地をも持たぬ。私はその藝術を通して厚い敬念を朝鮮に捧げる心を禁じ得ない。それは如何なる人たるを問はず正に抱かねばならぬ驚嘆である。この名誉こそは永く厚く尊重されねばならぬ。然るに何事であるか、その藝術的素質に豊かな民が、今醜い勢ひのためにその固有の性質を放棄する事を強いられてゐるのである。私はこの世界の損失に對して傍観するに忍び得ない。（柳1920：6・47）

したがってこの美術館には、李王家博物館にはほとんど収蔵されていない、李朝の陶磁器や木工品類、日常生活に付随するものはすべてと言ってよいほどの道具にあふれていた。朝鮮人自らが朝鮮の文化の美しさや偉大さに気づき、自らの手で守り育てること、その結果として民族の心への誇りと自由を取り戻すこと、それこそこの美術館の目的であったといってよい。淺川伯教、淺川巧らの朝鮮における献身的な協力も、柳のこのような思想に深く共鳴したからにほかならない。伯教は朝鮮半島じゅうの古窯を歩き、その土地の生活と窯業との深い歴史を肌身に理解し愛していたし、巧は、林業試験場の技師として、戦争や開発によって禿山になった朝鮮の山地の森林復興に力を尽くすとともに、木工職人の仕事とその作品の芸術性のなかで自ら生きていたともいえる。そしてこの兄弟を柳も深く尊敬していた。生活に根付いた歴史を意識し誇りを持つことは、その水脈に生きる民族の現在にも大きな希望を与えるであろう。柳自身もそのような学びを喜びとしていた。「私は古への朝鮮が驚くべき藝術を私に示す事によって、現代の朝鮮にも深い希望を持つ事を学ばしめたのを感謝してゐる」（柳1920：6-48）。

つねに抑圧された側にたち、ヘゲモニーに挑戦した柳宗悦の抵抗は、自らの生命や家族の危険も賭して貫かれた。しかしながら、それは日帝時代におこなわれた広い意味での文化統治のひとつとして考えられ、韓国人からすら批判の対象となった。というより、そのような批判は今やステレオタイプのように繰り返されている感がある。しかし、韓永大は柳の思想と行動を文化統治の一環とすることこそ、支配者の側の論理に「変質」させられたものであり、このような見方は許されない、「否定されなければならない」と述べている（韓2008：242）。

柳の朝鮮民族美術館開設にかかわる行動をつぶさに捉えなおすならば、たしかに、文化統治の一環であるとは、とても言い難い。たとえば、朝鮮民族美術館の設立について総督府とかけあった柳に対し、総督府は執拗に「民族」という２文字を削除するよう要請したという。というのも、総督府の立場からいえば、すでに朝鮮民族は存在せず、存在するのは日本民族だったからである。朝鮮民族という文字を削除するなら、総督府からかなりの資金援助をえられたはずだった。しかし柳は最後までそれを拒否し、朝鮮民族という４文字を守り通した。これは当時として勇気の必要な行動であったと思われる。このため、宗悦の実の妹千代子が総督府事務官今村武志に嫁いだことや、総督の斎藤実が宗悦の父、柳楢悦の後輩にあたることなど、総督府内に人脈があったにもかかわらず、柳の美術館経営は財政的に厳しいものになった。
　さらに、朝鮮民族美術館がかつての景福宮内の緝敬堂におかれたことも批判の対象とされる。これは李王家博物館や総督府博物館、その後開かれた李王家美術館などにも、同様の批判があるのだが、王宮という象徴空間に日本が博物館を置く、ということそのものが、文化支配を象徴するものであり、文化的暴力であるというものである。しかし柳はソウルで美術館を建てる、あるいは、美術館にふさわしい建物を借りることも考えて努力した経緯があったが、結局は資金面で難しかったといういきさつがある。その結果、「当時誰にも顧みられることなく風雨にさらされていた景福宮内の小建築の借用を考えついたと思われる」（韓2008：241）。それにしても景福宮内の建物であったことは、やはり柳の人脈が背景として利いたかもしれない。その可能性は否定しないが、かといってこの小さな荒れた建物を通して、柳が文化統治などに与したとは想像することは困難である。
　象徴空間がどのようなものかは、結局のところ、象徴を読み込む人間の立場によって、意味が変わる。博物館がかつての皇宮や王宮の空間に建てられると、それが近代的文化支配の典型的な制度として都合に応じて重ね合わされ、また都合に応じて解釈しなおされ、結局はその内容の詳細について充分な検討がなされないままに、一面的に非難されてしまう傾向があるのではないかという危惧を禁じ得ない（李2004）。李王家博物館、総督府博物館、そして朝鮮民族博物館それぞれが、総督府の統治と無関係ではないものの、統治意図とは距離やズレを抱えた現場の博物館員や研究者によって担われていた事実は、博物館と

いうメディアの多層性をとらえる上で見過ごしてはならない重要性をもつ。文化の相互理解や交流といった側面を抽象的に議論することは、あまり豊かな結果をもたらさない。むしろ現場において直接的に協力しあう人々の間でこそ真の相互理解は育まれ、その互いの経験はより深くその根を張るものだからである。

4 柳における博物館思想の発展

柳の朝鮮民族美術館にみられる博物館思想は、当時としては他に例を見ないものであったことは確かである。常識的には博物館は知の権威を承認する制度として存在し、その権威のもとに展示品や収蔵品を位置づけていく、すなわち、上から下への支配を正当化するシステムであり、体制的発想のなかで考えられる。しかし朝鮮民族美術館において実現されたのは、体制的発想の逆の発想だった。権威のなにものをも持たない民衆が自らの文化をモノとして認識し、モノを通じて自分自身の心に気づき認識を深めていく場としての美術館であり、その結果として、下から上への批判の基盤をもつくりあげる可能性の場としての博物館であった。このような美術館思想と美術館は、現代でこそ地域と市民の文化実践の場としてのあり方が次第に注目を浴びてきてはいるが、20世紀の始まる前後という時代を考えると、筆者は寡聞にして他に知らない。

しかし柳宗悦のなかでは、このような思想は朝鮮民族博物館において突然生まれたわけではなかった。この思想的醸成は、白樺派あるいは白樺美術館構想に立ち戻らなければならないだろう。

白樺派とは何か、白樺派に集まった人々がどのような人であったか、については、なかなか一言でまとめるのは難しい。というのも、それは、文学者、美術家、思想家など多様なジャンルの人々の集まりであり、雑誌『白樺』も、その記事において一貫した主義や立場がある、という理解はなかなか難しいといってよかった。1910年4月から1923年8月まで刊行されたこの文芸雑誌は、「和して同ぜず」という武者小路実篤の言葉そのものを原点とするように、それぞれの人間がそれぞれの理由で集い、その成果や評価もそれぞれの胸の中で理解されていたように思われる。一般的には、いち早く『白樺』誌上でロダンや後期印象派の紹介をしたことなど、西洋文化の日本における導入に一役買っ

た、という理解はあるが、これはまったく白樺派の内容を伝えたものとは思われない。

> 自分達はただいたづらに西洋人をかつぐのではない。西洋の芸術家を紹介するのではない。何等かの意味で吾人の個性を生かしてくれた、又くれつつあるものを紹介してゐるのである。……自分達は内心の要求に従って進んできた点に於いて今の日本の誰にもまけない心算である。従って自分達はジャンプは出来なかった。キュビストや、未来派まだ自分達にはしっくり来ない、だから今の所まだ本物か嘘物かはっきりしない。マチスはこの頃になってしっくり来た。もう誰が何と云ってもマチスの大芸術家であることは疑いへない。（武者小路1912：56）

　武者小路のこの言葉に端的に表わされているのは、『白樺』が単なる西洋文化紹介のためメディアではなかったことだ。『白樺』は、西洋（＝他なるもの）と日本に生きる一人ひとりの個性との、鮮やかな対話そのものであったのである。対話して本物と確信するものについては、その個性のもつ強い感受性の裏付けのもと、論じられ、結果紹介されていった。まだ西欧でさえ評価の定まらなかった後期印象派を、いち早く日本に受容する場となったのも、白樺派が西欧文化を扱うにあたって、世評などよりも自らのアンテナを信じたからこそ可能になったのだった。
　このように、白樺派を特徴づけるものをあえて挙げるなら、「自己や個性というものへの確信」であった。自己というフィルターを通じて文化的対話をおこなうこと、その対話に熱意をもって対峙すること、それを発信しあうこと、かつ、人それぞれの理解や受け止め方があることを互いに認めること。白樺派のそのような特徴を、高階秀爾が最も適切にまとめている。

> 世に「白樺的」といわれるものが、「自己を生かそう」とするこのような姿勢にあったことは否定できない。……われわれはそこに、人間としての「生き方」と芸術、すなわち倫理的なものと美的なものとの見事に一致した世界を見出すことができる。……とすれば、武者小路氏をはじめとして、『白樺』派の人々が「西欧」の文学や絵画に貪欲なまでに強い好奇心と大

きな傾倒を示しながら、そこに何よりも人間の「生き方」を求めたとしても少しも不思議ではない（高階1993：326）。

したがって、一般的な美術史の伝統的な理解や解釈などからみると、その扱いや解釈は必ずしも正しいものではなく、「この手当たり次第といえるような取り上げ方は、後の技術史家や評論家からは日本の近代絵画の発展に混乱を与えたと眉をひそめられ、ゴッホなどの理解は正しくないという批判もある。だが、『白樺』の人々は、何も西洋美術史の流れを教えようとか、画家を理論的に解析しようとか、そんなことを考えたのではない。自分たちの心に響くもの、面白いと思うものを他人にも見せたかっただけである。……ここで『白樺』をひとまとめにしたが、どの作家、どの作品が好きかということは、めいめいの好みであって、全員が一致しているわけではない。（人の意見を）受け入れるのはめいめいの感性で、実篤流に言えば「君は君、我は我」なのである。違って当然で、その違いが興隆の断絶にはならない」（武者小路1996：2-3）。ここには、大いに異なる個を互いに守りながら、全体としてひとつの集団を形成するといった人々があった、といってよいだろう。その集団の設立当初からの重要なひとりが、柳宗悦であった。そして、実現こそしなかったものの、ロダンの彫刻作品などを中心として西欧美術をあつかう白樺美術館の構想もたてられていた。

しかし、大いに異なる自己を守りながら、全体としての集団をもり立てていくというのは、簡単なことではない。少なくとも、その思想を理解するメンバーがその思想と前提にある種のエートスを共有していなければ、個性や自己の名のもとに自己主張するだけの人々ばかりになってしまい、そうなれば何ら生むところが無くなってしまう。しかも、この「自己」は、非常にあいまいなもので、キリスト教的な背景、すなわち神からの独立としての自己という、自他に明確な区別のある文化のなかの自己ではなかった。どこか世間という他人の目を内在化させた、曖昧で予定調和的な自己／欲望であった（高階1993：356、熊倉1973：40-41）。『白樺』も白樺派も、それが強い魅力と影響力をもったのは、13年間ほどにすぎなかった。時間の経過と自己や個性の捉え方の多様化とともに、次第にこの集団も変質した。たとえば、覚醒した自己をみた有島武郎にたいして、無意識の自己を主張する武者小路（熊倉1978：40）、といっ

たように。柳本人も、『白樺』の活動の後半は、徐々に距離をつくっていた。

　柳宗悦は、もちろん自己を生かす道としての自己という白樺派の主軸であったのだが、ウィリアム・ブレイク研究などを経て、やがて、自我の超越と絶対的な自我という思想に至る。すなわち、柳は、近代最大の不自由こそは、個性への執着であると考える。

> 個性の肯定と個性への執着とを混同してはならないと思います。他力思想が一切の個人にとって大切なのは、之が自己の限界に就いて、大きな反省を促すからであります……ここで更に注意してよいのは、個人が自分の個性を信頼する度がすぎますと、個性の自由な創造力を却って疎外するに至ることであります。恩力〔他力――引用者注〕への正しい理解が必要なのは、之が人間を自己執着から解放させて、個性にむしろ自由さを与えてくれるからであります。（柳 1959 : 18・504）

　柳にとって、人間は自らの個性のなかでしか生きられない。しかし、人は個性と向き合い理解を深めると、その奥の深いところでは、集合的無意識とでもいうべき文化の基層に気づくはずなのである。一見個別的に見える個性をつうじて、その深いところに存在する、個性を超えた文化に気づくことこそ、文化の創造性の自由な発現を支えることになる。そのような文化の深さへの認識によって、柳が民藝へ向かうのは必然であったと言ってよいだろう。それが個性であれ、あるいは国家であれ、近代的主体なるものが、ヘゲモニックな闘争としての自由ではなく、多元主義的な共存を目指す自由を求めようとするなら、個別性や独自性への執着を乗り越える必要がある。そこで求められる《乗り越え》とは、他者という限界と理解の不可能性を受け入れながらも、自他それぞれの文化の基層に接近しつづける努力が必要となる。個性の自由とは、文化へのこのような深い理解のうえに成り立つ。柳はその哲学を自らの生涯として生きたのである。

　朝鮮民族美術館は、白樺の経験から学んだ柳の、新しい段階の思想が体現されたものである。そこに集められたものは、言葉の通俗的な意味からいえば美術というよりは文化人類学的資料といってもよい。匿名的な作り手から無数に生み出され、朝鮮の人々の生活を無言で実体化する「民藝」は、人々に媚びる

ことなく、意識されることもなく、政治的に利用されることこそないが、その土地に生きる人々の生活文化の基層を封じこめたモノたちである。しかし、だからこそ柳にとっては、朝鮮民藝とは日本人であれ朝鮮人であれ、学ぶべきものであり感じるべきものであり、尊敬するべきものであった。民藝は、無数の無力な民衆の生活哲学が閉じ込められたものであり、権力者や政治家が論じる民族とは異なる。時の政治とメディアによって民族が演出されなければならない状況は、近代人の個性への執着と同じく、近代国家にとって深刻な呪縛をつくりだす。それは終わりのないヘゲモニー闘争である。ヘゲモニーに振り回されることによって、それに巻き込まれる側も巻き込む側もともに、人間にとって本来重要であるはずの生活の内容を疲弊させていくしかないことを、柳はよく知っていた。朝鮮民族美術館は、そのような疲弊の連鎖から脱出しようとした試みであり、ひとつの民族がひとつの民族に素朴な心で向き合うための材料（＝モノ）をあつめた空間にほかならなかった。そこを訪れた人々は、朝鮮民族固有の生活文化に触れながら、同時に、人間の生活の基底に流れる共通性をも、想像し、感じ、考える場に導かれる。そこからひとりひとりが感じる内容はそれぞれ異なるかもしれないが、それでも、その場で美を感じること＝対象を心に受け入れることこそが、相互理解への前提として意味があるのだ。モノと向き合うことは、静かで深いコミュニケーションの可能性を拓くものだ、と柳は考えた。これこそ柳が到達した美術館の思想であった。朝鮮民族博物館で短期間のみ実現したこの思想は、当然ながら戦後、日本民藝館などの設立へと向かう。

5　おわりに——相互理解への長い道のり

　日本の同胞よ、剣にて起つものは剣にて亡びると、基督は言った。至言の至言だ。軍國主義を早く放棄しよう。弱者を虐げることは日本の名誉にはならぬ。……愛する友を持つ事は吾々の名誉だ。だが奴隷視する者を持つ事は吾々の恥辱だ。他人を蔑り卑しみ虐げる事に少しでも時間を拂ってくれるな。弱者に対する優越の快感は動物に一任せよ。吾々は人間らしく活きようではないか。自らの自由を尊重するとともに他人の自由を尊重しよう。若しもこの人倫を踏みつけるなら世界は日本の敵となるだらう。さう

なるなら亡びるのは朝鮮ではなく日本ではないか。(柳1922：6・21)

　柳宗悦が日本の軍国主義のただなかで態度を揺るがすことなくこのような発言をし続けることのできたのは、この発言によって被るかもしれない弾圧によって、生活を脅かされるような階級の人間ではなかったからだ——という批判は、白樺派の時代から繰り返された柳への陳腐な批判である。しかし、そのような批判で片付けるにはあまりにも時代を超えた発言であるといえよう。このような時代に流されない確信を持ち続ける強さについて、鶴見俊輔は以下のように分析し、その知識人としての使命と姿勢に対して高い評価を与えている。

　　朝鮮の民藝に対する時、他の民族の民藝に対する時と同じく、柳は自分の全存在をもって対した。そこには、柳の知性、その科学的知識と歴史的知識が含まれていたはずだし、柳の倫理的理想、柳の感情の歴史もまた含まれていた。……柳の民藝論が軍国主義時代におかれた時にも、日本主義の波に呑み込まれずにこれと向き合う姿勢をもち得たのは、民藝運動に入る前の著作に示されているような合理主義と実証の手続きが、かくされたもう一つの手としてはたらきつづけていたからであった、と私は推定する。(鶴見2001：231)

　　究極的には「無」に向かって対坐しながら、政治的かかわりあいをも避けることなく、ひどく政治に足を取られることもなく、平然として時局に対してきたこの姿勢は、現代における政治的関心のかたちについて教えるところがある。(鶴見1975：452)

　また、柳宗悦にたいして繰り返されるもうひとつの批判、すなわち、彼が朝鮮の美を「悲哀の美」と表現したことで、これを植民地史観の発言である、という理解も根強く繰り返されている。しかしこれもある誤解が混じり合っている。柳はたしかに白磁の繊細な線の美しさにたいして「悲哀の美」という言葉を使ったが、それは、彼の朝鮮文化を表現する膨大な言葉のなかのわずかな一部にすぎない。しかも柳にとって悲哀という情感は、朝鮮という地域に密接にかかわる情感であるというよりは、一般的に深い宗教感に導かれた人間の情感

第2章　工芸家たちの「もうひとつの近代」

として、理解されている。柳は、「悲哀の美」に続けて、次のように言う。

> 然し人々はそれをか弱い者の美であると卑しめてはならぬ。若しもあのシェリーの有名な句が真であるならば、その美は美の極みである。「最も悲しい想ひを歌ったものが、最も美しい詩歌だ」と、彼は言ったではないか。不安は寂寞の心を誘ひ、寂寞は憧憬の心に響く。求めるものは、地に充されるものではなくして、天に於いて待たれてある。悲しむものは慰められるとイエスは言ったではないか。悲哀とは神の心に守られる悲哀であらう。神は慰めることを忘れはしない。……力ある者は自己に活き、楽しき者は自然に活きる。しかし悲しむものは神に活きる。藝術の神が悲哀の美に於いて冴えるのは、それが見しらぬ神の無限な温味に守られているからである。(柳1975：223)

　柳は常に、朝鮮文化とその文化を育む人々に対して敬意の念を忘れたことがない。その美をどのように表現しようと、それを「美」として崇拝するという姿勢が宗教観の高みを有することは、柳にとって異文化を理解しようとする際に必要不可欠なものだった。
　とはいえ、さらに付言するなら、柳は繰り返される自らへの批判をうけて、それほど嫌な気分ではなかったのではないかと想像する。柳はそのような批判の原因も根拠も、よく理解していたのではなかったか。しかし柳はおそらく、自分こそが朝鮮文化について真実の理解をしている、などと不遜なことは考えてはいなかった。それは柳がたとえば、淺川巧にたいして最大の賛辞を著わしていることの理由でもあった。

> 彼の巧な鮮語は又他に人も出よう。その長い永住は更に他人に越される事もあらう。彼の如く器物を愛する人は今後も幾人かは出よう。併し彼のように鮮人の心に内から住める人がどこにあろうか。淺川は寧ろ鮮人の心で活きていたのである。否、鮮人以上に朝鮮の心が解っていたのである。此の点で朝鮮に対し彼以上の仕事をした人は決していない。彼の仕事は基礎が違う。彼が朝鮮の服を好んで着たり、多くその食物で暮らしていたことなどはほんの外側のことに過ぎない。彼はもっと朝鮮の心に深く活き浸っ

ていたのである。それゆえ、その民族の苦しみも喜びも、彼の苦しみであり喜びであった。(柳1934:6・638)

　柳は浅川に最大の賛辞を与え、あるいは同時代の柳田國男や有賀喜左衛門らが、文化に定着しその内部から文化を考え理解しようとしたことを賞賛する[2]。異文化に根を下ろし内在してこそはじめて理解できるものの深さへの尊敬がはっきりと存在する(竹内1999:93-116、柳宗悦・柳田國男1940:10・735-747)。
　しかし柳は、内在化することによって理解できることがあれば理解できなくなることもあることがわかっていた。彼が常に気を配ることは、あまりに身近であるがゆえに生活者たち自身が気づかない文化の基層を知ることであり、それを描いてみせることであった。当事者には見えないものこそ、民衆の生活の実体なのだ。外側の権力や権威によって民衆が自覚的に意識させられるのは、民衆の自然から生まれるものではなく、言論の政治、あるいはヘゲモニー的成果である。民衆自身と一体化している生活文化に気づくことができるのは外部に立つ人間なのであり、それを外部の人間の指摘によって学んだり考えたりすることにより、私たちは自らの深いところにある文化に尊厳や誇りを持つことができる。人々が自分たちの力で生活世界をはぐくむことこそ、柳にとって重要だった。朝鮮文化における白磁の発見、楽の茶碗に対する井戸茶碗の発見、など、柳の発見のひとつひとつは、文化のなかに在って認識できなかったものへの、気づきである(中江2009)。
　だからこそ、柳の論考にたいして、朝鮮文化のなかで生きる人々からさまざまな批判があったとしても、それ自体は柳を傷つけることはなかった。むしろ、当事者たちが自分の生きる文化の基層について感じ、考え、対峙化して議論することは、柳自身の望むところであっただろう。柳自身の朝鮮文化への理解のあり方を表明することは彼自身にとって必要なことであったが、自己主張が目的なのではない。柳は、白樺時代からその後の人生全体を通じて、人々がそれぞれの文化と向き合い、互いの理解を交換し合うことで更に文化の深みに近づいていくこと、その長い道のりを愛していたのだった。その長い道のりの先には、私への執着のない境地、「無心」すなわち、互いに私への執着を超えて敬愛しあえる、宗教的ともいえる境地があるはずなのである。「私共が深く考えたいのは、さういふ心の問題でありまして、必然的に道徳とか宗教とかが重大

第2章　工芸家たちの「もうひとつの近代」

な問題となって参ります。結果は私の無い執着の無い境地、これが美を保障する何よりの力であります」（柳1954：16・232）。そして柳は、文化の深い理解をゆっくりと育む装置として博物館を構想していた。それは必然的に、人々が自身の力で相互理解へと接近していくための、ゴールのない実験室でもあったであろう。

　このような構想としての博物館は、ヘゲモニーや帝国主義的イデオロギーではない新しい社会構想、「もうひとつの近代」を模索する現場そのものでもあった。人々の歴史は、具体的なひとりひとりによって、名もなき人々によって、深く刻印されているものである。そのような立場からいえば、工芸家たちがアジアにみた憧れと、そのひとりひとりが自らの利益を超え、アジアの民衆に学びつつ模索した「もうひとつの近代」を、あらためて再認識することは、時代を超えてなお、近代主義の刻印から逃れることのできない現在の私たちにとっても、相互理解の礎になるのではないだろうか。

注

(1) 1930年代になると行政整理と緊縮財政によって次第に事業は衰退し、活動は制限を受けはじめた。太平洋戦争へ突入した頃から、総督府の役人たちが博物館閉鎖のうえ戦争遂行のための施設への転用を口にするようになると、総督府博物館の主任であった有光教一以下10名ほどの館員は、総督府との信頼関係をもはや保てないと判断し、独自の判断で重要な陳列品の疎開を断行した。京城から慶州や扶余の博物館への疎開をおこなうためにすべての館員がピストンのように出張を繰り返し、ほとんどの重要な収蔵品を守ったが、それも終戦近くになると危険が拡大し、さらなる疎開先の検討の要ありとの議論が出るほどであった。

　そこで迎えた8月15日、文化遺産の疎開の心配から解放され、心配していたその後の博物館の運営についても、金載元博士とのあいだで着実に移管がなされた。「総督府は形骸化し官僚は浮き立ち、世情は秩序を失って騒然というのに、諸氏〔博物館員――引用者注〕は連日それまで同様に、朝鮮人雇傭員と協力して博物館保全と発掘資料の整理にあたっていた。われわれは国籍や民族を超えた博物館人としての使命を果たしたと思う」と有光は述懐している（有光2007：57）。ところが、戦後の混乱のなかで、館の収蔵庫に賊がはいり重要な遺物の収奪が次々に起こったり、疎開させていた所蔵品の取り戻しの道中にも収奪されるような経験に、館員たちが大きく嘆いたことも記録されている。（有光2007）

（2）柳に朝鮮工芸への目を開かせることとなった淺川伯教・淺川巧兄弟は、1913年に伯教がはじめて朝鮮半島に渡って以降、朝鮮陶磁に魅せられ、窯跡調査のため半島の奥まで歩き、朝鮮の人々とその文化に親しんだ。巧は朝鮮総督府林業技師として半島に渡ったあと、荒れた山林の回復や木工芸品の収集をはじめ、兄とともに陶磁器についても関心を広げていった。巧はわずか40歳で死去するが、「朝鮮の土となった日本人」（高崎2002）として今なお慕う人々が多い。

参考文献一覧

淺川伯教（1945）「挑戦の美術工藝に就ての回顧」和田・藤原編『朝鮮の回顧』近澤書店

有光教一（2007）『朝鮮考古学七十五年』昭和堂

伊藤純（2011）「李王家博物館から柳宗悦の民藝運動へ――李王家博物館に学んだ人々」『柳宗悦展　暮らしへの眼差し』NHKプロモーション

稲賀繁美（2008）「『日本の美学』：その陥穽と可能性と――触覚的造形の思想的反省に向けて」『思想』1009号

岡倉天心（1980）「東洋の理想」『岡倉天心全集』第1巻、平凡社

岸田國士（1991）「地方文化の新建設」『岸田國士全集』第25巻

木田拓也（2012）「工芸家が夢見たアジア――工芸のアジア主義」『越境する日本人――工芸家が夢見たアジア1910s-1945』東京近代美術館

熊倉功夫（1978）『季刊論叢　日本文化10　民藝の発見』角川書店

小路田泰直（1997）『日本史の思想――アジア主義と日本主義の相克』柏書房

高崎宗司（2002）『朝鮮の土となった日本人――淺川巧の生涯』草風館

竹内均（1999）「民藝と民具のあいだ」『柳宗悦・民藝・社会理論』明石書店

富澤成實（1999）「『白樺』の美術運動と大正という時代――「絵画の約束論争」を中心に」『図書の譜』（明治大学図書館紀要）第3号、明治大学

富本憲吉（1912）（筆名：安堵久左）「拓殖博覧會の一日」『美術新報』第219号（第12巻第2号）、八木書店

中江桂子（2009）「柳宗悦〈民藝〉というまなざし――ヘゲモニーへの挑戦の軌跡」『国際行動学研究』第4号

西村修子（2009）「美術雑誌としての『白樺』にみる西洋美術認識」『東アジア研究』第7号、山口大学

新渡戸稲造（1970）「偉人群像」『新渡戸稲造全集』第5巻、教文館

韓永大（2008）『柳宗悦と朝鮮――自由と芸術への献身』明石書店

第2章　工芸家たちの「もうひとつの近代」

樋田豊次郎（2006）『工芸の領分』美学出版
樋田豊郎（2012）「侵略・考古学・観光・近代美術——日本の美術家が構想した東亜という理念」『楽浪漆器——東アジアの文化をつなぐ漢の漆工品』美学出版
鶴見俊輔（1975）「柳宗悦『民芸四十年』」『鶴見俊輔著作集4』筑摩書房
―――（2001）「失われた転機」『鶴見俊輔集続4　柳宗悦・竹内好』筑摩書房
武者小路実篤（1912）「個性に就ての雑感」『白樺』第3巻10号
武者小路穣（1996）「白樺派の美術」『白樺同人が愛した美術——美を求めて』武者小路実篤記念館
柳宗悦（1980-1983）『柳宗悦全集』筑摩書房
　※この全集からの本文中の引用については、（柳　作品の初出年：○巻・○頁）との表記。以下同様。
柳宗悦（1920）「朝鮮の友に贈る書」『全集6巻』
―――（1922）「朝鮮とその藝術」『全集6巻』
―――（1934）「淺川のこと」『全集6巻』
―――・柳田國男（1940）対談「民藝と民俗学の問題」『全集10』
―――（1948）「手仕事の日本」『全集11巻』
―――（1954）「日本民藝館」『全集16巻』
―――（1959）「自力と恩力」『全集18巻』
―――（1975）「朝鮮の美術」『柳宗悦集』日本近代思想体系24、筑摩書房
吉田璋也（1944）「華北の民藝運動について」『民藝』1月号
―――（1998）「北支の民藝」鳥取民藝協会編『吉田璋也　民藝のプロデューサー』牧野出版
李成市（2004）「朝鮮王朝の象徴空間と博物館」『植民地近代の視座　朝鮮と日本』岩波書店

第3章
日本における韓流の経緯と現状

金泳徳

1　はじめに

　韓流を一つの「韓国的文化現象」ととらえたときに、日本におけるいわゆる韓流のスタートをどこにおくべきかという問いに対しては、様々な議論が存在する。百済時代に起源を求める学者もいれば、2000年韓国映画『シュリ』のヒットをその出発点と見る研究者もいる。しかし、受け手のスケールやブームの連続性から考えると、2003年の『冬のソナタ』（以下、「冬ソナ」という）を韓流のスタートと見るのが妥当だろう。

　韓流は広義には韓国的文化現象ではあるが、その定義は必ずしも固定不変なものではない。時代ごとにもつ意味合いが変わっていく流動的な概念と見るべきだろう。そのような見方からすると、2003年「冬ソナ」ブーム当初は「ドラマ」が韓流の中心に置かれていたが、今はドラマだけではなく、K-POP、ミュージカル、韓国食、化粧品など、多岐にわたっている。

　2003年を起点に10年が過ぎたいま、ドラマから始まった韓流は韓国文化全般にまで広がりを見せている。本稿では、日本において韓流の核となる韓国ドラマやK-POPなどの成長の経緯と現状を、最近の統計に照らしつつできるだけ計量的に紹介し、韓流がどのような状況にあるか説明したうえで、韓流の今後を展望したい。

2　韓流と日本

　韓国のコンテンツを最も多く輸入する国は日本である。たとえば、韓国にとって、日本は輸出金額ベースでいうと、ドラマなどの放送コンテンツが約6

割弱、K-POPなどの音楽が約8割を占めている。韓国内で作られるほとんどのドラマは日本に輸出されているし、音楽はジャンルではアイドル系を中心にバラード、ロック、ヒップポップ、またアーティストはトップから中堅、新人まで、たくさんのK-POPが日本に進出している。

　ところで、韓流にとって日本はどのような意味をもつのだろうか。端的にいえば、日本は韓流が文化的にも経済的にももっとも活発に展開されている市場である。前述したように、日本は韓国の放送番組やK-POPをもっとも多く輸入しており、それによって生じる経済的収益は一番大きい。さらに日本市場は権利ごとに市場がセグメントされており、販売したあとに展開される二次以後の収入も期待できる。二次以後の収入が見込めない中国市場とは大きく違う。また、たくさんのドラマやK-POPアーティストを通して日本の受け手に韓国のさまざまな文化が伝えられる。そのうえ、すぐ行き来できる一番近い距離にある。言い換えれば、韓国にとって日本はとても魅力的な市場なのである。

　しかし、最近、日本の韓流は萎縮モードが続いている。とくに2013年からの円安などで韓国コンテンツの購買力が落ちたり、日韓関係の悪化で社会的関心が冷めたり、日本のコンテンツ流通会社にとって最大収入源であるDVDなどのパッケージ売上げの減少などが重なり合って、かつてのような活気は見られなくなっている。

3　韓流ブームの経緯

ドラマ

　2003年以降今日まで10年以上の間に、韓国ドラマは三つのブームによって成長を遂げてきた。最初のきっかけは、周知の通り2003年の「冬ソナ」である。「冬ソナ」は今も続いている韓国ドラマ・ブームの引き金となり、韓流ブームにおいてある種の「伝説」になっている作品である。「冬ソナ」は2003年にNHK・BSで放送されるや大反響を呼び、翌年NHK総合テレビで全国にオンエアされ社会現象にまでなった。その後も『美しい日々』や『オールイン　運命の愛』などが続いて放送され、韓国ドラマ・ブームを牽引してきた。一方、民放のフジテレビでは「韓流アワー」枠で『天国の階段』がブレークし、韓流ドラマの人気を一層広げた。

二つめは、『チャングムの誓い』や『朱蒙』などに代表される韓国時代劇ブームである。『チャングムの誓い』が新たに時代劇ブームのきっかけとなり、韓流ドラマ・ファンは男性の中高年層にまで広がっていった。
　三つめは、2010年の『イケメンですね』である。フジテレビの「韓流アルファ」枠で放送された『イケメンですね』は午後3時台としては珍しく最高視聴率が6.7％に上るほど、若者を中心に非常に高い人気を博した。その後もジャンルとしては、時代劇やラブメロ、ラブ・コメディー系のドラマの人気が続いている。

K-POP
　一方、K-POPはどのような経緯や背景でブームにまで発展してきたのだろうか。現在のK-POPブームはいきなりに起こったわけではない。以前からいくつかの「前兆」があって2010年以降のK-POPブームに繋がったのである。その前兆たるものは大きく二つのルートで説明できる。最初は2001年に日本デビューしたBOAと、2005年に日本デビューした東方神起に代表される日本進出組の活躍である。BOAと東方神起らは最初K-POPではなくJ-POPとして歌い、知名度を高めた。とくに東方神起は、2008年からオリコン1位を記録するなど、2010年4月の正式解散まで日本で既に人気が高かった。
　二つめは、韓国ドラマ・ブーム発のK-POPの人気である。2003年以来、韓国ドラマがたくさん日本で放送されたたけでなく、数え切れないほどのドラマOSTも一緒に紹介された。さらに、RAINや神話、東方神起、FTISLAND、CNBLUEなどのK-POPアイドルもドラマに度々出演し、最初は主にドラマ・ファンの間で徐々に人気を博すようになった。K-POPアイドル・イベントの会場に中年の女性が目立つのもその影響と見られる。このように韓国ドラマとのコラボレーションがK-POPブームを引き起こす一因となった
　長年の「前兆」によって燻っていた潜在的ニーズに直接火をつけK-POPブームに仕上げたのは、2010年に登場した少女時代やKARAである。その後、さまざまなアイドル・グループを筆頭にロック、ヒットポップ、バラード系アーティストの進出ラッシュが相次ぎ、現在のK-POP市場を築き上げた。もちろん、2007年から韓国内でアイドル系ガールズ・グループのブームが起こり、それによって実力派アイドルの層が厚かったことも日本でのK-POPブームに繋がっ

第3章 日本における韓流の経緯と現状

たと考えられる。ただ、2012年を境にK-POPブームも一段落し、現在はK-POPの固定ファンを中心にしたマーケットが形成されている。

4 韓国ドラマとK-POPの現状

4-1 韓国ドラマ
(1) 韓国ドラマの輸出額

放送通信委員会の調査[1]によれば、2013年に韓国が海外に販売した放送番組の輸出額は2億8776万ドルに上っている（図1）。これは前年より32.6％も増えた額である。そのうち、日本への輸出割合は57.9％と断然1位となっており、韓国は日本に輸出の多くを依存している状況にある。

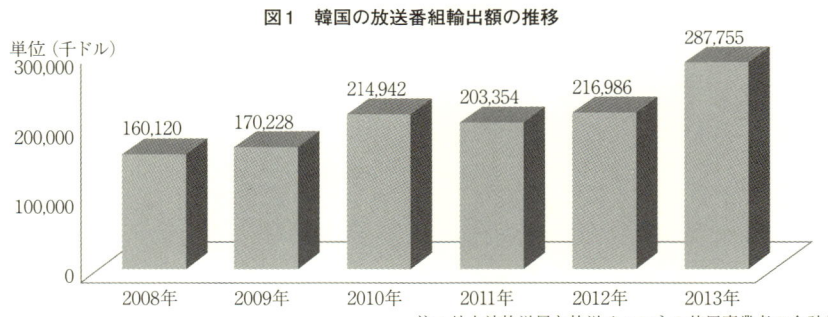

図1 韓国の放送番組輸出額の推移

単位（千ドル）

2008年	160,120
2009年	170,228
2010年	214,942
2011年	203,354
2012年	216,986
2013年	287,755

注：地上波放送局と放送チャンネル使用事業者の合計額
出所：放送通信委員会2009-2014年度の放送産業実態調査報告書

『2014放送産業実態調査報告書』によると、2013年の対日輸出額は約1億3869万ドルを記録した（図2）。それは2012年に比べ約23.7％増である。2012年8月以後の日韓関係の悪化や安倍政権による円安政策などの影響で対日輸出額の減少が予想されていたが、逆に大幅に輸出額が増加している。

図2 対日放送番組輸出額の推移

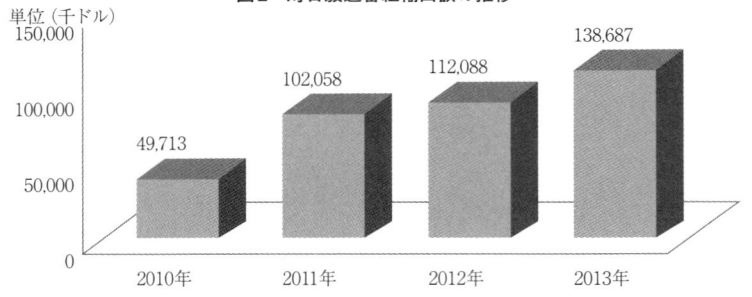

単位（千ドル）

- 2010年：49,713
- 2011年：102,058
- 2012年：112,088
- 2013年：138,687

注：地上波放送局と放送チャンネル使用事業者の合計額
出所：放送通信委員会、2011～2014年度の放送産業実態調査報告書

　また、番組ジャンルの内訳を見ると、ドラマが圧倒的に多い。2013年の場合、日本に輸出した番組本数5万2938本のうち、ドラマが3万9526本で全体の75％を占めている。次いでバラエティなど娯楽番組が1万1890本で22.5％となっている。前年比でドラマは1万9741本増えてほぼ2倍となり、娯楽番組は1万0059本増で約6.5倍となった（表1）。

表1　2012年／2013年ドラマ＆娯楽番組の輸出比較

		2012年		2013年
ドラマ	本数	20,055本	本数	39,526本
	金額	107,125千ドル	金額	130,359千ドル
娯楽	本数	1,831本	本数	11,890本
	金額	3,809千ドル	金額	6,483千ドル

出所：放送通信委員会、2013年・2014年度の放送産業実態調査報告書

　輸出金額と本数が大幅に増えた理由として考えられるのは、まず円安ドル高などの影響を受けて番組単価の値下げが進んでいることである。日韓関係の悪化などにもかかわらず、韓国ドラマ離れは一部に過ぎず、ロイヤルティの高い韓国ドラマ・ファンが確実に留まっている状況である。これを踏まえて、韓国側は韓国ドラマの人気やK-POPブームで高騰していた単価を2013年以後値下げしたことが輸出増の要因として一番大きいと見られる。たとえば、2012年に日本が輸入した番組本数は2万2228本であるのに対して、2013年には5万2938本と大きく増えている。しかし、1本あたり平均単価は2012年の5043ド

ルから2013年には大きく値下がりして2620ドルとなっている。韓国側は単価を低くして日本の買い手の購買力を取り戻すとともに、ひいては日本市場の維持拡大をねらったと見られる。また、最大の収入源であるDVDなどのパッケージ販売が縮小傾向にあるなか、日本の買い手はリスクヘッジのために、比較的安価に買付けができる過去の人気番組や韓流スターが登場するバラエティ、あるいはデジタル配信およびDVD発売向けの番組の輸入を格段に増やしたことも輸出増に繋がったと見られる。ただ、韓国側からすれば、単価を値下げしたことによって輸出は増えたものの、日本市場での収益性は以前より悪化しているといえる。

(2) 韓国ドラマの編成実態

　2003年「冬ソナ」のヒットをきっかけに中年女性、その後『チャングムの誓い』『朱蒙』など時代劇のヒットから中年男性が、そして2010年『イケメンですね』などK-POP系列ドラマなどのヒットで若い女性が韓流ドラマ・ファンに加わることで、韓流ドラマの受け入れの底辺は大きく広がった。現在のトレンドは時代劇、ラブ・コメディやK-POP絡みかK-POPアーティストが出演したドラマが人気を得ている状況である。

　一方、日本の放送メディアは韓国ドラマをどのように受け止めているのだろうか。韓国ドラマは地上波放送はもちろん、BS・CS放送、ケーブルTV、IPTV、ネットでの映像配信サービス、モバイルTVなど、ほとんどの放送映像メディアで編成されるほど、不可欠のメディア・コンテンツになっている。

　放送媒体別に韓国ドラマの編成状況を調べてみると、2014年11月現在、全国放送のできる地上波TVではNHKとテレビ東京の定時枠で韓国ドラマが放送されている。とくにNHKは『冬ソナ』『チャングムの誓い』などの放送を通じて韓国ドラマの人気を牽引してきただけに、NHKで韓国ドラマが放送されることの意義はとても大きい。

　一方、BSやCSでの韓国ドラマの放送も多くなっている。とくに2012年8月以後の日韓関係の影響で、韓国ドラマの編成の減少が予想されていたが、表2のとおり、2014年1月現在、BSでは逆に増加、CSではほぼ変化がない状況である。BSや有料放送のCSを見る視聴者はロイヤリティの高い韓国ドラマ・ファンであるだけに、日韓情勢に影響されずに見続けていることがうかがえる。

表2 BS/CSチャンネルでの韓国ドラマ編成の移り変わり

媒体	2012年7月	2014年1月
BS	8チャンネル41タイトル	9チャンネル50タイトル
CS	15チャンネル179タイトル	15チャンネル178タイトル

出所：韓国コンテンツ振興院日本事務所調査

4-2 K-POP

(1) K-POPの輸出額

日本におけるK-POP人気を説明するためには、輸出額と日本での活動を示す各種のデータを用いることができる。

まず、韓国から日本への輸出額である。韓国テンツ振興院の調査[2]によれば、2013年K-POPの海外輸出額[3]は前年より約18％増の2億7733万ドルを記録した。そのうち、2013年の対日輸出額は2012年の1億8951万ドルより約17％増え、2億2174万ドルとなった（図3）。因みに2013年K-POPの全体輸出額のなかで日本が占める割合は80％であった。

図3で示されているように、対日輸出額は2009年の2164万ドルからK-POPブームになった2010年には6727万ドルと、前年の3倍に増え、絶頂期だった2011年には1億5794万ドルとさらに2.3倍に跳ね上がった。しかし、ブームの勢いが弱まりかけた2012年には1億8951万ドル、翌年は2億2174万ドルと増

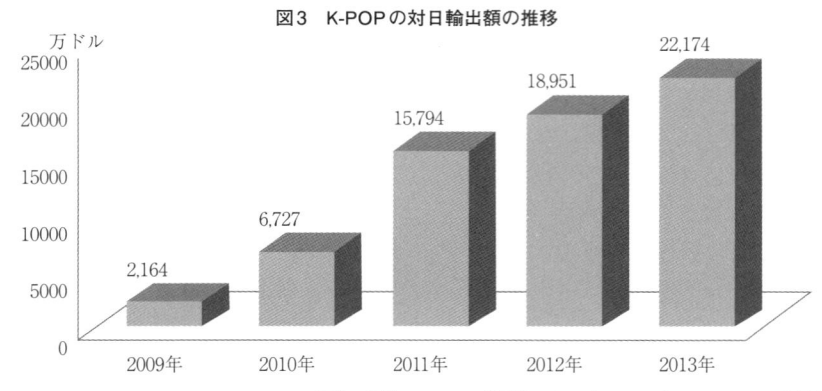

図3 K-POPの対日輸出額の推移

年	万ドル
2009年	2,164
2010年	6,727
2011年	15,794
2012年	18,951
2013年	22,174

出所：韓国コンテンツ振興院、2010年～2014年 コンテンツ産業白書

加はしたものの、増加率としてはそれぞれ20％、17％と、それ以前に比べてやや低調に推移している。

(2) 日本でのK-POPビジネス

日本国内でのK-POPビジネスはどうなっているのだろうか。『オリコンエンタテインメントマーケット白書2013』によると[4]、2013年のK-POP音楽ソフトの販売は大きく減少している。同白書のデータをもとに調べると、表3のとおり、シングルは2012年に比べ約33万枚（18.5％減少）、アルバムは約36万枚（28.6％減少）、ミュージックDVDは約38万枚（55.4％減少）と三種とも大きく減った[5]。それはとくに日韓関係の悪化、円安などの影響を受けて冷え込んだ結果と見られる。

しかし、2014年は分野ごとに明暗が分かれている。オリコンの報道発表[6]によると、50位以内にランクされたシングルの場合、2013年は4件合わせて61万4千枚だったのに対して、2014年は1件のみで14万枚と大きく減らしている。反面、アルバムとミュージックDVDのほうは2013年の成績を上回っている。まず、アルバムの場合、2013年に50位以内にランクされている件数は2件で約42万枚であったが、2014年には4件で74万5千枚と大きく伸ばしたし、ミュージックDVDは2013年は4件で約30万1千だったが、2014年には6件で約35万7千枚と少し増えている。アルバムの善戦とシングルの低調ぶりが目立つ結果となっている。50位以内の集計結果による解釈であるが、停滞気味だった2013年と違って、2014年はアルバムとミュージックDVDの実績が前年を上回っている。このことは、K-POPアーティストがアルバムに力を入れた結果でもあるが、一部アイドルの根強い人気とファンのロイヤルティ・ベースによるマーケット・ニーズは確実に存在していることをうかがわせる。

一方、日本コンサートプロモーターズ協会の調査[7]によると、2013年

表3　2012年／2013年K-POP音楽ソフト販売量の比較

	シングル（100位まで）	アルバム（100位まで）	ミュージックDVD（50位まで）
2012年	1772691	1243061	677286
2013年	1443930	887144	301327
増減	▼328761	▼355917	▼375959

出所：『オリコンエンタテインメントマーケット白書』（2012年、2013年）

K-POPの公演件数は757件で約576万人を動員した（表4）。2012年に比べ公演件数では64％、動員数は172％も実績を伸ばした。K-POPライブ市場はチケット代が比較的高い1万円前後であるだけに、ロイヤルティが高いファンによって支えられているといえる。また、2013年はK-POP音楽ソフトの販売が不振に陥ったにもかかわらず、ライブの活況が見られたことの意味は大きい。2013年はK-POPファンにとって、パッケージ購入よりアーティスト、ダンスや歌唱力など、見ごろ感のあるライブを優先した結果といえる。

　ただ、ライブ市場の中身を見ると、一部のK-POP人気アーティストなどは動員が順調な反面、中間および新人アーティストのコンサートは観客動員に苦戦するなど、二極化が進んでいるように見える（表5）。K-POPブームにのって誰でもよかった時代は終わり、ファン・ベースのライブ市場は当分続くと見られる。K-POPライブ市場は、対外世論やマス向けのプロモーションがままならない状況のなかで、新規のファンをどのように増やしていくかが今後の大きな課題といえる。

　ちなみに、2014年上半期の統計を見ると、K-POPライブ市場は前年同期よ

表4　K-POPイベント件数および動員数

	件数	動員数
2012年	462	2,118,821
2013年	757	5,755,511
2014年上半期	364	2,426,062

出所：コンサートプロモーターズ協会（http://www.acpc.or.jp/）

表5　2013年K-POPアーティストのコンサート動員数ランキング

ランク	アーティスト名	動員数	公演件数
2	東方神起	89.3万	18
5	ビックバング	71.9万	15
15	少女時代	36.8万	20
17	Gドラゴン	36.1万	8
21	2PM	28.3万	14
29	SHINee	22.9万	17
36	FTISLAND	16.8万	11
40	スーパージュニア	15.3万	5

出所：『日経エンタテインメント』（2013年9月号）

り少しトーン・ダウンしている。ライブ件数は2013年上半期の364件より1.1％、動員数は243万で前年より17.6％も減少している。

　日韓関係の悪化や円安ウォン高の傾向がさらに長期化すれば、K-POP絡みのパッケージー流通、イベント企画、プロモーション活動などへの影響が続き、ファン中心のK-POP市場へと段々縮小される可能性が高い。

その他

　韓国映画は韓流ドラマの人気とともに当初大いに成長が見込まれたが、2006年以降、完全に不振に陥っている。2000年の『シュリ』をはじめ、その後『JSA』『猟奇的な彼女』『四月の雪』『私の頭の中の消しゴム』などは興行上好成績を残したが、2006年以来の販売価格の高騰と相次いだ興行の惨敗、そして韓流ファンの劇場離れなどが相まって、韓国映画の不振状況が続いている。

　日本への輸出額は2005年の6032万ドルを頂点に2010年には226万ドルまで下落した。その後2012年に968万ドルまで上がり回復の兆候を見せたが、再び2013年に809万ドル、2014年には447万ドルと落ち込み続けている[8]。

　ただ、大がかりな劇場興行による収益モデルは相変わらず厳しい状況であるが、2012年43本、2013年46本、2014年63本（図4）と、アメリカに次ぐかなりの韓国映画が日本に輸入され、小規模館中心の「スモール・ビジネス」は定着しており、マニアの間には根強い人気を維持している。

　一方、スターなどのグッズ・ビジネス、ミュージカル、出版物などはドラマやK-POPからの派生ビジネスとして注目が集まっている。とくにMDビジネスは、K-POPブームの影響でアーティスト絡みのMDがたくさん市場に出回っている。流通方式としては、主にネット・ショッピング・モールやイベント向け、キャンペーンによる販売が大半である。一方、東京の新大久保を中心に店頭販売では低価格の海賊品が大量に横行している。今後、MD市場のさらなる成長のためには、不法商品を扱っている店頭をいかに合法化していくかが課題となる。

　最近、K-POPブームを受けて、期待がかかっているのがミュージカルである。「宮-LOVE in Palace」「光化門恋歌」などは、K-POPアイドルが出演し大盛況であった。そのミュージカルの人気を受けてアミューズなどは韓国ミュージカル専用の「アミューズミュージカルシアター」を2013年4月にオープンし、韓国ミュージカルを多数上演した。ただ、観客動員に失敗し、たくさんの課題を

図4　日本での韓国映画配給本数の推移

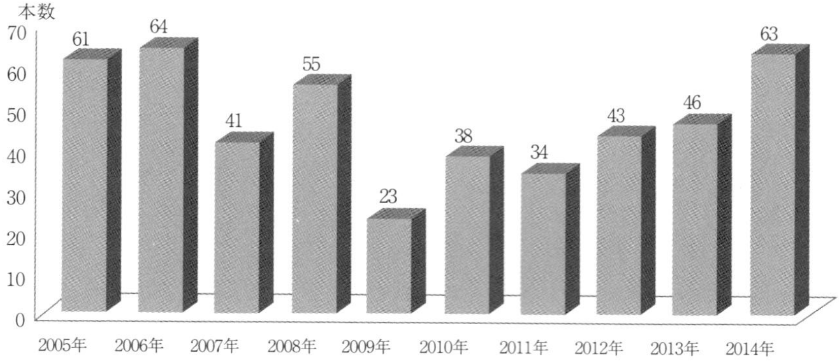

年	本数
2005年	61
2006年	64
2007年	41
2008年	55
2009年	23
2010年	38
2011年	34
2012年	43
2013年	46
2014年	63

出所：一般社団法人外国映画輸入配給協会（http://www.gaihai.jp/）

残して2014年3月に閉店した。韓流スターやK-POPアーティストが出演しないミュージカルでは観客動員率が格段と落ちるなど、韓国ミュージカルの魅力が浸透するまでにはしばらく韓流の力を借りる必要があろう。

　出版分野では、ドラマやK-POP絡みの派生出版の売行きは良い。とくに時代劇ブームを受けて朝鮮時代関連の書籍などは好調であり、K-POPアーティスト系の写真集などの売行きも悪くはない。しかし、文学小説系はまだそれほど伸びていない。韓国ドラマの魅力が10年にわたって浸透したいま、韓国的ストーリーや情緒も日本である程度受け入れられてきたと見られる。そのような土台ができている以上、今度は韓国小説にブレークの期待がかかっていくだろう。

5　おわりに——韓流の今後

　韓流の今後がどうなるかについては、誰もそれを正確に予測することはできない。ただ、現状を踏まえて近い将来を展望することは可能であろう。
　まず、近い将来も現在と同様、日韓関係の行方が今後の韓流にも大きな影響を及ぼすだろう。2012年8月以後、韓流が外交・政治レベルによる日韓関係に対していかに脆弱かが明らかにされた。表向きは文化の受け入れと両国関係は無縁に思えるが、実際にはそうはいかなかった。ロイヤルティの高い多数の

ファンは韓流への愛着を捨ててないが、一部の人は韓流離れしたと見られる。さらに一部の企業やマスコミも日韓関係の悪化を受けて韓流から遠のいた。それにより韓流のプロモーションが衰え、結局韓流ファンの新規流入という好循環も生まれにくくなっている。今後も日韓関係の行方如何によって韓流ブームも大きく変わっていくと思われる。

　次は、韓流ビジネスの行方である。とくにドラマの最大の収益源であるDVD市場が年々縮小して赤信号がついた。今後その収益モデルの変化に耐えられなくなった韓国ドラマの流通企業は脱落を余儀なくされるだろう。つまり収益が見込めなくなった流通企業が韓国ドラマを扱えなくなるうえ、韓国側も価格調整ができなくなると、韓国ドラマ市場が今より小さいマニア向けに縮小する可能性もある。

　ただ日本には韓国ドラマやK-POPの魅力を支持する多数の受け手が確実に存在しており、日韓双方のプレイヤーはそれをとらえようとする。つまり、サプライヤーである韓国側企業にとって、ドラマにしろK-POPにしろ内需だけでは既に経営の舵取りが難しくなっている。これまで日本をはじめとするグローバル・マーケットを視野に入れてビジネスを展開してきただけに、収益が薄くなったことを理由に魅力的な日本市場を放棄することは考えられないのである。サプライヤー側は、価格調整など可能な対策を講じて、日本市場の維持拡大に力を入れていくだろう。確実な受け手とそれをとらえようとするプレイヤーがいる限り、少々の浮沈は予想されるが、「韓流」は今後も生きのびていくだろう。

参考文献
韓国コンテンツ振興院（2010年）『コンテンツ産業白書』
―――（2011年）『コンテンツ産業白書』
―――（2012年）『コンテンツ産業白書』
―――（2013年）『コンテンツ産業白書』
―――（2014年）『コンテンツ産業白書』
韓国映画振興委員会（2015年）『2014韓国映画産業決算』
韓国放送通信委員会（2009）『2008放送産業実態調査報告書』
―――（2010）『2009放送産業実態調査報告書』

─────（2011）『2010放送産業実態調査報告書』
─────（2012）『2011放送産業実態調査報告書』
─────（2013）『2012放送産業実態調査報告書』
─────（2014）『2013放送産業実態調査報告書』
日経BP『日経エンタテインメント』2013年9月号
オリコン『オリコンエンタテインメントマーケット白書2012』
オリコン『オリコンエンタテインメントマーケット白書2013』

注
(1) 韓国放送通信委員会（2014）『2013 ──放送産業実態調査報告書』。
(2) 韓国コンテンツ振興院（2014年）『コンテンツ産業白書』。
(3) 輸出額には韓国語音盤の輸出、ライブ収入などが含まれる。
(4) オリコン『オリコンエンタテインメントマーケット白書2013』。
(5) シングルとアルバムは100位以内、ミュージックビデオは50位以内にランクされたK-POPアーティストを対象に合計した結果。
(6) http://www.oricon.co.jp/special/47530/
(7) http://www.acpc.or.jp/
(8) 韓国映画振興委員会（2015年）『2014韓国映画産業決算』。

第4章
もう一つの韓流ブーム
――韓国歴史ドラマ・ブームについての覚書

市川孝一

1 はじめに――ブームへの注目

　2000年代の前半に、一大「冬ソナ」ブームがあったことは、だれでも知っている。そして、2000年代の後期には、K-POPが流行した。前者のファンは言うまでもなく「冬ソナおばさん」(＝中高年女性)であり、後者のファンは10代20代の若い女性たちである。

　実は、この二つの間にあまり知られていないもう一つの韓流ブームが存在する。それが"韓国歴史ドラマ・ブーム"である(図1参照)。そして、このブームの担い手の中心は、中高年男性なのである。そして、何を隠そうわたくしもそうしたファンの一人である。

　本稿では、このブームがどのようなものである(あった)かを、個人的な体験も含めて検証していきたい。あわせて、韓国歴史ドラマの魅力とは何かを探っていく。

　以下の論考は、単なる番組評・ドラマについての感想だと言われればそれまでだが、目指したのはコンテンツ分析と受け手分析とが混在したメディア評論のつもりだ。筆者の独断と偏見(!?)で大げさな単純化をすれば、"「宮廷女官チャングムの誓い」は「冬ソナ」の10倍面白く、一連の本格派歴史ドラマは「チャングム」よりさらに10倍面白い"――つまり「冬ソナ」より100倍面白いということだ！　このブームの分析の過程で、これら一群の作品の魅力の一端をあわせて伝えることができたらと考えている[1]。

　まず、このブームの存在を、それがメディアによってどのように取り上げられてきたかを見ていくことによって、間接的に証明しておこう。

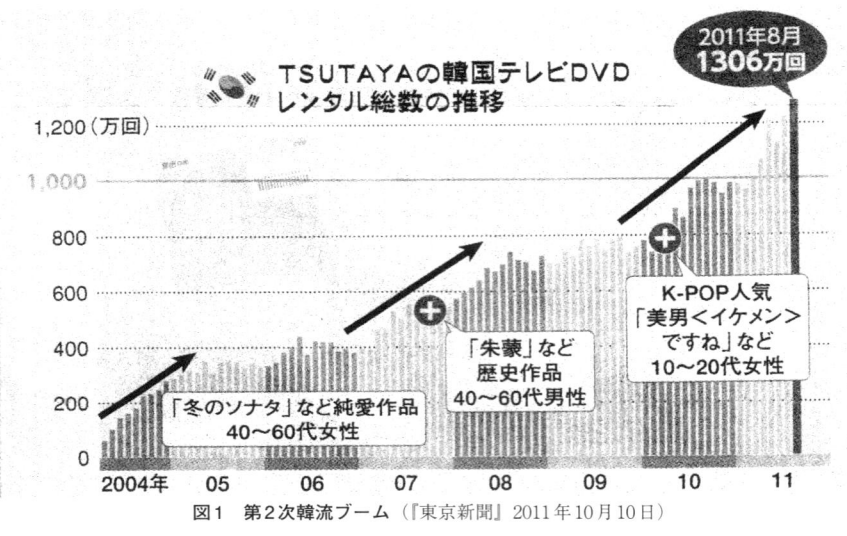

図1 第2次韓流ブーム（『東京新聞』2011年10月10日）

　例えば、新聞や雑誌の記事では以下のようなものがある。――このブームにふれた一番早い新聞記事は、『朝日新聞』夕刊の次の記事だ――。「韓流人気、今度は時代劇　NHK・BS『宮廷女官チャングムの誓い』」（2005年7月4日）[2]。そして、この記事では興味深い事実が紹介されている。衛星放送の担当部署によると、NHKに寄せられた反響は前年からの半年余りで、電話3千件、メール2千件に及んだという。そして、「冬ソナ」の場合は9割が女性からだったが、今回は女性と男性の比率が6対4と、男性がぐっと増えたことが特徴だというのである。

　また、『読売新聞』夕刊では、それから少し間があくが、「韓国時代劇ブーム拡大　大作続々　男性にも人気」（2007年4月24日）として、「朱蒙」や「ホジュン」などの作品が、BSやCSで相次いで放映されることを紹介している。

　他の新聞記事では、「韓流時代劇　今ごろ？　なんて言わないで！　中高年男性に人気」（『毎日新聞』2009年11月5日）がある。この記事は、そのリード文で次のように書く。――「……「韓流」熱もすっかり冷めたと思いきや、何とこんどは中高年男性がハマっているらしい。昨今の韓流事情を探ってみた」。そして、この記事では具体的に40代後半から60代の男性4人の証言を紹介している。

第4章　もう一つの韓流ブーム

　雑誌では、一貫して韓流ネタを熱心に取り上げてきた『AERA』に、「父ハマる　韓国時代劇　恋愛モノ、ヨン様モノだけじゃない」という記事がある（『AERA』2008年4月21日号）。この記事では、TSUTAYAが前年12月から韓国「時代劇」の特設コーナーを置いたことが紹介されており、その要因の一つに50代を中心とする男性ファンの増加をあげている。

　そのTSUTAYAのレンタル利用者に関しては、面白いデータもある[3]。そこには、作品別の利用者の男女の比率が紹介されている。その結果は以下の通りである。――「冬のソナタ」女性：73.3％、男性：26.7％、「宮廷女官チャングムの誓い」女性：66.1％、男性33.9％、「太王四神記」女性60.2％、男性39.8％、「朱蒙」女性55.3％、男性44.7％、「大祚榮」女性47.1％、男性52.9％。

　これらの数字によって、着実に男性利用者比率が上がっていることが確認できる。「太王四神記」に関しては次のようなコメントが付けられている。――「2008年にNHK地上波の同じ放送枠でオンエアされた韓国時代劇『太王四神記』は、ヨン様主演ということで、女性比率が盛り返すことが予想されていた。しかし、そんな世間の予想に反し、男子比率が39.8％と4割を占めるまでになった。今作の特徴は「冬ソナ」の熱狂的な韓流ブームやヨン様に対し嫌悪を抱いていた男性世代までにも受け入れられたという点である。その要因は神話的ファンタジー・男女の三角関係のラブストーリー、そして時代劇的な派手な戦闘などの演出によるものであろう。確実に男性、それも中高年男性にブームが波及していったのだ」[4]。

　また、「大祚榮」には「……この作品は"荒々しさ"が群を抜いている。そして主役である"テジョヨン"を演じたチェ・スジョン、がまさに男が惚れる役者なのである。それを裏付けるように……この作品で男性比率がついに52.9％と過半数に達し、男女比率が逆転するという大きな出来事が起きていたのだ‼」[5]というコメントがついている。

　雑誌記事では他に、小倉紀蔵が、『日経おとなのoff』（2008年7月号―9月号）に「オトコの韓流ブームの裏側――韓流時代劇がオトコのツボに？」というエッセイを3回にわたって連載している。

　その第1回の冒頭にこんな一節がある。――「巷では「韓流」という言葉をあまり聞かなくなったが、実は意外な領域にファン層は拡大している。最初は

韓流をバカにしていた男性たちである」(「平成旦那塾」第一篇)。

　そしてダメ押しをもう一つ。「"韓流"はオバさんのもの——そう思っているあなた、いま"韓流時代劇"がオジサンたちから熱い注目を集めているのをご存じだろうか」のリードで始まる週刊誌記事(『週刊現代』2009年4月18日号)である。

　この二つの事例は、中高年男性における韓流時代劇ブームが、いわゆる"おやじメディア"でもお墨付きを与えられたということを示している。

　例証としては、これくらいで十分だろう。中高年男性たちを担い手とする韓国歴史ドラマブームは確かに存在する(した)のである。これらの記事を総合すると、韓流歴史ドラマブームは、2005年ごろにはすでに始まり、2007、8年にはブームとして注目されるようになり、2009年ごろには一つのブームとして確立していたと思われる。

2　韓国歴史ドラマ・ファンへの道

　それでは、個々の受け手たちはどのようにして、韓国歴史ドラマのファンになっていったのか。前出『AERA』の記事には、コンピューター関係の仕事をしている55歳の男性のケースが紹介されている。

　その男性によると、韓国ドラマ=ヨン様で、"オバサンが見るもの"という思いがあった。しかし、ある晩、仕事から帰って何気なくテレビをつけ、目に入ってきたのが「チャングム」だったという。ちょうど主人公のチャングムが、師匠から復讐の使命を背負わされたころだった。宮廷内の権力争いに巻き込まれていくチャングムや周囲の人々の政治的駆け引きにすっかり引き込まれ、それ以来毎回欠かさず見るようになった。帰りが遅くなる時にはビデオ予約し、深夜一時すぎに帰宅しても録画はその晩のうちに見たという。まさに、ハマったのである。

　多くの中高年男性が韓国歴史ドラマ・ファンになるきっかけとしては、これが一番良くあるパターンのようだ。女性たちが「ヨン様」とか言って韓国ドラマに夢中になっているようだが、一体韓国ドラマとはどんなものだろうか、甘ったるいメロドラマは勘弁してほしいが、歴史物ならいいかもしれない。ちょっと、のぞいて見ようか——世の多くの男性がそう考えた。

第4章　もう一つの韓流ブーム

　そして、実際に見てみたら、これがなかなかおもしろいではないか。こうして、それまでは韓国ドラマに無縁だった、むしろヨン様ブームを冷ややかに眺めていた男性たち（主に中高年）が、新しい韓流ブームの担い手となっていったというわけである。
　筆者の場合は、韓国人留学生や家人の交友関係から比較的韓国情報が入りやすい状況にあった。ヨン様の情報も早い段階で入っていたので、「冬のソナタ」は、NHKのBS2で放映された2003年にいち早く見ることができた。
　本格的な"「冬ソナ」ブーム"は、翌2004年に地上波のNHK総合テレビで放映されてからということになるが、衛星放送での放映時点ですでに流行・ブームの兆しはあった。
　どんなものであれ、流行・ブームと名のつくものはわたくしの研究テーマということになっているので、2003年における「冬ソナ」をめぐる流行現象を考察対象として、「"冬ソナ現象"を読み解く」（『現代風俗学研究』〔現代風俗研究会・東京の会〕第10号、2004年）という小論を書いた。
　新しいものにすぐに飛びついたといえばそれまでだが、曲がりなりにも論文という形で発表されたものとしては、かなり早い事例だったと思う。「冬のソナタ」は、その後爆発的な一大ブーム・流行現象として、さらにいうなら、一つの社会現象になるまでに大きく展開していったので、その後の動きを補って、「"冬ソナ現象"を読み解く（補遺）」（『現代風俗学研究』〔現代風俗研究会・東京の会〕第11号、2005年）を書いた。
　その後は、「冬のソナタ」に次いでNHKBS2で放送された、「美しき日々」「オールイン　運命の愛」と続けて韓国ドラマを見ていくことになる。そして、「宮廷女官チャングムの誓い」と出会うことになる。わたくしの場合も、韓国歴史ドラマを見るきっかけになったのは、「チャングム」だった。

3　韓国歴史ドラマとは

3-1　韓国歴史ドラマという表現
　いままで紹介した新聞や雑誌記事のなかでも、"歴史もの"の韓国ドラマを表わすのに、実は微妙に異なった表現が使われていることが分かる。「韓国歴史ドラマ」「韓国時代劇」「韓流時代劇」などである。それぞれの言葉の使用状

況を主要データベース（大宅壮一文庫雑誌記事索引、「聞蔵Ⅱ」〈朝日新聞〉、「ヨミダス歴史館」〈読売新聞〉、「毎索」〈毎日新聞〉）のキーワード検索でチェックしてみた（2014年時点）。

結果は次の通りである。

	大宅	朝日	読売	毎日
韓国歴史ドラマ	4	4	4	4
韓国時代劇	7	17	7	6
韓流時代劇	18	13	7	4
韓流歴史ドラマ	0	2	2	3

これを見ると、「韓流時代劇」が一番多く使われる表現のようである。逆に、「韓流歴史ドラマ」という言い方は、あまり使われない。そして、この微妙な表現の使い分けが、ドラマの性格の違いに対応しているということでもある。

「韓国歴史ドラマ」と言うと、一応史実をベースにした本格派の歴史物というニュアンスが強い。KBSが「大河ドラマ」と銘打って放映している、格調高く重厚な作りの大作がその代表だ。

それ以外の、フィクションも大胆に取り入れた大衆向け娯楽路線の一群の作品が、「韓国時代劇」であり、「韓流時代劇」ということになろう。「フュージョン史劇」「ファンタジー史劇」などと呼ばれる、CGを多用したり空飛ぶアクション・シーンが売り物だったり、かなり漫画チックなものもある。また、「ロマンス史劇」と呼ばれるものは、舞台こそ過去に設定されているものの、ドラマの主眼は恋物語にある。

ドラマに描かれた内容に即した分類も可能だ[6]。ひと口に韓国歴史ドラマと言ってもいくつかのカテゴリーがある。量的に一番多いものは、"朝鮮王朝もの"だ。これらの作品では、延々と続く権力争いとそれと絡んだ宮廷内の女性たちのドロドロの女の闘いが、繰り返し取り上げられる主要モチーフとなっている。

もう一つは、英雄たちの闘いの物語である。高句麗を作った東明聖王を描いた「朱蒙」、渤海を打ち立てた「大祚榮」、高麗の初代の王「太祖王建」、朝鮮王朝の始祖・李成桂を描いた「龍の涙」──これらは"建国もの"とも呼ばれるものである。新しい国を作るというのは究極の「偉業」であり、そのプロセ

スは壮大ないわゆる"国盗り物語"なのだから、苦難と試練に満ちたその道程が面白くないはずがない。

さらに、従来の時代物にはなかったカテゴリーとして、王様や武将ではなくある職業で成功した人物の生涯を描く"民衆史劇"と呼ばれるものがある。「商道」「キム・マンドク」「大望」における商人や「ホジュン」「チャングム」「馬医」など一群の医者ものの"成功譚"がそれにあたる。

もう一つは、"愛・ロマンス"を中心に据えたもの。これらは、舞台こそ過去に置いているが、内容的には現代の恋愛モノと変わりない。みずから"ロマンス史劇"などと謳ったものもある。

筆者自身が高く評価し、好んで見るのは「大河ドラマ」タイプの韓国ドラマということもあり、本稿では、「韓国歴史ドラマ」という呼び名を使っていく。もちろん実際の作品ではそれ以外のタイプのものが量的にも圧倒的に多いので、それらが分析対象にならないわけではない。"現代ドラマ"に対して"歴史ドラマ"という意味で、韓国ドラマの"歴史もの"の総称としてここでは、「韓国歴史ドラマ」という言葉を使っていく。

具体的な作品にどのようなものがあるかは、章末の資料1を参照してもらいたい。代表的な作品は上げているつもりだが、もちろんすべて網羅しているとは言えない。筆者自身が、一部でも見たことのある作品には、内容紹介と一言コメントがつけてある[7]。

3-2 韓国歴史ドラマの魅力とは

すでに紹介してきた新聞記事や雑誌記事でもわかるように、韓国歴史ドラマの視聴を語る時には、「ハマる」という表現が良く使われる。「ハマる」というのはいうまでもなく、それに「のめり込む」「夢中になる」ということだが、韓国歴史ドラマは見始めると「止まらなくなる」と言われている。"すぐに続きが見たくなって我慢できずに、TSUTAYAに駆けつける"というエピソードもある。寝食も忘れて、ドラマ鑑賞に没頭するという証言もある[8]。

「もう、やめられない！ 韓流時代劇中毒」(『女性自身』2009年12月1日号)などという特集記事があるように、ある種「中毒症状」まで引き起こす韓国歴史ドラマの魅力とは、一体どこにあるのだろうか。

河村 (2011) では、韓国歴史ドラマ (そこでは「韓国時代劇」という言葉が

使われているが）が好きな理由として、次のような点が上げられている。――「俳優陣の優れた演技力」「壮大で緻密なストーリー」「スケールの豪快さ」「陰謀渦巻く、どろどろの愛憎劇」「リアルな戦闘シーン」「バックに流れる音楽が秀逸」「史実とフィクションの絶妙な配合」[9]。

　また、ある雑誌の特集記事のなかでは、"韓国時代劇の魅力を数え上げればキリがないが"と断わった上で、「5つのハマりポイント」として、次の5点が上げられている。――①運命に翻弄されるせつない恋愛、②波乱万丈のストーリー、③美しき王朝絵巻の世界、④"食の国"は時代劇でも健在、⑤イケメン＆実力派俳優の宝庫！（白井美友紀「韓国時代劇の魅力に迫る！」『婦人公論』2012年3月7日号）。

　後者は、女性雑誌という特性からやや力点が偏っているきらいはあるが、両者を合わせると、韓国歴史ドラマの魅力はほぼ言い尽くされていると言ってよい。まず、俳優陣の層が厚く充実していることは間違いない。時代ものには"毎度おなじみの"という顔ぶれもいるが、演技力をそなえた役者が揃っている。芸達者な子役も多い。個々の役者の芸域も広く、どんなタイプの人物でも演じることができる演技派俳優に事欠かない。時には、まったく正反対の性格の役柄でこなせる芸達者もいて、感心させられる。

　例えば、泣き顔が印象的でか弱い女性というイメージの「朱蒙」の母親と「階伯－ケベク－」の悪役・サテク王妃を演じたのが同じ女優（オ・ヨンス）だとは、最初は気がつかなかった。また、「根の深い木」のソイ（タム）役と映画「青い塩」（2012）でソン・ガンホ演じる元やくざを追う女殺し屋を演じたのが、同じシン・セギョンだったということもパンフレットを見るまで気がつかなかった。

　しかし、これは時にはマイナスにもなる。「張禧嬪」のコメント（資料1）でもふれたように、ある作品ではかっこいい武将が、他の作品ではスケベな王様だったりして、せっかくのイメージが壊されたりしてしまうのである。こうしたことに対する配慮からか、日本の俳優は一定の枠内の役柄しか演じない。

　二つ目の「壮大で緻密なストーリー」「史実とフィクションの絶妙な配合」は、脚本に関わる問題ということになるだろう。確かに多くの作品は、実に緻密な構成力で作られ、一つ一つのエピソードにまったく無駄がなく、感心させられる。ドラマであれ映画であれ、"結局はホン（脚本）次第だ"というのは

第4章　もう一つの韓流ブーム

　言い古されたことだが、やはり突き詰めていくとドラマにとって、一番重要なのは脚本の良し悪しである。脚本の出来が悪いと、いくら役者が熱演しても、面白いものにはならない。その点、総じて韓国時代劇の脚本はしっかりしている。100話、200話という長い話を書き上げる脚本力は、素晴らしいとしか言いようがない。キム・ヨンヒョンやキム・イヨンなど力量のある優れた女性脚本家も少なくない。

　もちろん、なかには「緻密」とは言い難いものもある。どう考えてもつじつまの合わないストーリー展開のものもある。これは、視聴者の意見をどんどん取り入れて話を変えていってしまうという韓国ドラマの独特な作り方も関係しているが、"面白ければいい！"という徹底した視聴者本位の考えがそこには反映されている。確かに、少しぐらい矛盾点があっても面白ければいいのである。それが、粗削りだが力強いという韓国ドラマの魅力につながる。

　史実とフィクションがうまくミックスされているというのは、歴史物においては重要なポイントとなる。時には、歴史的資料には一行しか記述がないところから、壮大なドラマを作りだしてしまう。この想像力と言うか、ほとんど妄想力と言ってもよいイマジネーションの豊かさには、脱帽させられる。

　"史実とフィクションの問題"は、取り上げ方によっては論争になりうる大テーマでもある。そのため、時にドラマの内容が史実とかけ離れていることが、批判の対象になることもある。韓国時代劇が、自国の歴史を歪曲したり、極端に美化していることを「糾弾」（!?）するものもある[10]。

　ドラマを歴史の教科書代わりに使うことは、確かに問題だろう。一般的に日本人の視聴者は、朝鮮半島の歴史に関する知識を十分身につけてきているとは言えないので、ドラマを歴史的な事実と思いこんでしまうリスクは高いだろう。そのため、宮脇（2013）には、「韓国人の妄想によるファンタジーを、お人よしな日本人が無自覚に史実として受け入れてしまうような事態は、歴史家としては見過ごすことはできません」[11]という怒りの一節もある。

　これは、いわゆる「時代考証」の問題でもあるわけだが、いわゆる"歴史もの"には必ず付きまとう難題だろう。例えば、韓国歴史ドラマの衣装は一般的に史実とは全く異なると言われている。庶民は白い服しか着なかったし、妓生（キーセン）や宮廷の人々のきらびやかな衣装も、実態とは大きくかけ離れているという（「歴史とドラマの狭間　時代考証の世界①」『朝日新聞』2013年11月5日）。

71

しかし、それでは「絵」にならない。イ・ビョンフン監督作品などは、意図的に色鮮やかな衣装や豪華な装飾品で視聴者の目を楽しませることを狙っている。こういうレベルでの文字通りの「脚色」は、許容範囲と言えよう。

　最近では、このあたりに関する配慮が多少は出てきたのか、「太陽を抱く月」では、"このドラマは朝鮮王朝の架空の時代を描いたものです"という意味の断り書きがタイトルバックの冒頭に出てくるし、「奇皇后」でも、"このドラマは実在した奇皇后を題材に創作したものです。架空の人物や事件を扱っており史実とは異なります"という断り書きが、同じく冒頭で流れる。

　三点目の「スケールの豪快さ」「リアルな戦闘シーン」は、歴史ドラマ・時代劇には欠かせない要素である。韓国作品は、この条件を満たしている。もちろん、それにはお金がかかる。"制作費何十億ウォン！"と、映画作品並みの制作費の大きさをアピールするケースも少なくない。作品の質が、制作費に大きく依存することは否定できない。

　その一方で、韓国ドラマの制作現場は過酷だというのは有名な話である。タイトなスケジュールのために出演者が過重な「労働」を強いられる。放送日の午前中に当日放送分を撮影しているというような、自転車操業的番組作りも良く知られたエピソードだ。眼がはれていたり、充血していたりする役者を目にすることは少なくない。若い女優たちも、厳しい条件で長期間拘束される時代劇への出演を嫌がることが多く、「チャングム」の主演は何人もの候補となった女優たちに断わられ、ようやく7人目でイ・ヨンエに決まったという舞台裏を、イ・ビョンフン監督が自ら披露している[12]。

　いかに過酷な制作現場かを示す、実にわかりやすい事実がある。役者たちの「息が白い」ということだ。ごくありふれた会話のシーンでも、セリフを発すると白い息が大きく広がる。これは、通常の日本のドラマにはない。つまり、それだけ気温が低い環境（オープン・セット）で、寒さに耐えながら撮影が行なわれているということだ。

　過酷な制作現場は、逆に力強い作品を生む原動力（エネルギー）になっている。"粗削りだが力強い"というのは、韓国歴史ドラマの魅力の一つでもある。同時にこれは、いい加減さにも通じる。どう見ても両側はU字溝にしか見えない道路が平気で時代劇に出てくる。これは伝聞だが、時代劇の背景に車が走っているのが映っていたケースもあったという。こういう「小さいこと」（!?）

第4章　もう一つの韓流ブーム

にはこだわらず、力技でねじふせてしまうのが韓国的なのである。
　前にもふれたが、視聴者からの反響次第で、話を延ばしたり、時にはストーリーを変えてしまう徹底した視聴者本位の作品作りがモットーだ。自分たちが作りたいものを作るのではなく、お客さまが望んでいるものを提供するというエンターテイメントの基本に忠実であることが、何より魅力的な作品を生み出す原動力なのだろう。
　第四点目の「陰謀渦巻く、どろどろの愛憎劇」という点は、"朝鮮王朝もの"に共通してみられる特徴である。何しろ何人もの王が、不審な死を遂げている文字通り"血塗られた王朝"なのだから、その"血で血を洗う抗争"は凄まじい。そして、醜い権力争いとそれに巻き込まれる女たちの愛と憎しみのドラマが展開される。その原因は、突き詰めていくと朝鮮王朝の制度自体と頼りなく情けない王たちにあると思うが、こうも赤裸々に人間の醜い面を見せつけられると、それは滑稽さに転じ、笑えてしまう。
　また、先にもふれたように、"朝鮮王朝もの"に限らずどんな歴史ドラマでも、ラブ・ロマンス的要素が必ずうまく盛り込まれていることだ。三角関係、叶わぬ恋、悲恋は、物語を織りなす重要な縦糸横糸になる。また、家族間（親子、兄弟等々）の濃密な情愛が描かれ、それらに思わずほろっとさせられる。
　さらに、これは歴史ドラマに限らず韓国ドラマの一つの大きな特徴だと思われるが、主人公は、「これでもか、これでもか」というような、信じられないほどの不幸と苦難にさらされ辛酸をなめる。「007は二度死ぬ」が、「韓国歴史ドラマの主人公は何度でも死ぬ！」"絶対ありえない"という状況でも、必ずよみがえるのである。
　それらの悲惨な状況を耐えに耐え、最後に夢を叶える。日本語で言ったら、「恨みを晴らす」「復讐する」ということになるのだが、韓国ではこれをたまりにたまった"「恨」を解く"と言うらしい。ここで、見ている側は何とも言えぬカタルシスを味わうことができるのである。物語消費の本質が、カタルシスにあることは、変わらぬ普遍的な真実だ。
　順序は逆になるが、大前提として言えることは、総じて、韓国ドラマのクオリティは高いということである。韓国が国を挙げて「国策」として、輸出品としての"大衆文化コンテンツ"制作に力を入れていることは周知の事実だが、受け手としての韓国人視聴者の存在も大きい。韓国人のドラマ好きには定評が

あるが、それに関しては韓国人脚本家へのインタビュー記事が興味深い。——「……（韓国人のドラマ好きの理由は）韓国の国民性として、新しいものを次々に要求するところがあるから」であり、「……視聴者が質の良さを要求する限り、面白いドラマが作られていくでしょう」（キム・ヨンヒョン）、「言い換えれば、韓国の視聴者は、気が変わりやすくもあるんですね。面白くないとなると、すぐに捨てられてしまう」（パク・サンヨン）（林るみ「現代を映す韓国時代劇ドラマ『根の深い木』脚本家キム・ヨンヒョン、パク・サンヨンに聞く」『世界』2013年2月号）。

　常に視聴者たちの厳しい評価にさらされている人気脚本家たちの発言だけに、重みがある。韓国のテレビドラマは、月・火、水・木、土・日のように週2回放映されるのが基本形だそうだ。これは、韓国の視聴者たちは一週間も次の回を待つほど気が長くないためでもあるが、続きがすぐにでも見たくなるほど中味が期待を持たせるものだからだ。翻って、日本のテレビドラマに、次の回が待ちきれないほど心躍らせるものがあるだろうか。

　日本で放映される韓国ドラマは、"現代もの"も含めてこのような厳しい韓国の視聴者たちの洗礼を一度受けてきたものだから、大きく外すことはないのである。

4　なぜ、中高年男性に受けるのか？

　以上述べてきた韓国歴史ドラマの魅力に関する話は、受け手を特定せず一般的にその人気の要因を羅列したものである。本稿のテーマからいうと、中高年男性という受け手に特定した魅力について語らなければいけないだろう。"オジサンは、もともと時代小説は好きだし、時代劇は好きだし、歴史ものは好きなのよ"と言ってしまうとそれまでだが、これでは分析にならないので、もう少しその点をさぐってみよう。

　前出の『毎日新聞』（2009年11月5日夕刊）の記事のなかに、マスコミ関係に勤める47歳の男性のコメントが紹介されている。——「日本のドラマには骨太の作品があまりなく、私たちのような中年には魅力がない。……韓国時代劇はスケールも大きいし、見応えがある」。

　確かに、日本の大河ドラマがお粗末なので、韓国歴史ドラマがいっそう魅力

第4章　もう一つの韓流ブーム

的に見えるというのも事実だろう。2012年のNHK大河ドラマ「平清盛」は、平均視聴率12.0％という大河ドラマの歴代最低記録を樹立した。「八重の桜」(2013)、「軍師官兵衛」(2014) は、視聴率は持ち直しているものの、評価は高くない。このことに象徴されるように、最近の日本のテレビドラマとりわけ歴史ものは低調である。韓国ドラマが、視聴者の受け皿にならざるを得ないのである。

　筆者は、NHKの「朝の連続テレビ小説」と「大河ドラマ」は、「義務」として見ることにしているが、ここ何年かは、「朝ドラ」は好調なので喜んでみるが、「大河」の方はいわゆる「学芸会レベル」のあまりのお粗末さに、途中で「挫折」してしまうことを繰り返している。

　最近の日本の大河ドラマは、ただ人気があるだけの演技には全く素人のタレントであったり、事務所の力があるために起用されたにすぎないというようなキャスティングの裏事情が分かってしまうケースが多いので、シラケてしまうのが常だが、韓国歴史ドラマの場合には少なくともそういうことはない。日本の出演者のなかには、日本史の時代区分すらちゃんとわかっていないような若いタレントもいる。

　また、中高年男性が韓国歴史ドラマにひかれる理由を、韓国コンテンツ振興院日本事務所の所長（当時）・金泳徳氏は、「歴史への知的好奇心を刺激されたからでは」ときわめて好意的に解釈している。もともと歴史に関心が高い日本の中高年男性にも、朝鮮史はあまりよく知らない領域である。それゆえ、ドラマをきっかけに隣国の歴史への好奇心がかき立てられたのではないかというのである（「中高年の韓流ブームはなぜ衰えないか　コンテンツへの好奇心と一体感が源泉」『週刊東洋経済』2011年9月3日号）。

　確かに、韓国歴史ドラマの題材は、良く知らないから、なじみがないからこそ、新鮮に感じる、興味関心がわくということはあるだろう。そして、ある程度朝鮮史の流れがわかってくるとまた新たな興味関心がわき、さらに別の作品を見てみようということになる。まさに、そこに好循環が生まれるわけだ。そして、その期待にこたえるように、各時代ほとんどまんべんなく韓国歴史ドラマのラインナップは整っている。そして、その過程で楽しみのレベルはより一層進化（深化）していくのである。

　楽しみのレベルということに関しては、次の点もそれに関わってくるだろう。

——韓国歴史ドラマには、その当時の政治状況を反映した作りのものがあるという。平均的日本人は必ずしも韓国政治には詳しくないので、そこまでの深い見方はできないが、そういう見方ができたら、さらに楽しみの質は深くなるだろう。

　クォン（2010）には、韓国国内では「チャングム」の登場人物を、盧武鉉大統領や盧武鉉政権の大臣たちとオーバーラップさせる見方があったことが紹介されている[13]。また、前出の『世界』の記事では、「根の深い木」の苦悩する王・世宗を盧武鉉大統領や安哲秀に重ねる見方があったことにふれられている。

　小倉紀蔵は、はっきりと"韓国の歴史ドラマは、韓国の「今」を正確に映し出している"と断じている（前出「平成旦那塾」第二篇）。——その時々の韓国の政界や社会で進行しているイッシューとリンクしていることは当たり前で、清廉と汚職、愛国と売国奴、改革派と守旧派、道徳派と利権派などが権謀術策を使って権力闘争をする姿を、現実の民主化の闘士や守旧派の悪徳政治家に重ね合わせて感情移入するのが面白いのだという[14]。

　この種の"政治的なるもの"は、韓国歴史ドラマの面白さの重要な要素の一つだろうが、必ずしも韓国の現実の政治状況を熟知している必要はない。これらの対立構造は、どの社会にも多かれ少なかれ見いだすことのできる基本的な政治の構図であるので、普遍的な題材として楽しむことができる。自分の身近な現実の世界の「政治」や派閥争いには興味のない人間にとっても、そこで展開される人間模様を見ることは楽しい。

　さらに、前出の『毎日新聞』の記事のなかでは、61歳の男性の次のような感想も紹介されている。——「日活や大映など、華やかだったころの日本映画をほうふつとさせる作りがいい」、「史実をベースにしているが敵と味方がいて互いに足を引っ張り合うなど、現代に通じる人間関係が描かれているのが面白い」。人間の欲望のぶつかり合い、人間関係の葛藤は昔も今も変わらない、普遍的なテーマだというわけだ。

　なぜ、韓国歴史ドラマが日本の中高年男性に受けるかについての分析では、韓国研究の第一人者だけに小倉紀蔵の分析が格調高く、また鋭い。つまり、それは「時代思想」の問題としてとらえられると言うのである。前出の連載エッセイ「平成旦那塾」（第三篇）のなかでの主張は、次のようなものである。——日本ではもう4半世紀もの間、ポストモダン（脱近代）という時代をやっ

第4章　もう一つの韓流ブーム

ているので、善や正義や理性や努力や純粋と言ったモダン（近代）な概念や、運命や宿命や孝や忠などといったプレモダン（前近代）の概念が、特にテレビというメディアにおいては絶滅してしまった。ところが、韓国歴史ドラマにはそのすべてが盛り込まれている。

　そこに中高年男性がひかれたというのだ。――「特に50代以上の男性はプレモダンもモダンもポストモダンも全部知っているので、それらが一つのストーリーの中で渾然一体となっている韓国ドラマはたまらない」というのである。

5　おわりに

　以上、韓国歴史ドラマが、とりわけ中高年男性から熱い支持を受けてブームとなってきたことを見てきた。その要因を再度まとめると、総じて韓国歴史ドラマのクオリティは高く、中高年男性の視聴にも十分たえるものであったこと、そこで描かれる世界が、中高年男性好みのものであったことなどであった。
　それ以外の要因で、日本人の視聴者に韓国歴史ドラマが魅力的に映るのは、韓国の歴史に対する知識がないため、題材自体に新鮮さを感じることもその一つであり、演じる俳優たちの素顔を知らないということもプラスに働いているのかもしれない。
　また、韓国歴史ドラマは、自分たちとはある程度距離があるというところが、安心して見ていられるのかもしれない。そこで何が起こっても、それはしょせん「別世界」のものであると突き放すことができる。どんなにえげつないことが起こっても、どんなに残酷なことが起こっても、身につまされることなく距離を置いて冷静に鑑賞できるというわけだ。その適度な距離感がいいのだろう。
　一般的に韓国人の喜怒哀楽の感情表現が激しいのは、良く知られているが、歴史ドラマにもそれは反映されている。激しく極端な内容が少なくない。悪意、嫉妬、裏切りなど人間の醜さも徹底的に描かれる。それは、あるレベルを超えるとギャグやパロディに転じる。だからこそ逆に、「そこまでやるか！」「それはないだろう！」と突っ込みを入れながら、見ることができるのである。韓国ドラマは突っ込みどころ満載である。
　「ツッコミ視聴」が常態化している"成熟した視聴者"にとって、韓国歴史ド

77

ラマというのは格好のコンテンツなのである。あるいは、異文化の視聴者ゆえに少しずらした、いわゆる"交渉的な読み"のできるところも、韓国歴史ドラマの魅力と言ってもよい。

　一方、韓国歴史ドラマの最大のデメリットは、一つの作品が長すぎるということ。まさに、"時間泥棒"なのだ。何しろ50話、100話は当たり前という世界である。ハマってしまうと仕事ができなくなる。しかし、それは裏返すと時間だけはたっぷりあるという高齢者にとっては、韓国歴史ドラマ視聴はぴったりの趣味だということになる。韓国歴史ドラマは、来るべき超高齢社会に最適のコンテンツであり、今後ますます期待できるのである。

　この小論では、「はじめに」で書いたように「冬のソナタ」よりも100倍面白い一連の韓国歴史ドラマの魅力が少しでも伝えられたら、それで十分である。騙されたと思って資料1のリストにある作品の一つにでもふれて、韓国歴史ドラマにハマる人が一人でも出てきたら喜ばしい限りである。一ファンとしては、ブームを超えてさらに日韓の大衆文化が真の意味で相互交流を実現させ、お互いに良質のコンテンツをさらに享受し合うことができる状況がいっそう進展することを願うばかりである。

　2012年を境に、韓流ブームの潮目が大きく変わった。日本社会には「韓流ブーム」に代わって、「嫌韓ムード」が広がりつつある。"韓流ブームから嫌韓ムードへ"は、対韓感情の変化というだけでなく、日本社会における社会心理の時代的変容の問題として、重要な研究テーマになりそうである[15]。

　このような状況下であればこそ、韓国ドラマのような大衆文化のコンテンツは、ますますその存在意義を増すであろう。どこの国の作品であろうといいものはいい、面白いものは面白いのである。そして、作品が評価されればそれを生み出した文化への興味もおのずと生じるし、すぐれた作品はそれを生み出した社会や文化へのプラスのイメージを導くことになるだろう。大衆文化のコンテンツのそうした力を信じたい。

注
(1) 本稿は、「趣味としての韓国歴史ドラマ——知られざる韓流ブームの担い手」『現代風俗学研究』第15号（現代風俗研究会・東京の会、2014年）に大幅な加筆訂正を

第4章　もう一つの韓流ブーム

　　加えたものである。
(2) 朝日新聞社は、2005年の年末にはいち早く、韓国時代劇を楽しむためのガイドとして『朝日オリジナル「韓国時代劇が面白い」』というムックを出している。
(3) 「男性もハマる！　韓流時代劇特集」TSUTAYA　online
　　http://www.tsutaya.co.jp/hanryu/special/jidaigeki/date/
(4) 同上。
(5) 同上。
(6) 韓国歴史ドラマジャンル別分類『韓ドラここが知りたい！』
　　http://navicon.jp/feature/f0001diagram3.pdf
　　http://navicon.jp/feature/f0001diagram4.pdf
　　http://navicon.jp/feature/f0001drama.pdf
(7) 内容紹介は、番組ホームページや各種ムックを参照した。2014年時点までのもの。
(8) ジャーナリストの牧太郎（毎日新聞専門編集委員）は、『サンデー毎日』のコラムでも何度かその話題を取り上げているが、韓流時代劇にハマっていることを告白している（『毎日新聞』2010年11月2日）。西家ヒバリ『韓流時代劇にハマりまして』（小学館、2012年）でも、夫の漫画家しりあがり寿が、妻に影響されて韓流時代劇に「陥落」したことがふれられている。
(9) 河村啓介『韓国時代劇にとことんハマる！　歴史と人物の真実』学研パブリッシング、2011年、10頁。
(10) 例えば、豊田有恒『本当は怖い韓国の歴史』（祥伝社新書、2012年）、宮脇淳子『韓流時代劇と朝鮮史の真実』（扶桑社、2013年）。
(11) 宮脇淳子『韓流時代劇と朝鮮史の真実』扶桑社、2013年、29頁。
(12) イ・ビョンフン『チャングム、イ・サンの監督が語る　韓流時代劇の魅力』集英社新書、2012年、41-42頁。
(13) クォン・ヨンソク『「韓流」と「日流」　文化から読み解く日韓新時代』NHKブックス、2010年、38-41頁。
(14) 韓国歴史ドラマにはもう一つの"政治性"があるという。高句麗の建国を扱った「朱蒙」や渤海の建国を題材にした「大祚榮」などの作品は、中国の「東北工程」（中国の東北部の歴史研究を目的とする中華人民共和国の国家プロジェクト）に対抗するものであると言われる。「東北工程」によって中国は、高句麗や渤海（さらには百済や新羅まで）を中国の地方政権の一部と主張している。
　　これには当然韓国人は強烈な反発を示し、中国を強く批判した。小倉紀蔵は、高句麗を題材とした作品は、韓国人のナショナリズムの産物であり、"民族的自尊心"の極大化につながると断じている（小倉「平成旦那塾」第三篇）。

79

(15) 市川孝一「「韓流ブーム」から「嫌韓ムード」へ——対韓ナショナリズムの一側面」（朴順愛・谷川建司・山田奨治編『日本大衆文化とナショナリズム』森話社（印刷中））参照。

参考文献 （注で示したもの以外）
網谷雅幸・別当律子（武井一監修）『韓国時代劇ドラマ検定』オークラ出版、2012年
李徳一『イ・サンの夢見た世界』上・下、権容奭訳、キネマ旬報社、2011年
小倉紀蔵『韓国、愛と思想の旅』大修館書店、2004年
――――『日中韓はひとつになれない』角川oneテーマ21、2008年
――――『ハイブリッド化する日韓』NTT出版、2010年
――――『心で知る、韓国』岩波現代文庫、2012年
――――編『現代韓国を学ぶ』有斐閣選書、2012年
――――・小針進編『韓流ハンドブック』新書館、2007年
キム・ヨンヒ『善徳女王の真実』クォン・ヨンス訳、キネマ旬報社、2012年
康熙奉『知れば知るほど面白い朝鮮王朝の歴史と人物』実業之日本社、2011年
――――『知れば知るほど面白い古代韓国の歴史と英雄』実業之日本社、2011年
――――『知れば知るほど面白い朝鮮王宮王妃たちの運命』実業之日本社、2011年
――――『知れば知るほど面白い朝鮮国王宿命の系譜』実業之日本社、2012年
――――『もっと知りたい韓国時代劇　史実とロマンス』実業之日本社、2012年
――――『実録！　朝鮮王朝物語　ドラマの疑問がすべて解けた！』TOKIMEKIパブリッシング、2012年
――――・佐野良一監修『「朝鮮王朝」の謎と真実』PHP研究所、2012年
佐野良一『朝鮮王朝運命を切り拓いた王と妃たち』角川ソフィア文庫、2012年
リワークス編『韓国時代劇66の謎』TOKIMEKIパブリッシング、2008年
『韓国ドラマで学ぶ韓国の歴史』〈キネ旬ムック〉キネマ旬報社、2009年
『よくわかる古代韓国朝鮮王朝の歴史と人物』〈別冊歴史読本〉新人物往来社、2012年
韓国TVドラマガイド別冊『乙女的！　韓国新時代劇ガイド』双葉社、2012年
『韓時代劇歴史大辞典』学研パブリッシング、2014年
『韓国時代劇歴史大全』扶桑社、2014年

第4章　もう一つの韓流ブーム

資料1　時代別韓国歴史ドラマ

1　古朝鮮・三国時代

〈高句麗〉
「朱蒙(チュモン)」（MBC、2006〜2007年、全81話）
　卵から生まれたという伝説もある神話的英雄・高句麗を建国した朱蒙［チュモン］（初代・東明聖王）の話。韓国歴史ドラマの様々な要素がバランス良く含まれている標準的な作品ともいえる。時代的にも最も古い時期を扱っていることでもあるし、このジャンルの作品を見たことのない人には、最初に見る作品として最適。
「風の国」（KBS、2008年、全36話）
　知略にたけ、国家を発展させた「戦いの神」と呼ばれたチュモンの孫、高句麗第三代の王・ムヒュル（大武神王）の物語。この2作品で主役を演じたのが、ソン・イルグク。彼は、2012年8月15日に反日活動家や学生たちのグループの一員として竹島に泳いで渡るというイベントに参加したことでも注目され話題となった。そのため、彼の主演ドラマの日本における放映が、一時「凍結」された。
「太王四神記」（MBC、2007年、全25話）
「広開土太王」（KBS、2011年、全92話）
　両作品とも、日本人にも広開土王碑でおなじみの高句麗19代の広開土王（タムドク）の物語。しかし、まったく路線の違う作品。前者は、ペ・ヨンジュン主演のファンタジー色の強い"フュージョン時代劇"。古朝鮮建国の檀君神話を絡めたりしたユニークな作りにはなっていたが、作品としてはいまひとつ。映画『オアシス』（2002）でその演技力が世界的に注目された女優ムン・ソリのテレビドラマ出演も話題になったが、彼女の良さを出しきれていなかった。
　後者は、主役のイ・テゴンが、粗野で下品だという意見もあるが、その名の通り領土を拡大した"征服王"（副題は、The Great Conqueror）なのだから、こちらの方がもちろん実像に近いのだろう。常に戦場で先陣を切って暴れ回る、荒々しく狂暴な王様だ。
「淵蓋蘇文」（SBS、2006年、全100話）
〈百済〉
「薯童謡」（ソドンヨ）（SBS、2005〜2006年、全55話）
　百済の武王と新羅の王女ソンファ姫を歌った民謡「ソドンヨ」が、モチーフ。イ・ビョンフン作品のなかでは一番出来が悪いと感じた。全体的に幼稚な印象で、途中で見るのをやめてしまった。
「階伯―ケベク」（MBC、2011年、全36話）
　滅びゆく百済を率いた最後の将軍ケベク（イ・ソジン）の物語。出陣前に妻も子どもも殺して、決死の覚悟で最後の戦いに挑む文字通りの悲劇の英雄のお話。愚かな王様と権力好きの女が、国を滅ぼした百済自滅の顛末が描かれている。
　作品に隠された一般的なテーマは、「権力者の疑心暗鬼」と「男の嫉妬」と読み取れた。

〈新羅〉
「**善徳女王**」（ソンドク女王）（MBC、2009年、全62話）
　三国統一に導いた、朝鮮半島初の女王（第27代）の一代記。敵役ミシル役のコ・ヒョンジョンの演技が秀逸。ピダムを演じた個性派キム・ナギルも存在感があり、日本でもそれなりの人気がある。主役のイ・ヨウォンも、多くの映画やドラマに出ているが、映画『光州　5・18』（2007年）の初々しく清純な姿を思い浮かべる人は、ツウである。
〈伽耶〉
「**鉄の王　キム・スロ**」（MBC、2010年、全32話）

2　南北国（統一新羅）時代

「**大祚榮**」（テ・ジョヨン）（KBS、2006年、全134話）
　高句麗滅亡後、遺民を率いて渤海を建国したテ・ジョヨンの波乱に満ちた人生。"時代劇の達人"チェ・スジョンが不屈の英雄を演じた。ちなみに、渤海国は地理的には中国東北部（「旧満州」）にあたる。
「**海神―HESHIN―**」（KBS、2004〜2005年、全51話）
　統一新羅時代に、東アジア貿易で名を馳せ"海上王"と呼ばれた海の男・張保皐（チャン・ボゴ）の生涯を描く。国王以外が主人公の歴史ドラマは珍しい。主演は、チェ・スジョンだが、ライバル役を演じたソン・イルグクがこの作品で注目された。チャミ夫人役のチェ・シラもなかなかの存在感。

3　高麗時代

「**太祖王建**」（テジョワンゴン）（KBS、2000〜2002年、全200話！）
　新羅が三国を統一してから200年余り経った9世紀末が舞台。新羅はいわば戦国時代の様相を呈していたが、景文王の庶子として生まれた弓裔（クンイェ）は、命を狙う追っ手から逃れて僧侶として育てられ生き延びた。独特のカリスマ性で群雄割拠の豪族勢力を帰服させ、鉄円で王を自称し、松嶽に都を定め後高句麗の建国を宣言する。
　その弓裔から絶大な信頼を受けた王建は、彼のもとで有能な将軍として活躍するが、結果的には暴君と化した主君の弓裔を倒し、高麗を建国し、後三国時代の覇権争いを経て、再統一を果たす。この長い道のりを描く骨太の文字通りの大河ドラマ。
　この作品で、チェ・スジョンは時代劇俳優としての地位を確立するわけだが、弓裔役を演じたキム・ヨンチョルの狂気を帯びた鬼気迫る演技も見もの。
「**千秋太后**」（チョンチュテフ）（KBS、2009年、全78話）
　このドラマの主人公は、高麗の初代王・王建の孫にあたり、後に千秋太后と呼ばれることになるファンボ・スである。彼女は、第5代王の景宗に妹とともに嫁いで、献哀王后となり息子の王誦を生む。
　その息子は、彼女の実兄の第6代王成宗の跡を受け、第7代王穆宗として即位する。穆

宗は持病を抱えまだ若かったため、母親である献哀王后が摂政を務めた。王宮の千秋殿に住んでいたことから、千秋太后とよばれた。
　戦場では最前線に立ち、果敢に戦う女戦士であり、私通相手の側近（ドラマでは、その金致陽は、新羅の王の末裔という設定）との間に子までなす。一方で、持病もちの息子に対して深い愛情を注いだりもする。
　そうした様々な貌を持つ複雑な女性の心情を「海神」のチャミ夫人役で存在感を見せたチェ・シラが見事に演じて見せた。それまでは、「妖女」「悪女」として語られてきた千秋太后を新しい視点からとらえ直す試みとしても評価された。つまり、彼女は契丹などの外敵の脅威に対抗し高麗の強大化に貢献した女傑（スーパーウーマン）という見立てである。

「光宗大王〜帝国の朝〜」（KBS、2002年、全94話）
「武人時代」（KBS、2003年、全158話）
「奇皇后」（MBC、2013年、全51話）
　14世紀、元に服従していた高麗に生まれ、元への貢女（貢物として差し出された女性）という境遇から、皇后にまで上り詰めた女性の数奇な運命を描く。サブタイトルに「ふたつの愛　涙の誓い」とあるように、高麗の王と元の皇帝、ふたりとの運命的な愛をテーマにした"ロマンス史劇"。主演はアクションもこなす、ハ・ジウォン。

4　朝鮮王朝時代

〈初期〉

「鄭道伝（チョン・ドジョン）」（KBS、2014年、全60話）
　高麗王朝末期、腐敗した王朝に代わる新しい国を目指した朝鮮王朝建国の陰の立役者チョン・ドジョンの波乱万丈の生涯を描く。「国とは何か」「政治とは何か」の基本理念で対立するチョン・ドジョン（三峰）とチョン・モンジュ（隠圃）との論争は、見ごたえがある。エキセントリックなまでに、自らの政治理念の実現と理想を追い求める主人公を演じる、チョ・ジェヒョンの演技が秀逸。
　このドラマを見る限り、朝鮮王朝とは、クーデターによる簒奪政権でありその正統性に対しては、大いに疑問が残るという感想を抱かざるをえない。

「大王世宗」（テワンセジョン）（KBS、2008年、全86話）
　ハングルを創ったことで知られる名君の半生を描いた作品。漢字に支配される儒教文化のなかで、新しい文字を創ることがいかに困難を伴うことであったかが良くわかる。周囲の抵抗に屈せず、出自・身分に関係なく人材を登用し、さまざまな技術を飛躍的に発展させた。王自らが「革命」を引き起こしたという点が、偉大な王と呼ばれるゆえんである。

「根の深い木」（SBS、2011年、全24話）
　イ・ミョンジョンの小説『景福宮の秘密コード』（『景福宮の秘密コード——ハングルに秘められた世宗大王の誓い』上下、河出書房新社、2011年）をテレビドラマ化したも

の。ハングル誕生のいきさつをミステリー仕立てで描いている。

　ある作品がドラマ化や映画化された場合、原作を読んでいる読者は失望することが多い。ところが、このケースは幸運な例外である。ドラマが原作を完全に超えている。因縁話を盛り込んでストーリーの幅が広がり、活劇シーンもふんだんに登場しエンターテインメント性も高まった。

　ハングル誕生の裏面史という趣向だが、民衆が読み書き能力を持つということがどういうことなのか、支配することと支配されること、さらには「権力とはなにか?」という本質的なテーマにも迫っている。政治学のテキストとしても使えそうだ。

　日本でも知名度が高いが、顔が島田紳助に似ているなどと揶揄されることもあるハン・ソッキュが、苦悩する王・世宗を見事に演じている。その演技力と存在感には、俳優としての彼の評価がなぜ高いのかがわかる気がした。

「龍の涙」（KBS、1996〜1997年、全159話）

〈前期〉

「女人天下」（SBS、2001〜2002年、全150話）

　韓国三大悪女の一人、チョン・ナンジョンの波乱に満ちた人生の物語。両班の娘だが妾の子ゆえにさげすまれたナンジョンが、すさまじい野心と上昇志向で王妃の兄の正妻にまで上りつめる。朝廷の権力争いと絡んだ王妃（正室）と側室たちの間の壮絶な争いの渦中に身を置き、王妃側の策士として果敢に戦いを挑む。

　両者のお互いに相手を陥れようとする争いは、「えげつない」の一言。冷静にかつ冷酷に敵を陥れて行く、ナンジョン役のカン・スヨンの演技が素晴らしい。登場人物は全員それぞれ悪人で、「いい人」はほとんど一人も出てこないという珍しいドラマである。「面白うて、やがて哀しき…」という風情で、見た後に爽快感が味わえるというドラマではない。

「宮廷女官チャングムの誓い」（「大長今」MBC、2003〜2004年、全54話）

　暴君として悪名高い朝鮮王朝第10代国王・燕山君（ヨンサングン）をめぐる事件に図らずもかかわってしまった両親のもとに生まれた娘・徐長今（ソ・ジャングム）が、主人公。無念のうちに死んだ母の遺志を叶えるため女官となるが、謀略により宮廷料理人から一度は奴婢の身に落とされる。しかし医女となり宮廷に復帰、母の夢であった最高尚宮を経て、ついには王の主治医になり、「大長今」の称号を与えられるまでを描いたサクセスストーリーである。

　頻繁に登場する宮廷料理や宮廷文化の豪華絢爛さも眼を楽しませてくれるが、他のイ・ビョンフン作品にも共通して言えることだが、映像は色彩豊かで美しいが、全体としては"女子供向け"でやや幼稚な印象は否めない。要するに、徹底した大衆向け娯楽作品路線なのである。このあたりが、本格派の歴史ドラマと比べるともう一つ物足りないと感じる点である。

　しかし、日本における"韓流ブーム"は、「チャングム」によって明らかに新たな局面への転換を迎えるので、その意味ではこの作品の果たした役割は大きい。つまり、本文でも述べたように、この作品こそそれまでは"韓流ブーム"＝ヨン様ブームとして冷やや

かに見ていた中高年男性の目を韓国ドラマ（歴史ドラマ）に向けさせるきっかけとなったからである。

さらに、チャングム人気の一つの要因としてチャングムを演じたイ・ヨンエの存在も大きい。韓国の国民的女優として、そのさわやかさ（"酸素のような女"）が高く評価されてきた彼女は、（そう言うとほめすぎだが）日本で言ったら吉永小百合のような存在なのかもしれない。

「ファン・ジニ」（KBS、2006年、全24話）

両班の父と妓生の間に生まれたチニ（ハ・ジウォン）。娘を妓生にしたくない母は、チニを寺に預けるが、美しい妓生にあこがれた彼女は自ら松都（ソンド）の教坊に入る。やがて美しく成長したチニは、両班の息子ウノ（チャン・グンソク）と恋仲になるが、身分違いの恋は当然のことながらひき裂かれる。

このドラマでは、芸（踊りや音楽）は重要なポイントとなるが、ハ・ジウォンは古典舞踊や宮中楽器コムンゴなどを特訓しリアルで華麗な演技を披露した。ドラマ「秘密」（2000年）では、純真な姉（キム・ハヌル）を翻弄する性格の悪い敵役として出ていたハ・ジウォンがここまで成長したのかと感心した。作品ごとで顔立ちが違っているが、ある種の魅力は感じられる女優である。

「王と妃」（KBS、1998年、全186話）
「王女の男」（KBS、2011年、全24話）
「インス大妃」（JTBC、2011～2012年、全60話）

〈中期〉

「ホジュン～宮廷医官への道～」（「許浚」、MBC、1999～2000年、全65話）

第14代王・宣祖の主治医として活躍し、朝鮮一の名医となった許浚の一生を描いたヒューマン時代劇。庶子の身分に生まれ、やけになって悪行に手を染めていた許浚は、ある日両班の娘ダヒを助け、愛し合うようになった。故郷を追われ、遠い異郷の地に流れ着いた許浚は、自分を追ってきたダヒと結婚し、名医と評判のユ・ウィテのもとで働き始める。下働きの辛い日々と幾多の困難を乗り越えて、ついに王の主治医にまで上り詰める。

ある意味で、この作品は「チャングム」の原型のような話であり、イ・ビョンフン作品では一番出来がいい。韓国では、最高視聴率60％以上という驚異的な数字を残しており、韓国時代劇ブームの先駆的作品とも言われる。

「張禧嬪」（「チャン・ヒビン」、KBS、2002年、全100話）

"朝鮮三大悪女"とか"朝鮮三大妖女"と言われるうちの一人、禧嬪張氏（玉貞・オクチョン）の波乱万丈の一生を描く。中人の出身ながら、女官として宮中入りし、粛宗に見初められ寵愛を受け、側室の最高位「嬪」にまで上りつめる。一時は正室の仁顕王后を廃位に追い込み、王妃に冊立された。

その背後には、常に西人派と南人派という臣下の間の熾烈な権力争いがあり、南人派の増長を危惧した粛宗は、仁顕王后を復位させ南人派が支持する張氏を「嬪」に戻すことで権力基盤の安定を図った。その後、仁顕王后が病没すると、西人派は王妃の死は張

氏が巫女を使って呪詛したためだと告発した。その結果、張氏は粛宗から賜薬により処刑された。背景にあるのは臣下たちの権力争いであり、彼女はその犠牲になったのだとも考えられる。

　いずれにせよ、そのどろどろした女の闘いと類い稀な悪女ぶりをキム・ヘスが熱演した。彼女はドラマ「愛の群像」（1999年）で、ペ・ヨンジュンが憧れる大学教師をやったことがあるが、その時とは全く別人である。彼女の演技は秀逸で、それを見るだけでもこの作品は一見の価値がある。また、その悪女に翻弄される粛宗役のチョン・グァンリョルの"バカ殿"ぶりも笑える。これまた、「ホジュン」の時とは全く別人である。見る順序が逆だとイメージが壊れるので、見る場合は「ホジュン」から見た方が良い。

　同じ禧嬪張氏を扱った作品には、他に「妖婦　張禧嬪」（SBS、1995年、全63話）などがあるが、新しいものではキム・テヒ主演の「チャン・オクチョン」（SBS、2013年、全35話）がある。まだ、最初の数回しか見てないが、衣装も舞台装置も絢爛豪華だが、全体が「造花」のような人工的すぎる作りが気になった。オクチョンを官服作りのお針子にするなど設定自体に大胆にフィクションを取り入れているが、何よりも正統派美女のキム・テヒは、張禧嬪役には似合わない。

「トンイ」（MBC、2010年、全60話）
　「張禧嬪」と同じ時期を粛宗の側室の一人淑嬪崔氏（トンイ）の側から描いた作品。トンイは、オクチョンよりさらに低い身分の出身。後の王・第21代の英祖（ヨンジョ）の母親と言った方がわかりやすい。英祖は、母の身分の低さを生涯気にかけていたという。トンイ役のハン・ヒョジュはさわやかで可愛いらしさはあるが、イ・ビョンフン作品の常として、全体的に作りが幼稚で軽過ぎて途中で挫折。

「チェオクの剣」（原題「茶母」タモ、MBC、2003年、全18話）
　若者を中心に「茶母廃人（茶母ペイン）と呼ばれる熱狂的なファンを生み出した"スーパーアクション時代劇"。捕盗庁（ポドチョン：当時の警察）の茶母（役所の下働きの女性）チェオク（ハ・ジウォン）は、その聡明さとずば抜けた武術の腕を買われ、主家の息子で上司のファンボ・ユン（イ・ソジン）の捜査を助ける。

　ある時、大規模な賊集団の捜査の際に自由を求めて革命を指揮する頭領ソンベク（キム・ミンジュン）と出会う。敵対する相手なのに、なぜか心が騒ぐ。彼は実は……という出生の秘密もポイントのお話。「悲恋」も売り物なのだが、最後に主要な登場人物がみんな死んでしまい、あまり後味はよくない。

「推奴（チュノ）」（KBS、2010年、全25話）
　英語のサブタイトルは、ずばり「THE SLAVE HUNTERS」。逃亡奴隷（奴婢）を捕えるのを職業とする推奴師が主人公というユニークな作品。奴婢に身を落とした朝鮮王朝最強の武将と言われたテハ（オ・ジホ）、それを追う元は両班の息子で推奴のテギル（チャン・ヒョク）、運命のいたずらでその二人を愛することになる女奴婢オンニョン（イ・ダヘ）が主役級。

　派手なアクションとロマンチックな愛情劇に、定番の宮廷の権力争いまでが絡んでくる。追う者と追われる者という図式で展開するドラマは物語の基本形なので、面白くな

いはずがない。チャン・ヒョクとオ・ジホのイケメン対決も話題に。「脱いでもすごいんです！」の、お約束の「腹筋」対決も重要な見せ場。
　知り合いの文化人類学の先生は、この作品をアフリカのナイジェリアでケーブルテレビの韓国チャンネルで見たという。韓国ドラマのグローバル化を語るエピソードだ。
「馬医」（MBC、2012～2013年、全50話）
　一介の馬医（馬を治療する獣医）から、王の主治医まで上り詰めたペク・クァンヒョン（チョ・スンウ）の波乱の人生を描いた。その意味では、話のパターンとしては「ホジュン」「チャングム」とそっくりである。
　主人公の出生の謎や「善徳女王」のイ・ヨウォンが演じるヒロインとの身分違いの恋などが絡んで、単なるサクセスストーリーに終わらない見どころの多い展開になっている。「動物も人間も命の大切さは変わらない。人間も命の重みに貴賎はない」というメッセージは、いかにもイ・ビョンフン作品らしい。
〈後期〉
「イ・サン」（MBC、2007年、全77話）
　政治改革や文化の発展に力を注いだとして、名君の誉れ高い正祖（イ・ソジン）の一代記。父親が祖父・英祖によって米櫃に入れられ餓死させられるという過酷な幼少期から話は始まる。結果的には、その祖父の跡をついで第22代の王になるのだが、その後も反イ・サン派勢力に悩まされ続ける。
　それら反対勢力に対する対応が、生ぬるく歯がゆくてイライラさせるので、途中で見るのをやめたが、世宗大王と並ぶ名君たるゆえんは、最後まで見ないとわからないという意見もある。これも、イ・ビョンフン作品。
「太陽人　イ・ジェマ」（KBS、2002年、全30話）
　"韓国医学の父"とも言われる19世紀の実在した人物イ・ジェマの物語。彼は、ホジュンの『東医宝鑑』をもとに四象医学を確立した。庶子の子に生まれ苦労を重ねたという点で境遇までホジュンとそっくりなので"二番煎じ"になるのもやむを得ないが、イ・ジェマを演じたチェ・スジョンもこの作品ではさえなかった。ところが、どういうわけか台湾では人気があり、高視聴率を記録したという。
「商道」（MBC、2001～2002年、全46話）
「風の絵師」（SBS、2008年、全20話）
〈時代を特定しないもの〉
「太陽を抱く月」（MBC、2012年、全20話）
　朝鮮王朝の架空の王の時代を舞台に、純愛、三角関係、記憶喪失など韓国ドラマおなじみの題材に、歴史物につきものの陰謀や権力争い、さらには巫術・呪術の要素が加わったエンターテイメント作品。"新感覚のロマンス史劇"がキャッチフレーズ。主演は、青春映画の佳作「建築学概論」のハン・ガイン。

第5章
インターネットを通した日本大衆文化の受容現況と特徴

文嬿珠
白承嶔

1 はじめに

　日韓の歴史や政治関係によって生じる反日的国民感情や韓国文化産業の保護政策などを背景にして、韓国では長い間、日本大衆文化の受容が制限されてきた。しかし、1998年、金大中大統領と小淵恵三首相の京都宣言以後推進されてきた日本大衆文化に対する段階的開放政策、多メディア・多チャンネル環境の進展、グローバル化および文化的・人的交流の活性化などにより、両国における大衆文化の境界は急速に崩れてきている。

　とりわけ、インターネットを中心とするデジタル・メディア環境の日常化は、日韓両国の間に時空間を越えるコミュニケーションと情報・知識の流通を拡大させている。インターネット環境は日本と韓国の大衆文化の"同時的交換"を可能にし、日本大衆文化に関心を持つ韓国の若者は単に与えられたものに満足せず、インターネット空間を利用し積極的に日本の大衆文化に対する情報を検索し、新しい文化商品を発掘する能動性を見せている[1]。

　インターネットによる日本大衆文化の消費の様相やファンダム（fandom）の形成については既に多くの研究者が注目してきた。"日ド族"（イルドゾク・日本ドラマ・マニアの略称）を対象するオンライン・ファンダム研究を通して、日本ドラマの受容におけるインターネットの活用がどのような文化的実践を形成しているのかを明らかにしたユン・キョンウォン（2007）の研究[2]、日本ドラマの受容に関する研究を通して、マニア的でありながら生産消費者（prosumer）を志向する青年たちが、インターネットを通じて自分たちの求める大衆文化を

紹介し、消費し、共有する作業を分析したキム・ハクシルとリ・チュンハン（2007）の研究[3]などは、インターネットが日常化した環境における日本大衆文化の受容の様相と特性を理解するのに役立つものである。これらの研究はすべてインターネット空間で起きている日本大衆文化の受容（主にドラマを対象とする）と新しく多様な文化的実践は、能動的受け手の積極的な努力によるばかりではなく、「インターネット」という空間の内的作動の論理とデジタル技術に負うところが大きい、という点に注目したものといえる。

　本稿は、既存の研究が注目しているように、韓国内における日本大衆文化の受容を理解するには、インターネットを含むデジタル・メディアの受容過程と特性を理解することが何より重要である、という観点から出発する。したがって本稿では、デジタル・メディア技術の発展とその環境の変化が、日本大衆文化の受容にどのような影響を及ぼし、どのような受容特性を形成してきたのかに注目する。具体的には、インターネットを基盤とする日本大衆文化受容の現況に関する量的調査と、メディア産業によって独占されている文化生産と流通の構図に支配されず、自ら新しい形の文化消費と受容を主導する日本大衆文化の受け手を対象とした質的調査を通じて、間接的ながら日本大衆文化の開放の成果と課題を導き出そうとするものである。

2　日本大衆文化に対する開放政策とメディア環境の変化

2-1　日本大衆文化の開放政策の推進状況

　日本大衆文化の開放政策は、1998年10月に第1次開放が行なわれて以来、2004年1月の第4次開放政策にいたるまで段階的に推進された。韓国内における日本大衆文化に対する輸入の封鎖は、日本の大衆文化全般を対象にしていたわけではなく、政策的に接近可能な、もしくはコントロール可能な文化領域だけを対象にしてきた。主に不特定多数を対象とする大衆文化の領域でありながら、しかし開放時の産業的・文化的余波が大きい分野のみを開放政策の射程圏内に包摂してきた[4]。日本大衆文化の開放政策は、このような基準により、大衆文化全般ではなく、出版、映画、劇場用アニメーション（以下、アニメと記す）、ビデオ、大衆歌謡公演、音楽アルバム（以下、アルバムと記す）、ゲーム、放送番組を対象としており、2015年現在、放送番組を除きこれらのすべての

分野がほぼ開放されている。

　放送について具体的にみてみると、2015年現在、地上波放送の場合、日本の歌手の公演を中継することはできるが、日本の歌手が直接テレビに出演して歌ったり、日本語で歌うのを放送することはできない。ケーブル放送の場合、スポーツ、ドキュメンタリー、報道をはじめ大衆歌謡にいたるまで全面的に開放されているが、ドラマに限っては番組レイティング上「12歳以上視聴可」よりも制約が下位の等級のドラマと日韓共同制作ドラマのみ放送することができる。一方、バラエティ、トークショー、コメディなどの娯楽番組は、国内視聴者の文化的違和感などを理由に、地上波放送はもちろんケーブル放送でも放送できない。

2-2　日本大衆文化の開放に対する世論の推移

　韓国内における日本大衆文化の開放と関連して、賛否それぞれの根拠として挙げられてきたいくつかの要因がある。何よりも、長い間続いてきた両国間の歴史的葛藤、またそれを背景とする反日感情が、日本大衆文化の開放に反対する根拠して根強く作用してきた。そして日本の文化商品に対するステレオタイプ的な評価、つまり、日本の暴力的あるいは扇情的な作品が無秩序に流入することによって、自国の子供や青少年に悪影響が及ぶとする認識、そして国内文化産業の蚕食に対する警戒などが、反対の主な根拠として挙げられてきた。

　しかしながら、韓国内の世論の推移をみると、日本大衆文化の段階的開放が推進されてから、日本大衆文化の開放に対する肯定的態度が拡大する傾向にあることを確認することができる。まず2002年に放送委員会が実施した「日本放送開放関連国民世論調査結果」によると、国民は、開放政策の推進で、すべての日本大衆文化が開放されることに概ね拒否感を持っておらず、肯定的見方のほうがより多い。また日本の放送の開放が国内の放送産業および大衆文化に及ぼす影響についても、肯定的効果を期待するポジティヴなとらえ方がネガティヴなそれを上回った[5]。

　公式に開放政策が推進されたことで、日本大衆文化は一部放送番組を除いて全面開放ともいえる状態となっている。しかし実際には、日本大衆文化は開放政策が実施される以前からすでに韓国社会で受容されており、1990年代から2000年代にかけて進んだデジタル・メディア環境の変化と絡み合いながら、

公式な開放政策とは別の受容メカニズムを形成してきたのである。

　1980年代半ばまでは、オフラインにより少数の不法業者と消費者の間で、非公認ながら公然たる取引きを通して、日本大衆文化の流通や消費が行なわれ、家族や友人のような非常に親密な小規模コミュニティの内部で共有されてきた。その後パソコン通信が登場し、インターネットが普及することにより、日韓の間で地理的・物理的境界を飛び越えて情報と資料を交換し、共感し合えるようになったのである（次頁の表1参照）。

　1980年代末から1990年代までのパソコン通信時代には、オンライン空間において漫画やアニメ、ゲーム、ドラマなど、日本大衆文化を取り扱う同好会が本格的に活動し始めた。そして、公開資料室や掲示板を通して日本大衆文化のファンが結集し、それぞれのコンテンツに特化した情報を収集し、交流し、共有する活動が活発に展開された。1990年半ば以後になると、インターネットの普及により、インターネット・ポータルを基盤とする新しい形の「オンライン・コミュニティ」サービスが続々と登場した。すると、既存のパソコン通信によるオンライン・コミュニティはインターネットを基盤とするオンライン・コミュニティへと急速に移行していった。オンライン・コミュニティの活発化は、日本大衆文化の共有、ならびに情報と資料の交流を急速に拡大させ、インターネット空間に確然とした一つの社会文化的流れを形作るようになった。この時期、インターネット空間にできた数多くのオンライン・コミュニティは、インターネット利用者の関心と興味を牽引し、新しい文化トレンドを主導するようになった。融合（convergence）メディア環境のもと、日本大衆文化の受け手は、オンライン・コミュニティを活用し、自ら様々な情報と資料を探索し、消費・批評・発信・伝播する能動的主体として活動している。

表1 韓国社会におけるメディアのデジタル化[6]×日本大衆文化の開放年表

メディアのデジタル化	年度	開放	日本大衆文化の開放
ハングルのEメール開始('85)、パソコン通信サービス開始('88)および活動の頂点('96)、インターネット・ポータルサービス開始('97)	1985〜1997		
	1998	第1次開放(98.10.20)	未開放:アニメ、公演、アルバム、ゲーム、放送
			部分開放:映画(世界4大映画祭受賞作)、ビデオ(開放された映画の内、国内上映作)
Daum Communication「Daumカフェ」開始(5月)	1999	第2次開放(99.9.10)	未開放:アニメ、アルバム、ゲーム、放送
			部分開放:映画(公認国際映画祭受賞作全年齢観覧可映画)、ビデオ(開放された映画の内、国内上映作)、公演(2000席以下の室内公演)
	2000		全面開放:公演(室内外公演全面開放)
個人型コミュニティ・サービス、ミニHP「cyworld」スタート。'03年8月現在加入者300万人記録	2001	第3次開放(00.6.27)	部分開放:映画(18歳以上観覧可を除くすべての映画)、ビデオ(開放が許容された映画のうち国内上映映画)、アニメ(国際映画祭受賞作)、アルバム(日本語歌唱アルバムは除く)、ゲーム(ゲーム機用ビデオゲームは除き全面開放)、放送(スポーツ、ドキュメンタリー、報道ジャンル開放〔全媒体〕、国内上映映画〔ニューメディア〕)
'freechal'コミュニティ有料化、インターネット有料化時代開幕(11月)	2002		
	2004	第4次開放(04.1.1)	全面開放:映画(18歳以上、制限上映可全面開放)、ビデオ(映画及び劇場用アニメーなど全面開放)、アニメ、アルバム、ゲーム
Empas、韓国初の動画サービス開始、常用Blogサービス開始(8月)	2005		部分開放:放送(ケーブル放送、衛星放送の大幅開放、地上波放送一部開放)

第5章　インターネットを通した日本大衆文化の受容現況と特徴

3　研究内容および研究方法

3-1　研究内容

　日本大衆文化の韓国国内受容を論じるには、インターネットを基盤とする受容状況とその特性を理解する必要がある。本稿はこのような前提のもと、開放以後にインターネットに現われた日本大衆文化の受容の状況と特性、ならびに日本大衆文化開放政策がその受容に与えた影響などに重点を置いている。そのため、次のような研究課題を設定した。

　研究課題1：インターネットを基盤とした日本大衆文化の受容状況および特性を明らかにすること。

　研究課題2：日本大衆文化の開放がその積極的・長期的受け手に及ぼした影響を明らかにすること。

3-2　研究方法

（1）インターネット空間における日本大衆文化の受容状況

　まず、インターネット空間における日本大衆文化の受容状況を把握するため、韓国国内の代表的インターネット・ポータルであるNAVER（ネイバー）とDaum（ダウム）に存在する日本大衆文化関連オンライン・コミュニティ（ブログ、カフェ）を調べた。2013年7月10日から19日までの10日間調査した結果、全部で2610のオンライン・コミュニティ（ブログ1533、カフェ1077）が母集団として集められ、そこから、日本大衆文化に関連する合計326のオンライン・コミュニティが選定された。対象ジャンルは放送、映画、音楽、出版（書籍）、マンガ、アニメ、ゲーム、キャラクターの8つのジャンルに区分した[7]。

表2 オンライン・コミュニティ選定基準および調査内訳

ポータル名	オンライン・コミュニティ	選定基準および調査内訳
Naver	パワーブログ	ネイバー選定パワーブログ＞「文化・芸術レビュー」カテゴリー＞2008～2012年のパワーブログ全数調査
	代表カフェ	ネイバーのテーマ別カフェで分類しているカテゴリーを利用し、ネイバー提供の代表カフェとランキングTop100を基準に全数調査
Daum	優秀カフェ	カフェで提示しているカテゴリー＞各カテゴリーの優秀カフェ上位30選定 30のカフェはすべてカフェ・ランキングが提示されており、選定されたカフェは全部上位3等級までのランキング順位に含まれるものに限る
	ブログ	ダウムブログ・カテゴリー＞「七日間訪問者数」基準、アニメの場合1000人以上、その他のジャンルは500人以上の訪問者を基準にリストを作成

表3 NaverおよびDaumの日本大衆文化関連オンライン・コミュニティ数

ポータル	区分	母集団	合計	日本大衆文化関連	合計
Naver	ブログ	520	1447	25	136
	カフェ	927		111	
Daum	ブログ	1013	1163	159	190
	カフェ	150		31	
合計		2610		326	

3-2 日本大衆文化の開放政策に対する受容者の認識と評価

次に、日本大衆文化の受け手を対象に、開放政策が彼らの文化受容に与えた影響を調べるため、深層面接を実施した。オンライン上で日本大衆文化開放の影響がどのように現われたかを調べるには、開放以前から現在に至るまでの時系列な比較や分析が必要であるが、インターネットの特性上、過去のデータの収集は困難である。したがって、本稿では、開放政策が実施される以前から日本大衆文化の受容経験を持つ初期受容者であり、かつ現在に至るまで持続的に受容している長期受容者を対象に深層面接を行なった。これにより量的データの制約を補い、日本大衆文化受容者における開放の意味を探った。面接は2013年7月の一カ月間行なわれた（対象者の特性は表4のとおり）。

第5章　インターネットを通した日本大衆文化の受容現況と特徴

表4　面接参加者の個人特性

区分	性別	年齢	主な受容ジャンル	出身地	職業	備考
事例1	男	37	ゲーム、漫画、アニメ	大田	会社員	中学生の頃から積極的に受容
事例2	女	32	ゲーム、漫画	ソウル	会社員	中学生の頃から受容 同人誌活動
事例3	女	28	音楽、ドラマ	春川	編集者	
事例4	男	30	ドラマ、映画	ソウル	教員	日本人との交流活発
事例5	女	34	ドラマ	ソウル	編集者	
事例6	女	38	漫画、ドラマ、本	釜山	研究員	日本語学留学（6ヵ月）
事例7	女	38	音楽、ドラマ、映画	仁川	フリーランサー	日本留学（1年）
事例8	男	29	ドラマ	水原	会社員	大学で日本関連サークル活動

4　インターネットを通した日本大衆文化の受容状況

4-1　日本大衆文化関連オンライン・コミュニティの現況：ブログおよびカフェのジャンル別現況

　韓国の代表的インターネット・ポータルであるNaverとDaumに存在する合計326の日本大衆文化関連ブログとカフェを対象に、ジャンル別に（アニメ、ゲーム、マンガ、放送、音楽、キャラクター、映画、出版の8つのジャンル）分析した結果、アニメに関連するオンライン・コミュニティの比重が65.0％で圧倒的に高かった。以下、ゲーム（11.0％）＞放送、音楽（各々7.1％）＞マンガ（4.0％）＞映画（2.1％）＞キャラクター、出版（各々2.1％）の順であった（詳細なデータは表5を参照）。

　ただ、この数値はそれぞれのブログとカフェで取り扱われているメイン・ジャンルを基準にして算定したものであり、ブログとカフェのなかには単一ジャンルだけではなく、それと連動した関心ジャンルをともに取り扱うケースが少なくなかった。実際にアニメをメイン・ジャンルにする合計212のブログとカフェのうち、50.5％にあたる107のブログとカフェはサブ・ジャンルとしてマンガ、ゲーム、アニメ主題歌などの関連音楽なども取り扱っていた。

表5 オンライン・コミュニティのジャンル別現況

ジャンル	Daum ブログ	Daum カフェ	Naver ブログ	Naver カフェ	小計 ブログ	小計 カフェ	合計
アニメ	118(74.2%)	24(77.4%)	11(44.0%)	59(53.2%)	129(70.1%)	83(58.5%)	212(65.0%)
ゲーム	16(10.1%)	1(3.2%)	4(16.0%)	15(13.5%)	20(10.9%)	16(11.3%)	36(11.0%)
マンガ	8(5.0%)	2(6.5%)	1(4.0%)	2(1.8%)	9(4.9%)	4(2.8%)	13(4.0%)
放送	7(4.4%)	3(9.7%)	4(16.0%)	9(8.1%)	11(6.0%)	12(8.5%)	23(7.1%)
音楽	6(3.8%)	1(3.2%)	-	16(14.4%)	6(3.3%)	17(12.0%)	23(7.1%)
キャラクター	2(1.3%)	-	-	4(3.6%)	2(1.1%)	4(2.8%)	6(1.8%)
映画	1(0.6%)	-	-	6(5.4%)	1(0.5%)	6(4.2%)	7(2.1%)
出版	1(0.6%)	-	5(20.0%)	-	6(3.3%)	-	6(1.8%)
小計	159(100%)	31(100%)	25(100%)	111(100%)	184(100%)	142(100%)	326(100%)

※データは各ブログやカフェのメイン・ジャンルを基準して分類した結果である。

　日本の大衆文化産業では、一つの作品（原作）を小説、映画、アニメ、ゲーム、音楽、ドラマ、映画など、複数のメディア／コンテンツを通して展開するメディア・ミックスという手法が一つのビジネス・モデルであると同時に、効用の高いマーケティング技法として早くから活用されてきた。原作の書籍化、ドラマ化、映画化、マンガ化など、多様なメディア展開により、日本大衆文化の受け手は、メイン・ジャンルだけではなく、それと連動する他の様々なメディアにも接し、重層的に消費・受容する経験を持つ。ブログおよびカフェで取り扱うジャンルの多様性は、このような日本の大衆文化産業の影響を受けているのではないかと類推できる。

　大衆文化ジャンルのうち、最も高い比重を占めるアニメの場合、Daumのブログが118で最も多かった。訪問者数別の内訳をみると、「最近7日間の訪問者数」10万人以上のブログが2つ（1.7%）あり、1万人以上～10万人未満が22（18.6%）、5千人以上～1万人未満が18（15.2%）、1千人以上～5千人未満が69（58.5%）、1千人未満が8のブログ（6.8%）であった。

　アニメを除く他のジャンルは、合計41のブログが存在したが、「最近7日間の訪問者数」を基準にその活動性をみてみると、「最近7日間の訪問者数」5千人以上～1万人未満のブログが4（9.7%）、1千人以上～5千人未満が20（48.8%）、500人以上～1千人未満が17（41.5%）であった。「最近7日間の訪問者数」1千人以上の合計24ブログのうち、16ブログがゲーム関連であり、

第5章　インターネットを通した日本大衆文化の受容現況と特徴

ゲーム関連ブログがアニメ以外のジャンルのなかでは比較的活動性が高いといえる。

次にオンライン・コミュニティの活動性をとらえるために、各ブログおよびカフェの会員数をみた。会員数が公開されていないオンライン・コミュニティを除いて、合計298のオンライン・コミュニティが対象となるが、Naverの場合、会員数1万人以上を保有しているコミュニティが71.4%であり、5千人以上までを合算すると累計94.7%となる。一方、Daumの場合、会員数5千人以上を保有するコミュニティーの累計は2割にも満たない[8]（表6参照）。

表6　オンライン・コミュニティの活動性：会員数の現況

	全体			アニメ関連		
	Daum	Naver	合計	Daum	Naver	合計
10万人以上	7(4.2%)	6(4.5%)	13(4.4%)	4(3.2%)	4(5.9%)	8(4.1%)
1万人以上〜10万人未満	11(6.7%)	64(48.1%)	75(25.2%)	8(6.4%)	33(48.5%)	41(21.2%)
5千人以上〜1万人未満	5(3.0%)	25(18.8%)	30(10.1%)	2(1.6%)	16(23.5%)	18(9.3%)
1千人以上〜5千人未満	7(4.2%)	31(23.3%)	38(12.8%)	8(6.4%)	13(19.1%)	21(10.9%)
100人以上〜1千人未満	35(21.2%)	7(5.3%)	42(14.1%)	32(25.6%)	2(2.9%)	34(17.6%)
100人未満	100(60.6%)	-	100(33.6%)	71(56.8%)	-	71(36.8%)
合計	165(100%)	133(100%)	298(100%)	125(100%)	68(%)	193(100%)

Daumのオンライン・コミュニティのうち、最大会員数を保有しているのは会員数50万を超えるアニメ関連カフェで、アニメ『ワンピース』のファン・カフェであり、二番目に会員数の多いのは会員数40万人強のドラマ関連のカフェであった。Daumのオンライン・コミュニティのうち、会員数10万人以上が七つあり、そのうち四つはアニメ関連、二つはドラマ関連、一つはゲーム関連であったが、これらのオンライン・コミュニティはたいてい2000年代初頭から活動を始めた古いコミュニティであり、自ら会員等級を設定し、会員加入をしたうえで、活発な活動を見せる会員ほどよりたくさんの情報の交流ができるなど、コミュニティ固有の活動規律をもって運営されている。

Naverの場合、会員数の最も多いのはアニメ関連代表カフェであり、そのカフェは2003年に活動を始め、現在35万にのぼる会員を保有している。10万以上の会員数を保有している六つのコミュニティのうち、四つのカフェがアニメ

関連であり、二つはゲーム関連の代表カフェであった。以上のNaverとDaumの会員数10万人以上のカフェの場合、主に取り扱っている日本大衆文化ジャンルに関連する情報、レビュー・感想、討論、資料提供など、コミュニティのなかで多様な機能を遂行していた。

4-2　日本大衆文化関連オンライン・コミュニティの機能分析

　インターネット空間は大衆文化の消費および（再）生産の大変重要な場であり、日本大衆文化を受容する韓国の人びとも、インターネットを通して個人的でありながら集団的なオンライン共同体を形成してきた。日本大衆文化と関連して形成されている代表的なオンライン・コミュニティは、どのような役割と機能を果たしているのであろうか。このことを明らかにするため、選定された326のオンライン・コミュニティを、次表7に示す項目に基づきその機能を検討した。

　検討の結果、オンライン・コミュニティの機能は「資料共有」機能が最も大きく、他の機能としては「情報交流及び共有」機能と「評価と分析」が主な機能であることが分かった（図1参照）。

表7　オンライン・コミュニティの機能分類

項目	細部内容
情報交流および共有	情報紹介、共有 例）4分期ドラマ情報、最新アルバム、最新映画紹介など
評価と分析	感想、批評など
（再）生産的活動	ファンフィクション、字幕製作など
コミュニティー形成	オン／オフラインにおける親睦、会員レベルアップ、メンバーシップなどの適用
日本語学習	日本語学習およびそのための情報交流
資料共有	コンテンツを直接見られるようファイル提供、ダウンロード情報提供、関連サイトへのリンクなど
人的交流	日本人との交流
一般情報	日本大衆文化以外のテーマ（政治、経済、歴史、時事など）を取り扱う

第5章　インターネットを通した日本大衆文化の受容現況と特徴

図1　オンライン・コミュニティの機能
■ブログ　■カフェ　■ブログ＋カフェ

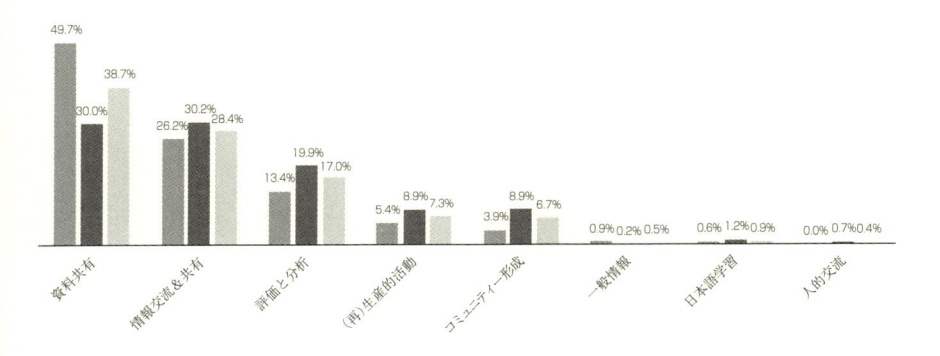

項目	ブログ	カフェ	ブログ＋カフェ
資料共有	49.7%	30.0%	38.7%
情報交流＆共有	26.2%	30.2%	28.4%
評価と分析	13.4%	19.9%	17.0%
(再)生産的活動	5.4%	8.9%	7.3%
コミュニティー形成	3.9%	8.9%	6.7%
一般情報	0.9%	0.2%	0.5%
日本語学習	0.6%	1.2%	0.9%
人的交流	0.0%	0.7%	0.4%

　全般的にみると、オンライン・コミュニティは、日本大衆文化の積極的受け手や日本大衆文化についての関心や興味を持っている一般的受け手に対して、多様な情報と直接的なコンテンツの接触情報を提供することによって、その情報的機能が強調されているとみられる。

　キムチョン・ヒウォン[9]は、ブログの特性として開放性と高い連結性そして柔軟性があることを指摘している。すなわち、ブログはリンクやトラックバックなどを通して簡単にネットワーキングすることができ、その連結に何の障壁もないため、既存の人脈とは関係なくオンライン上で新たなネットワークを形成することができる。また、インターネット上に手軽に自分の空間を作って管理しながら、独立的かつ開放的な空間作りができる。次頁の図2を見ると、Daumのオンライン・コミュニティ（とりわけブログ）は、日本大衆文化のコンテンツに直接接触できるファイルを提供したり、関連サイトへのリンクを可能にするなど、コンテンツの共有および流通の機能が顕著である。一方、Naverのオンライン・コミュニティは、当該コンテンツに関する情報を交流・共有する機能、感想と評価、解釈などの機能がより充実していることが分かる。このようにオンライン・コミュニティ空間は、開放的で連結性の高いインターネット空間において、日本大衆文化の能動的受け手が日本大衆文化に関する情報に簡単に接近することができる場となっている。そして、またこれは、関連情報の流通・共有を促し、コンテンツについての解釈、評価あるいは論争を通

じて、日本大衆文化の転移と移動、拡散の促進役を果たしている。このような役割遂行をするなかで、オンライン・コミュニティ空間は、日本大衆文化のファンや積極的受容者が自らのアイデンティティを確認し合い、楽しみを得る場として機能しているのである。

しかし、これらのオンライン・コミュニティにおいては、日本大衆文化以外のテーマを扱ったり人的交流が図られるなどの、より広い活動は見られない。すなわち、日本人あるいは日本社会に対するより広範な関心や直接的なコミュニケーション活動はほとんど見られないのである。これら大衆文化空間としてのインターネット空間は、書き込みの楽しさや見知らぬ他者とのコミュニケーションの楽しみなど、情緒的な欲求に傾いており、そのため公的争点がまともに醸成されず、参与的でありながらも消極的な「二重的サイバー空間」[10]の性格をもつと言えるであろう。

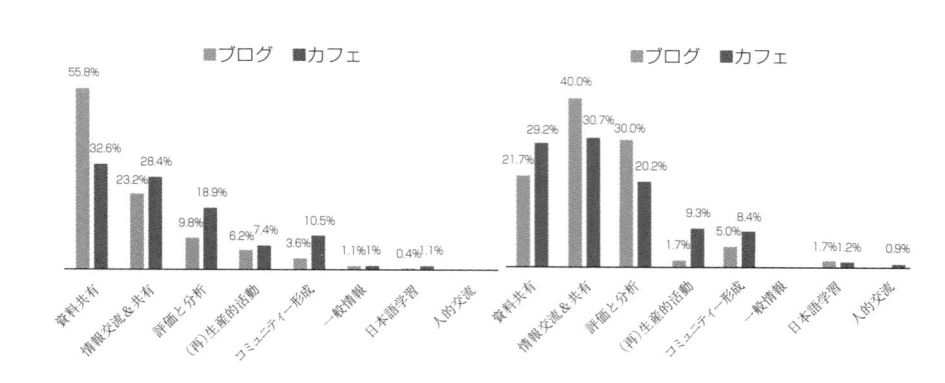

図2　オンライン・コミュニティの機能（ポータル別）

Daum

項目	ブログ	カフェ
資料共有	55.8%	32.6%
情報交流&共有	23.2%	28.4%
評価と分析	9.8%	18.9%
(再)生産的活動	6.2%	7.4%
コミュニティー形成	3.6%	10.5%
一般情報	1.1%	1.1%
日本語学習	0.4%	0.1%
人的交流		

Naver

項目	ブログ	カフェ
資料共有	21.7%	40.0%
情報交流&共有	29.2%	30.7%
評価と分析	30.0%	20.2%
(再)生産的活動	1.7%	9.3%
コミュニティー形成	5.0%	8.4%
一般情報	1.7%	1.2%
日本語学習	0.9%	
人的交流		

5　日本大衆文化の受容特性と日本大衆文化開放政策の影響

5-1　日本大衆文化開放以前の受容の様相および特性――限定されたコンテンツ、集中的受容そして世代の記憶の形成

1980年代、釜山周辺でのスピルオーバーによる日本の衛星放送の受信と、日本から直接輸入されたビデオテープにより、日本のドラマが韓国内に流入し

第5章　インターネットを通した日本大衆文化の受容現況と特徴

たことが知られている。また当時、日本のドラマ、映画、音楽などのビデオテープが、ソウルの明洞や江南地区周辺で輸入品販売をしていた小商人を通じて流通した一方、日本語学校の学習教材として活用されることで流通・消費されていた[11]。日本のマンガやアニメの流入経路もまた、ドラマなどの流通経路とそれほど違わなかったと考えられる。とりわけマンガはたいてい正式ライセンス契約を結んでいない「海賊版」の形で流通していたが、当時表面的には日本大衆文化に対する社会的規制もある程度強かったので、日本人の名前、地名などはすべてハングル表記で韓国名に替えられ、日本色が隠されて、まるで韓国産のように流通していた。

　当時の様子は以下の証言からもうかがい知ることができる。なお、事例番号は前掲の表4に示す面接参加者に対応している。以下も同様である。

　　事例2（女性、32歳）　始めは海賊版マンガでした。中学の時友達の紹介でマンガを読むようになったんです。江南高速ターミナルや銀馬商店街へ行けば外国製商品を売る商売屋があって、日本のドラマ、マンガ、ゲーム、アルバムなどを買うことができました。マンガの原本を集める友達もまわりに3人ほどいました。海賊版は当時の学生ならみんな持っていましたし、日本のものだっていうことも皆分かっていました。

　　事例6（女性、38歳）　小学生の時、町のマンガ店に行けば日本のマンガがいっぱいありました。全部韓国語に翻訳されていたんですが、日本のマンガだっていうことは分かっていたんです。絵の写し方とか着物を韓服に描き直したものが多く、見れば分かったのです。目立ちましたから。粗末というか。ギム・ヨンスクの「喝采」シリーズは、大学に入ってから分かったんですが、日本マンガを作家名まで韓国人の名前をつけて出したもので、内容も勝手に直して出したと聞きました。

　当時の日本のマンガ、アニメ、ゲームなどの流入は非公式の経路であったが、その一方、ある程度の商業的判断とそれによる投資が行なわれていたことがわかる。例えば、当時のマンガ受容者層の間で有名であった雑誌の一つに『ダイナミック・コンコンコミックス』があったが、その雑誌は、『ロボット大百科』

『怪獣大百科』『カンダム大百科』などの「大百科シリーズ」、『ヨンソヤ』『拳法少年』『クンタマン』のようなマンガで人気を集めた雑誌であり、いずれも日本マンガの海賊版であった。『ダイナミック・コンコンコミックス』は、以後韓国の出版社が日本の出版社と正式なライセンス契約を結んだが、『I.Qジャンプ』『ジャンプ』などのコミック雑誌を発刊するようになってからは自然に影をひそめた。しかしながら『ダイナミック・コンコンコミックス』を記憶している人びとは、そのマンガ雑誌が「80年代に子供だった人々にこの世を生きる方法を教えてくれる友達であり、地球上のすべての陰謀理論とその裏面に隠れた真実を暴露してくれた真理の大百科事典であり、「見たい」と思う欲求の唯一の排出口」[12]であったと回想している。

　1988年にソウル文化社が発刊した『I.Qジャンプ』は日本の集英社の週刊マンガ雑誌『週刊少年ジャンプ』の韓国版で、雑誌のタイトルはもとより作品そのものも正式なライセンス契約を結んで輸入したものではあるが、韓国社会における反日感情を考慮し、名前、地名などの固有名詞をすべて韓国語に書き換えて翻訳・出版された。当時『I.Qジャンプ』に連載されていた「ドラゴンボール」「Slam Dunk」「DRAGON QUEST」「北斗の拳」などは、1990年代初めから半ばごろにかけて絶大な人気を博した。1990年代は日本マンガの海賊版や輸入日本マンガが最も隆盛な時期ではあったが、そのころには韓国マンガもだいぶ活性化されてきており、多様なマンガがあふれる韓国マンガ市場の全盛期であった。一方、当時日本の海賊版マンガの流通は、1960年代から2000年代初めまで繁盛していた貸本屋の働きに負うところが大きい。また、当時の貸し（本）文化は、マンガに限らず、ゲームやアニメの流通と消費にも少なからず影響を及ぼした。

　　事例1（男性、37歳）　小学生の時、家でビデオ・プレーヤーを購入してから日本のアニメをビデオ・レンタル屋で借りて見ました。80年代後半のことです。当時、日本のアニメはたいていビデオで流通していたんです。もちろん不法でした。当時デカマン・シリーズが人気で、人気アニメはレンタル店で上映することもあったんです。レンタル店のおじさんが上映日と時間を知らせてくれると、友達と一緒に行って数百ウォンを出して見たりしてました。

同上 中学の時にファミコンとスーパー・ファミコンのパック（ロムカセット）の貸し屋がありました。貸し屋に会員登録をし、1千ウォンを出せば3日間貸してもらえました。当時のパックはセーブ機能がなかったので、なんとしてもその3日のうちにゲームをしなければならなかった。そこで、その3日間は昼夜なくゲームに没頭しました。ゲームだけに無我夢中で集中してしまいました。たくさんのゲームを次から次へと消費（クリア）していました。そのような貸し屋があったおかげで、韓国にたくさんのゲーム・マニアが出現するようになったのではないかと思います。

　家庭用デジタル・ゲーム機であるファミコンの思い出を持っている世代は80年代中ごろから90年代中ごろにかけて小中高の生徒だった人たちである。つまり今の30代が青少年期に楽しんだゲームであり、初期は正式な輸入業者がいなかったため、前述した外国製品の商売屋がいくつか持ちこんだ品物ばかりであったが、以後、貸し屋を通して普及し、90年代中ごろまで流通・消費されていたと思われる。
　このように1980年代から90年代中ごろまでマンガ、アニメ、ゲームなど日本大衆文化は、現在の韓国の30代が少年（少女）時代に経験し楽しんだメディア・コンテンツであり、制約があり非公式のものではあったが、彼らによって情熱的かつ集中的に受け入れられ、一種のサブカルチャーを形成していたのである。

5-2　日本大衆文化の開放以後の受容の様相および特性
（1）パソコン通信やインターネット空間における日本大衆文化への没入
　パソコン通信や掲示板文化の活性化は、日本大衆文化の受容にも変化をもたらした。韓国では80年代後半からパソコン通信時代に入り、オフラインで制限的に流れていた情報は、オンライン・コミュニティを通じていっそう迅速かつ容易に共有されるようになった。そのなかで日本大衆文化の受容もより広く展開され始め、一つのサブカルチャーを形成していった。日本大衆文化の積極的な受容者たちは、パソコン通信を通じて自分たちと同様あるいは類似したニーズを持つ人びとと物理的な境界を越える相互交流をやり始めた。

事例1（男性、37歳）　パソコン通信では、情報のやりとりがずっと容易になりました。私は大田に住んでいて、どうしてもソウルより情報の入手が遅くなりがちでした。ところが、パソコン通信をやるようになってからは、ソウルのマニアのなかに日本のオリジナル作品を早く入手している人がいて、「『ドラゴンボール』何巻が出ました」と彼が通知すると、私のような人びとがその内容を聞き、ソウルの人がそれに答えてくれるようになりました。掲示板文化が活性化していたんです。

事例2（女性、32歳）　ゲーム・チップやゲームのセリフ集、マンガなどの翻訳を共有しました。中学の時、日本の漫画やゲームのマニアだった人たちが、高校や大学に入ると日本語を勉強して翻訳を分担してやっていたんです。それをアップロードしたりしました。翻訳されたマニュアルを印刷して一枚一枚めくりながらゲームをしていました。

　パソコン通信では、日本のゲームや音楽、アニメ、ドラマなど、様々な大衆文化のテキストを中心に、オンライン・コミュニティが形成された。日本大衆文化の受容者は、シンビロ（Shinbiro）のアニピア（事例1が加入）、ハナフォース（Hanafos）のヘクドン（事例2が加入）、ハイテル（Hitel）の日音ドン（日本音楽同好会、事例7が加入）、ユニテル（Unitel）の日ドドン（日本ドラマ同好会、事例4が加入）（シンビロ、ハナフォース、ハイテルは韓国のパソコン通信時代を代表するパソコン通信名。アニピア、ヘクドンなどは代表的掲示板名）など、各自の好みや嗜好に合ったオンライン・コミュニティを探して情報を交換し、データを共有した。これらの同好会に参加するためには、自己紹介書を提出しなければならないなど、加入条件が厳しい場合もあったが、ちょっとした手間や労力をかけるだけで無尽蔵の大衆文化コンテンツに接することができた。「内部的にコミュニティも活性化されており、余談や感想も交し、討論もしながら」（事例1）、彼らだけの文化を形成していくことができた。90年代の末、著作権法の施行により、資料室（アーカイヴ）が縮小され、また、インターネットの普及によりブログやカフェなどが活発になるまで、パソコン通信におけるこのようなオンライン・コミュニティが、日本大衆文化を共有し、共感し、論じ合う総合的な機能を持つ空間であり、日本大衆文化コンテンツの「巨大倉

第5章　インターネットを通した日本大衆文化の受容現況と特徴

庫」「サイバー・アーカイヴ」として機能した。

　2000年代の初期、インターネットの全面的な開花は、日本大衆文化の受容にも新たな流れを形成していった。これは、既にパソコン通信時代に部分的に現われていたことであるが、超高速通信網の整備や情報インフラの拡大、あるいは加入者の爆発的な増加によって、インターネットを通じたコミュニケーションが急速に進展していった。そこで、インターネット利用者の関心を引くサイトやブログ、ミニホームページのようなオンライン・コミュニティが、ポータルサイトの主なサービスとして浮上し始め、パソコン通信時代の特性をより増幅させたり、あるいは以前とは異なる社会文化的な流れを形成していった。パソコン通信におけるオンライン・コミュニティとインターネット・ポータルサイトで提供されるオンライン・コミュニティでは、機能上多少の差異が見られる。インターネット空間では、パソコン通信時代と異なり、アーカイヴの機能が分離され、P2P（Peer to Peer）サイトなどを介して特別な登録手続きや条件なしに、簡単にファイルを共有することができるようになった。受容者の多くは、これらのP2Pあるいはウェブ上における直接視聴方式を選択しており、個人的かつ集中的に没頭してコンテンツを消費した。またその過程で得られた経験や感想を集団的に共有することがブログとカフェの機能に分化された。ある面接参加者はそれを、ブログやカフェは「それぞれ自分の部屋を作り、引きこもり、散らばってしまったような感じがする」（事例7）と表現した。言い換えれば、パソコン通信時代の受容が集団的であったとすれば、インターネット時代は個別化・個人化されている、とも表現できるであろう。

(2) 嗜好と選択、そしてサブカルチャーとしての日本大衆文化

　何よりも、インターネット環境は、日本と韓国の大衆文化の「同時交換」を可能にした。また、日本大衆文化コンテンツの流入と受容が日本と韓国の間においてそれほどの差のない「同時代的消費」を可能にした[13]。また、日本大衆文化が開放される前、あるいは、部分的に開放されていた時代には、少数者だけが享受するサブカルチャーとして受け入れられていたが、今やインターネットの検索さえできれば、誰でも驚くほどのコンテンツに接することができるようになった。そして、日本大衆文化への接近の容易さは、コンテンツが溢れる複雑かつ巨大なインターネット環境のもとで、日本大衆文化を一つの「嗜

好」として「選択」する小集団の形成を可能にした。彼らが文化コンテンツを消費するにあたって、コンテンツの国籍は何ら重要な基準にならなくなった。彼らにとって日本大衆文化の消費は、ただ自分自身の「スタイル」や「嗜好」を消費する行為に他ならない。

　一方で、韓国社会に存在する日本や日本社会や日本の歴史に対する根強い反感、あるいは両国間の緊張関係は、日本大衆文化を受容するうえでも明確に「認識」され、心理的障害として作用していることが確認できた。たしかに日本大衆文化の受容者は、文化の受容と歴史・政治問題とは別だと認識している。しかしそれは日本大衆文化を「嗜好」として受容するための自己合理化の論理として機能し、同時にまたそれは、韓国社会あるいは自分に内在する反日感情にも逆らわない、これと衝突しないで日本大衆文化を葛藤なく受容するための対処法のようにも見える。

　事例6（女性、38歳）　マンガが好きだった私のような人に、「日本のマンガなんて」と言うのはあまり意味がなかったと思います。マンガは圧倒的に日本のマンガが多いし、また良いマンガがたくさんあるんです。日韓関係や歴史問題、政治問題が文化の消費にも影響を与えるのは、人によって異なると思います。日本のドラマや大衆文化を楽しんだ人は、基本的にこれらに好感を持っているので楽しんではいるものの、そのことが日本という国に対する好感であるかというと、それは違うと思います。私も日本のドラマやマンガを楽しんではいましたが、それが日本という国に対する好感ではないんです。

　事例5（女性、34歳）　あまり「日本」のドラマだ、「日本」の映画だと、意識しながら楽しんではいません。ただドラマに現われる日本独特の風習や意識の構造が面白いと思いながら見たりはしました。ただし、右翼的な傾向が強いドラマや映画はあえて見ません。見て不快なものをわざわざ見る時間はないです。右翼俳優が出演したものも見ません。例えば、反町隆史という俳優がかなり好きでしたが、彼が右翼俳優だという話を聞いてから、彼の作品は見ていません。

第5章　インターネットを通した日本大衆文化の受容現況と特徴

　また、インターネットの普及と文化開放の推進により日本大衆文化が以前に比べてかなり一般化したにもかかわらず、日本大衆文化は、韓国社会において相変わらず周辺化された文化であり、マイナーな文化として認識されている。そこで日本大衆文化を自分の嗜好とする行為は、絶えず日本文化に否定的な周囲の視線を意識し、葛藤し、交渉しなければならず、かなり独特なサブカルチャーとなっている[14]。

　事例8（男性、29歳）　大学の時、日本のアニメやマンガ、ドラマが好きな人を「オタク」とからかったりすることが多かったんです。まだ日本の大衆文化を受容する人びとに対して否定的な見方もあると思います。コスプレをする人もいましたが、イメージが良くなかったんです。日本に対してよく分からない人ほど、日本に対するイメージが良くないと思います。

　事例2（女性、32歳）　私は中学生の時から同人誌を作る活動をしていましたが、周りの人には秘密にしていました。イメージが良くないですから。日本のアニメが好きだといったとたん、「オタク」呼ばわりされました。韓国で「オタク」という言葉は、悪口をいう表現として使われたり、変態や社会不適応者のような意味でも使われています。

(3) 個人的な消費行動——一人視聴と没入

　日本大衆文化のコンテンツ受容の形式的な特性の一つは、主にインターネットを通じた個人的な消費が行なわれるということである。ファイル共有サイトからのダウンロードとコミュニティや動画検索サイトからのストリーミング再生が日本のドラマや映画、アニメを視聴する主な方法であり、日本大衆文化の受容者は、インターネットを通じた視聴にすっかり慣れ親しんでいる。「日ド族」（日本ドラマ・マニア）を含む日本大衆文化の受け手層は、インターネットで生まれたと言ってよいであろう[15]。彼らはインターネットに構築されている巨大な「サイバー・アーカイヴ」にいつでも自分の好きな時に接続し、パソコン画面を通した「個人視聴」と「没入」を楽しむ。「一人視聴」と「まとめ視聴」は、ほとんどの日本大衆文化の受容者が経験した消費方法である。このような経験に慣れているインターネット世代は、日本大衆文化の開放により

正式なメディアを通じた受容がかなり可能な状況であるにもかかわらず、いままでの受容方式を継続している。たとえば、放送番組の一部開放政策により、ケーブル・テレビを通じた日本ドラマの視聴が一部可能になっているにもかかわらず、たいていの受容者は、以前と同様インターネットを活用した「一人視聴」と「没入」を好む傾向がある。このような消費行動が好まれる理由は、それがすでに習慣化し慣れ親しんだ消費行動であるということもあるが、ケーブル・テレビなどを通じて正式に流通している日本大衆文化のコンテンツが限られており、インターネットを利用するほうがより多様なコンテンツに接することができるからである。主流メディアによる日本大衆文化コンテンツへの接近にはある種の限界がある。没入視聴による集中的消費を経験することで、日本大衆文化の受容者たちは、公式ルートによって提供されるコンテンツの深さと幅に物足りなさを感じているのである。これは自ずと日本大衆文化の開放政策に対する彼らの評価に影響を及ぼしている。

事例6（女性、38歳）　ケーブル・テレビでは、日本のドラマを見ていません。ケーブル・テレビは、番組表に合わせなければならないし、また、私が見たいドラマを選択することもできないからです。そして、ケーブル・テレビでやっているのはほとんどがインターネットで見たものです。

5-3　日本大衆文化開放政策に対する評価——開放のパラドックス

日本大衆文化の受容者たちは日本大衆文化の開放政策についてほぼ認知していた。しかし、大衆文化開放政策が実際に日本大衆文化の受容形態に影響を及ぼしたとは考えられない。受容者たちは開放後もインターネットを通じて日本大衆文化を楽しんでおり、また、受容の速度の面においても既に「同時的消費」を経験した彼らにとって、マス・メディアのコンテンツ提供は物足りないようである。

事例3（女性、28歳）　2004年に日本音楽が開放され、国内に多くのアルバムが流通するようになったので、音楽開放については認識していました。しかし、流通しているアルバムは、ジャンルが限られているし、人気歌手中心になっているので、ラインナップが足りないと思いました。好きな歌

第5章　インターネットを通した日本大衆文化の受容現況と特徴

手やアルバムは相変わらずインターネットを通して接しています。

事例4（男性、30歳）　映画の場合、ハリウッド映画とは異なり、輸入され国内で上映される年間作品の数が非常に少ないようです。また、ドラマやアニメなどの原作がありシリーズ物が作られた場合、その新しい作品が国内に入ってくるまでにかなり長い時間待たなければなりません。そのため、直接に日本に行って見られない場合は、やむを得ずインターネットを利用するしかないです。開放されても裏で流通しているものも多いので、大衆文化が開放されても、受け入れる立場や探す立場としては大きな違いを感じることができません。ケーブル・テレビでも日本のドラマを見ましたが、ケーブルを通じて見られるドラマはその種類が限定的です。また、たいてい過去の作品が多くて、大衆に愛された作品はごく少数です。とにかく、現在の日本のトレンドを知るためには、どうしてもインターネットを通じてダウンロードするのが速いです。

事例5（女性、34歳）　日本大衆文化の開放政策が実行されたのは知ってました。98年から封切り映画のなかで日本映画に頻繁に接するようになったからです。ただし開放前からカフェやブログ、関連サイトを通じて見たいコンテンツを楽しんでいた私としては、特別な変化は感じられませんでした。

　実際に日本のドラマが韓国国内に輸入され始めた2004年から2010年までケーブル・テレビで放送された日本ドラマの視聴率の分析結果によると、2004年には一時的に人気を集めたが、その後、連続的に視聴率が下がり続けている。結局、日本大衆文化の開放後も、日本のドラマの積極的な提供者は、放送局ではなく、P2Pを通じてファイルをやり取りする「個人」であり、「個人」をベースに消費されているのである。日本の映画やアニメを好む韓国国内の受容者は、インターネットを通じて関連情報を積極的に紹介・共有し、トレントやP2Pなどのファイル共有ネットワークを通じて——著作権を侵害するダウンロード行為であることを承知しながらも——文化産業の「戦略的な無知」と共謀し[16]、公式的なルートより迅速かつ幅広く日本大衆文化を共有・消費して

いる。このような日本大衆文化の受容者にとって、開放政策は、韓国国内における実際の受容の現実に影響を及ぼさない「手遅れな政策」(事例1)であり、文化産業のプロバイダのほうも、実際の消費者のニーズを満たすには力不足の状況が続いているのである。結局、日本大衆文化の能動的・積極的な受容者にとって、日本大衆文化の開放政策は、認知されたが評価されない政策と評することができる。しかし、日本大衆文化の開放政策に対する肯定的な評価もある。それは主に、日本大衆文化の受容が公式に承認されたことによって、肯定的な結果がもたらされたとする評価である。日本大衆文化の受容者が、その受容が公式に承認されたことで過去の非公認の受容に感じていた心理的な負担感から解放されたこと、そして韓国国内で流通している日本大衆文化コンテンツの質が向上し、また量的増加にもつながる事態を肯定的にとらえる評価である。

事例6（女性、38歳） 海賊版は質が落ちるものも多かったし、作品も少なく、また、闇のルートでしか手に入れることができなかったので、制限された接し方をするしかなかったんです。開放以降は、マス・メディアで紹介されたり、簡単に購入することもできたりして、良くなったと思います。アニメの場合は、ケーブル・テレビでほぼ同時に放映されています。すでに日本大衆文化に触れていた人たちもいますが、開放によってようやく接するようになった人もいるでしょう。

5-4　日本大衆文化に距離を置く——個人と集団、認識を異にする

　面接参加者に日本大衆文化のなかで現在開放されていない領域、すなわち、地上波に対する制限やバラエティなどの娯楽番組に対する制限について聞いたところ、彼らはおおむね、原則的に全面開放することに同意し、しかし一方で、これを認めながらも同時に全面的に開放した際の悪影響も考慮した結果として、全面開放に反対したり、規制の必要性にも言及する。

事例3（女性、28歳） 国民感情や反日感情などの影響で全面解放していないかもしれませんが、私は全面的に開放してもかまわないと思います。日本の放送を全面的に開放しても、そのなかで、扇情的で国民感情に反する内容は、別の規制にかかるでしょう。

第5章　インターネットを通した日本大衆文化の受容現況と特徴

事例4（男性、30歳）　バラエティの場合は、開放されることは難しいと思います。実際に、文化的な距離感も大きいんです。バラエティは、実際には、すでにわれわれの芸能番組でもそのフォーマットを多く利用しているでしょう。フォーマットを買い取って、われわれに合わせ応用することはできると思いますが、心理的に日本のバラエティをそのまま出すことは無理ではないでしょうか。

事例8（男性、29歳）　全面的に開放してもかまわないです。人びとは、文化開放についてあまり気にしていないと思います。しかし、地上波の場合は、私たちの自尊心のようなものだと思います。韓国の地上波放送で日本の番組を見ることには拒否感があると思います。

　韓国の青少年の日本大衆文化受容に関する研究[17]によると、彼らは日本大衆文化に傾倒しつつも、一種の「距離を置く」(distancing) 戦略を通じて韓国人としてのアイデンティティを保とうとしていることが分かった。本稿の面接参加者たちは、日本大衆文化の初期受容者であり、長期受容者でもある。興味深いのは、彼らからも日本大衆文化に対する一種の「距離を置く」戦略が見られたことである。すなわち、日本文化開放に対するスタンスと個人的な受容形態との間に違いが存在しているのである。彼らは長い間、様々な日本大衆文化を享有してきたにもかかわらず、また、時代的・環境的に、他国の大衆文化の流入を防ぐ政策は原則的に無意味なことであると認識しているにもかかわらず、韓国の地上波放送で日本の番組をそのまま放送することについては懸念と拒否反応を見せた。日本大衆文化を積極的に受け入れてきただけに、「倭色（わしょく）」や「低質文化」などと日本文化を蔑視・軽視する傾向は見られなかった。しかし、自己経験に基づく日本大衆文化コンテンツに見られるサディスティックな表現や露骨な要素などが韓国・韓国人の感性には合わないという判断、韓国の一般的な受容者のうち、旧世代が抱えている反日感情、そして、子供の世代のメディア・リテラシーと歴史意識の未熟さなどが全面解放を憂慮する理由として掲げられていた。

6　おわりに

　前述したように、国内の代表的なインターネット・ポータルには、日本大衆文化を受容する多数のオンライン・コミュニティが存在しており、今日における大規模な日本大衆文化の受容は、インターネットなしでは実現しなかったと考えられる。日本大衆文化は、開放政策が実施される以前から、韓国国内で限定的かつ非公式のルートを通して熱狂的に消費される一つのサブカルチャーとして形成されていた。しかし、インターネットが普及してからは、彼らは日本大衆文化の先駆的な受容者・伝播者（early adapter）として活躍し始めた。彼らは、日本大衆文化の段階的な開放政策や市場原理などによって限定的に提供されていた日本大衆文化の範囲をはるかに超え、独自に情報を収集、生産および流通を主導した。地理的な限界を超えてオンライン・コミュニティを形成し、自分の感性と情緒を開陳し、他人と共有することで、日本大衆文化を受容する楽しさとファンとしてのアイデンティティを得ている。また、各ジャンルに精通した受容者たちは、オンライン・コミュニティを通じて積極的に日本大衆文化を紹介・共有し、批評する文化の媒介者としての役割も果たしている。また、字幕の作成、ファン・フィクション（fan fiction）などの活動を通じて、単純な消費を超えた再生産の活動に多くの時間と労力を投じている。これは、自分が望んでいるエンターテイメント体験のために、どこでも喜んで探しに行こうとするメディア受容者たちの移住性行動、すなわち、融合（convergence）の一つの現象として理解することができる[18]。

　ただ、日本大衆文化の積極的な受容者からみえる興味深い現象は、個人的次元では日本大衆文化を自分の嗜好として幅広くかつ深く受け入れているものの、社会的・国家的次元あるいは政策的次元では依然として日本（大衆文化）に対しある一定の距離を置く傾向を見せていることである。つまり、日本大衆文化の受容者たちは、日本大衆文化の受容と歴史や政治など、日韓における葛藤をそれぞれ別次元のものと見なすことにより、ある意味で日本大衆文化受容の正当性を獲得しているようにも見える。オンラインにおける日本大衆文化の受容が、あくまでも個人の趣味や嗜好の領域に納められ、オフラインにおける日韓の現実問題、例えば日韓の歴史問題や日韓関係などとは一線を画して、日韓相

第5章　インターネットを通した日本大衆文化の受容現況と特徴

互の深い理解やコミュニケーションなどへとつながっていない。これは残念な現実ともいえる。

注

＊本稿は2013年第19回日韓国際シンポジウム（韓国言論学会・日本マス・コミュニケーション学会共催、2013年8月31日）で発表した内容を補完・修正したものである。
(1) キム・ヒョンミ（2003）「日本大衆文化の消費とファンダムの形成」『韓国文化人類学』36-1
(2) ユン・キョンウォン（2007）「日本ドラマ受容者のインターネット活用と文化的実践」『韓国放送学報』21-4。
(3) キム・ハクシル、リ・チュンハン（2007）「サイバードラマ——インターネットにおける日本ドラマの消費主体と流通のメカニズム」『インターネットとアジアの文化』ソウル：延世大学出版部。
(4) キム・ヨンドク、リ・マンジェ（2004）『日本放送番組の国内受容に関する研究』ソウル：コミュニケーションブックス。
(5) 放送委員会（2002）『日本放送開放関連国民世論調査結果』
(6) 表1の「韓国社会におけるメディアのデジタル化年表」部分はカン・サンヒョン（2001）『韓国社会のデジタルメディアと文化』の「韓国社会のデジタルメディア技術と社会変動」に提示されている韓国社会のデジタルメディア年表（13-17頁）を参照した。
(7) 日本大衆文化の開放分野は映画、ビデオ、劇場用アニメ、公演、（音楽）アルバム、放送、漫画の8つのジャンルを対象にしているが、本稿では文化産業振興基本法の文化産業分類と実際のオンライン−オフラインを通して主に受容されてきた大衆文化ジャンルを考慮して、改めて8つのジャンルを選定し、調査対象とした。
(8) これはNaverとDaumのサンプル収集方式の差異に起因するものと推測される。Naverのパワーブログの場合、内容の充実性、疎通のための努力、活動の信頼性を評価基準にしており、代表カフェもNaverカフェの上位0.1％のうち、カフェ活動が旺盛で共有された情報の量と質が優秀なカフェを選定したもののなかから、日本大衆文化に関連するオンライン・コミュニティを集めたものであるため、全般的に活動性の高いものが収集された。一方、Daumの場合、優秀カフェは良質の情報の共有、会員間疎通を基準に選定されたカフェであるが、ブログは活動性や内容の質などの基準をもって選定する制度がなかったため、「最近7日間訪問者数」の多いブログを選定した。

（9）キムチョン・ヒウォン（2007）「創造的な公共財と新しい時空間を作る人々——ミニホームページとブログを中心に」『インターネットとアジアの文化』ソウル：延世大学出版部。
（10）ジュ・チャンヨン（2002）「インターネット受容者の参加方法と文化的生産——〈女人天下〉掲示板の分析」『韓国言論情報学報』2002年秋通巻19号。
（11）キム・ハクシル、リ・チュンハン、前掲書。
（12）ホ・ジウン（2004.11.25.）「会いたい、ヨンソヤとクンタマン——〈ダイナミックコンコンコミックス〉に関する断想」『*OhmyNews*』。
（13）キム・ヒョンミ、前掲書；キム・ハクシル、リ・チュンハン、前掲書。
（14）ユン・ギョンウォン、ナ・シス（2005）「文化の地域化とメディア受容者のサブカルチャー——青少年の日本大衆文化の受容に関する研究」『韓国言論学報』49-1。
（15）キム・ハクシル、リ・チュンハン、前掲書；ユン・ギョンウォン、前掲書。
（16）ユン・ギョンウォン、前掲書。
（17）ユン・ギョンウォン、ナ・シス、前掲書。
（18）Henry Jenkins（2006）*Convergence Culture*、NewYork University Press＝キムチョン・ヒウォン、キム・ドンシン訳（2008）『コンバージェンス・カルチャー』ソウル：ビズアンドビズ。

第6章
戦後日韓関係の相互認識をめぐる言説
―― 記憶の再生産と認識の相違を超えて

蔡 星慧

1 はじめに

　2015年は終戦70年、日韓国交正常化50周年を迎える年である。戦後の日韓関係は歴史的、政治的要因をめぐって進歩することも停滞することもあった。今では歴史、政治的要因を越えて文化的環境と関わることで日韓の相互認識は大いに変わりつつある。戦後世代が増えていくなかで両国の若い人たちはK-POPを知り、日本の小説や漫画、J-POPを楽しんでいる。近年の日韓関係は韓流と日本の大衆文化開放の時代が訪れ、類似性を見つけ出し、異質性を認める友好関係へ進んできた。

　しかし、現在こうした友好関係に歯止めがかかっている。日本では2012年から広がったヘイトスピーチ、第2次安倍政権と韓国朴槿惠政権との首脳対話断絶、安倍首相の戦後レジームからの脱却宣言へと、次々に強い国家像が現われており、韓国では帝国（植民地）支配の記憶が今もなお再生産されているからである。現在の日韓関係は戦後の冷戦時代に逆戻りするように新保守主義が支配し、嫌韓・反日が蔓延していると言わざるを得ない。

　日韓関係が緊迫した状況にあるといっても、両国が東アジアのなかで新たな関係を議論する時期に迫られているのは確かであろう。日本は対米依存外交から東アジア共同体のなかでのリーダーシップを意識し、浮上する中国、経済成長を遂げた韓国の存在と向き合わざるを得なくなった。韓国では反共時代には考えられなかったほど中国との外交が密になってはいるものの、北朝鮮との休戦と対立、対米安保に不安を覚えているのは日本同様であろう。したがって、日本という存在を過去の歴史解釈と同時に未来のパートナーとして受け入れる

課題に直面している。

　本稿ではこうした世界と東アジア情勢の環境変化をふまえ、日韓関係を再認識し、戦後日韓の相互認識をめぐる言説群を考察する。考察においては特に、日韓関係における歴史的、政治的、文化的言説を扱うことにする。第一に、日韓における、帝国支配をめぐる記憶の再生産と認識の相違について考えてみる。第二に、冷戦終結後も日韓関係の壁となり続けた新保守主義を超えて発信された文化言説を取り上げる。第三に、相互の関係認識すなわち拒否と受容の視点から、韓国における日本認識、日本における韓国認識を見る。最後に、両国の新たな未来志向的な関係に向けての視点を述べておきたい。

　考察対象として以下のものを取りあげる。日本側資料としては、文化交流を中心としてかつてないほど民間レベルの交流が進んだ2000年以降の主要文献をレビューする。そのなかでも雑誌『世界』2014年9月号の特集「歴史認識と東アジア外交」は一歩進んだ日韓関係を提示した村山談話の趣旨を再考しており、今後対韓認識を考える上でタイムリーな論考である。

　韓国側の資料はソウル大学の日本研究所の学術誌『日本批評』第1～11号に掲載された論文を考察する。同研究所は1995年ソウル大学の地域総合研究所で日本研究室としてスタートし、2004年に日本研究所を設立しているが、2009年から『日本批評』を中心に日本と日韓関係を批判的に考察した特集を組んでいる。そのなかでも第3号の特集「韓国人の日本認識100年」に掲載された諸論文は、韓国における対日認識を見る上で参考になる。

2　帝国の記憶、不遇の連続性

　日韓関係のもっとも大きな摩擦要因は帝国支配の記憶をめぐる認識の相違にあると考えられる。韓国では帝国支配に伴った過去の被害者意識が、戦後も不遇の記憶として連続している。日本では過去の植民支配に対して保守派と進歩派の議論の相違が見られながらも、政治的努力は常に継続された。たとえば1965年の「日韓基本条約」（正式名称、「日本国と大韓民国との間の基本条約に関する条約」）以降も植民地統治の謝罪を表明した政権があった。

　こうした両国の歴史、政治的な認識の相違を見るプロセスは、停滞している現在の日韓関係を見る上で重要な論考である。

2-1　村山談話の評価と日韓関係の再考

　戦後補償をめぐる日韓間の認識の相違は1965年に成立した「日韓基本条約」から始まる。日本政府は同条約により日韓請求権協定、経済協定を締結し、戦後の補償は解決済みというスタンスを取ってきた。しかし、政府間の経済協定条約は戦争被害者個々の賠償と国民世論を排除し、経済支援を切に望んでいた韓国政府と、戦後の賠償処理と冷戦時代におけるアジアでのリーダーシップを望んでいた日本政府の判断により成立したものだ。そういった政府間の判断は、戦後の処理と対応を求める韓国の国民世論と深い溝を埋められずにいる。

　韓国における個々の戦争被害者たちは日本政府に公式的な謝罪と個々への賠償を求めてきた。従軍慰安婦（以下、慰安婦）問題の場合、1990年代以降被害者たちによって日本政府を相手にした告訴が行なわれた。また韓国側は、正しい歴史認識として日本の教科書に戦争の加害事実、慰安婦問題、竹島（独島）領土問題の反映を求めてきたが、日本の歴史修正主義者たちに批判されている。

　しかし、こうした緊迫した日韓関係でも過去には日本の政治的な努力が一歩進んだ時期があった。1992年1月、韓国を訪問した宮沢首相は反省とお詫びを表明し、慰安婦問題の真相究明を言明、1993年8月4日の河野談話に至る。河野談話は日本の歴史認識の水準が進展を遂げたと評価される（張達重ほか2005）。

　河野談話に続いて1993年8月23日には、55年体制の崩壊で登場した細川首相が植民地統治の謝罪を表明した。さらに1995年8月15日には村山首相が、終戦50周年を迎え、戦争の反省とお詫びを表明、「アジア女性基金」（村山元首相の声明により1995年7月発足、2007年3月解散）により慰安婦への補償を民間レベルから支援するよう対応した。そして1998年には、小渕首相と金大中大統領による「日韓共同宣言」を機に民間レベルでの文化交流が進み、開かれた日韓関係に希望の兆しが見られたのである。

　なかでも村山談話は、戦後日本政府が表明してきた過去の歴史に関する謝罪表明のなかで最も高い水準に達した文書であると評価される。雑誌『世界』の2014年9月号の特集「歴史認識と東アジア外交」では、現在の右傾化する政治とメディアの論調を危惧し、批判的考察を行なっているが、そこで村山元首相は、自身が表明した村山談話の趣旨を伝え、今の安倍政権の外交摩擦を懸念している。その内容は、村山談話が戦後50周年の節目に過去の戦争を反省し、

率直に謝罪し、平和国家としての日本を表明したことは、政府閣議決定を経た正式な政府見解であったことを確認したものである。

　そのほか、同特集ではアジア太平洋戦争および日本の植民地支配に起因する人権侵害と戦後の補償、加害事実の容認を提案する川上詩朗の論考、今の安倍政権が河野談話を維持、発展することを提案する吉見義明の論考が掲載されている。

　そして注目すべき論考に和田春樹の「慰安婦問題——現在の争点と打開への道」がある。和田は「アジア女性基金」事業を評価しつつ、吉見義明と同様に、悪化している現在の日韓関係において河野談話の継承を再認識すべきと述べる。とりわけ、現在の安倍・朴政権の対話のない閉鎖的外交を懸念し、朴政権に対しても可能な限り議論し、共通の答えを見つけるべきと提案する。このような提案は過去の記憶を共有し、議論を重ねていくという認識に通じる。

　韓国側の歴史の残傷と向き合う日本では、なぜ繰り返し謝罪をしなければならないのか、戦後の補償はすでに終わっているのではないのか、なぜそれほど韓国は反日なのか、疑問を持つ。そのような状況のなかで、一部でありながらこうした政治的努力と民間レベルの議論を重ねていく論考は相互の関係を改善していく試みといえる。

2-2　帝国をめぐる記憶の再生産

　韓国における対日認識に最も根強く残っているのは帝国支配の記憶である。韓国にとってその認識は不遇の記憶として再生産されているが、日本にとっては忘却の対象であり、時には郷愁になる。『日本批評』第2号では、こうした日韓における帝国をめぐる記憶の相違に注目している。

　同特集の編者であるチャン・インソン（2010）は日本における帝国の記憶を辿っている。日本の進歩派は帝国の経験と戦争勢力を批判的に把え、戦後の平和憲法体制を「記憶」の倉庫に永久に置きたがるという。他方、日本の保守派は、帝国日本の歴史を肯定し、戦後の体制をアメリカによって他律的に規定されたと見て、戦争の記憶を「忘却」の対象にする。このような保守派の政治は、冷戦後の日本国家の脆弱性と不安感から触発された側面があると主張する。

　「帝国」は帝国主義戦争の被害者には忘却の対象であるが、国家の栄光と見る側には永遠に記憶しておきたい政治的ロマンの対象になる。イム・ソンモ

(2010) は、冷戦後の日本における満州についての記憶の様相を考察している。帝国期の海外居住の日本人たちが帝国以降本国でどのような記憶の背後と回路に置かれていたかについての分析である。

戦後日本の「記憶の政治」は植民地支配の加害意識を封印し、反戦平和とナショナリズムを結合した「一国平和主義」を広げてきたが、満州の記憶が「帝国」と「近代化」の「郷愁」として浮かび上がってきた。イムは、満州から戻った人たちが記憶の共同体で「犠牲者」として浮き彫りになり、「満州の記憶」が社会政治的な脈略で抑圧、再解釈され、メディアが記憶を再構成するなかで、記憶の基礎を作っていったと考える。このような考えは、満州の記憶と同様に帝国支配に置かれていた朝鮮の記憶を眺望する過程にも同様に適用することができるのではなかろうか。

イ・ヘレン（2010）の論考では、太平洋戦争を描いた日本の人気アニメのなかで、漫画家たちが戦艦大和の幻想を蘇らせ、戦争を暗示する幽霊を作り出すサブカルチャー現象に注目する。この文化政治により、大和ミュージアム（呉市海事歴史科学館）は、本来なら平和の記憶の場所になるはずだったのが戦争の記憶の場所に転移してしまったという。

これらの言説は、帝国で形成された制度と記憶が現在をどのように拘束するかに注目する。地方都市に博物館を建て、サブカルチャー領域で現代日本社会の理念を再構成するために軍国主義的精神を表象し、帝国の記憶が再創造される様相はその事例になる。このような事例では、帝国の記憶が理念、制度の領域における遺産として忘却、再創出されていると考えられる。

3 新保守主義を超える文化言説

終戦70周年を迎えながら、日韓関係は2000年代の初めから10年ほど続いた希望の兆しが閉ざされている。河野、村山談話に見る政治家の責任ある言動から生まれた対話は、今ではその力を失っている。

日本では東アジアにおけるリーダーシップを望みながらも、中国や韓国との敵対、無関心、相互軽視現象が再来し、新保守主義への傾向が連続している。このような意識は日本だけではなく、中国や韓国の側からの日本認識でも、過去の悪化した感情的ナショナリズムに連鎖していると考えざるを得ない。

3-1 文化現象としての対韓認識

　日本における数多くの韓国論は韓国を知る様々な視点を提示する。日韓相互を知る両国の研究者の主要論考は、戦後の脱冷戦時代における日韓関係、東アジアと日本の位置づけを見る政治的文脈、文化共同体としての日韓論を中心に展開されてきた。

　70年代、80年代の日本における韓国論はイデオロギー派に主導される政治的性格を持ち、その言説や行為が日本人の韓国イメージを規定することもあった。軍事政権、反共、反日のイデオロギーが根強く浸透し、民主化運動のリーダーである学生たちが反政府の旗を挙げていた韓国を見る視点は、北朝鮮を見る場合より危機感に満ちたものだった。さらに文化主義的韓国論でも、日韓の類似性より異質性の部分を表象化してしまい、日韓の文化を善と悪、光と影、近代と非近代、成熟と未成熟といった価値で二項対立的に見ることで、大半が否定的な判断を下していた（鄭大均 1992）。

　日本における韓国論が模様変わりをはじめたのは80年代初めである。かつては独裁政治から民主化運動という政治的文脈から理解されていた韓国だが、今では韓国語を学び、文化としての隣国に関心を持つ日本人が増えている（鄭大均 1992）。

　2000年代に入ってからの10年ほど続いた韓流ブームは、政治・歴史的な拘束から比較的自由になって韓国を知る情報のツールであった。韓流を機に民間レベルの対話が始まり、文化現象のボーダーレス化による対韓認識の変化が顕著に現われたのは確かであろう。

　白石さやは、21世紀的な地域共同体を文化交流のあり方として期待している。すなわち、東アジアでは過去の歴史認識を含めて「われわれの東アジア」という共同体認識が不在であると指摘し、近代的国民という想像の共同体とは違った、大衆文化の相互交流に基づく「緩やかな文化共同体」を構想する（白石 2007）。ここでいう「緩やかな文化共同体」のあり方は、アジア各地における文化の相互交流を通じての豊かな文化の創造育成を目指す平和的ビジョンの共有と、多様で多彩な文化を育み享受することが目的であって、文化が政治的、経済的目的達成のための単なる手段や道具となってしまってはいけないという考えである。

　金大中政権が反日世論を押し切り日本文化の開放を断行したのは両国の幅広

第6章　戦後日韓関係の相互認識をめぐる言説

い外交を期待したからであろうが、韓流はその期待に十分応えた。一時的なブームに終わるという予想を超えて韓国に対するイメージアップに繋がり、ブームは下火になってもその情報と知識、関心がすべて消え去ったわけではない。

　林夏生によれば、日本における韓流は「似て非なる」文化のおもしろさがあり、韓国大衆文化産品の国際競争力向上により、交流による利益拡大は企業レベルから政府レベルまでの進展があった（林夏生 2005）。韓流のような文化現象をみると、先入観を打破し、あるがままの相手国の文化や生きる人々の姿を知らせることが文化交流の目的であることがわかる。そこでは政治や経済が文化交流のあり方のすべてを規定してきたわけではなく、自ら求める文化に触れようとする人々の行動のひとつひとつが、長年にわたり集積することによって、大量の文化接触をもたらし、政府による外交政策や文化政策にも影響を還元してきたのである。

　このように文化現象に注目し、その力に期待を寄せる認識に岩渕功一の「対話としての文化力」言説がある。彼は東アジア共同体形成に向けて、メディア文化がどのような役割を果たしうるのかについて考察し、とりわけ非西洋メディア文化の代表例として韓流をはじめ、トラスナショナルな文化の力が東アジアにおける対話的な公共空間を形成すると期待している（岩渕2007）。

　岩渕はメディア文化がなすべきは、その国のイメージを高めることではなく、メディア文化の交流をきっかけに両国の対話を深めることであるという。文化交流が日中韓の相互イメージを改善したとしても、文化は決して歴史を変えないし、まして消し去りなどしない。歴史問題への取り組みはそれとは別に地道に行なわなければならないと言う。メディア文化を通じて相互のイメージを改善し新たな理解を育むことは、最終的な目的ではなく、あくまでも関係性を構築するためのきっかけであり、最初の大切なステップなのである。ここで求められるのは、閉じられてきた地域主義を超えた越境対話の活性化である。

　今も続くヘイトスピーチ、一部メディアの商業的に嫌韓を売りものにする手法が、未来に向けて歩み出していた日韓関係に影を落としている。しかしながら、政治や歴史を超えた文化現象は日韓の民間レベルでのネットワークを充実させてきた。その進歩を現在の政治的摩擦で消し去ることは、相互を知り、理解するタイミングを、過去に繰り返してきたようにまたも失うことになる。

3-2　現代日本の保守主義へのまなざし

　日本における保派の動きは、戦後の国家と社会をみる保守知識人の不安に起因するという視点がある（チャン・インソン 2009）。日本の保守派たちにとって戦後体制は虚構的世界であり、彼らは戦後を米国依存で生まれた安全保障、国民精神、皇室存在方式に関わる「文明史的危機」の時代であると考えており、平和憲法9条に疑問を提示する。これは経済思想家の佐伯啓思のいう戦後体制と同じで、経済主義（近代化）、民主主義、平和主義のような理念が作り出した「虚構の世界」であるとする。それはまた「精神的空白による自覚のない」体制であるが、ここでいう「精神的空白」とは「国家意識（ナショナル・アイデンティティ）の喪失」を意味する。

　チャン・インソンは、日本の保守論者たちが日本国憲法の「平和」条項と、戦後の体制が作り出した公式的言説（体制イデオロギー）との間にズレがあると考えるところに疑問を持つ。保守論者たちにとってそのズレは戦後の体制を否定する強力な心理的根拠になる。その心理は、共同体的倫理と国家意識に飾られた運命共同体、文化共同体、倫理共同体としての日本国家を想定する限り、必然的に生じてしまう。この心理から見ると、戦後の体制とは、共同体的国家を追求する進歩主義の公式的言説が保守主義の非公式的言説を抑えて作り出した「虚構的世界」「自閉的思考の空間」であった。そこで日本の保守主義者たちは戦後体制を終結するために「公式的言説」を断罪し、「守る保守」ではなく、「戦う保守」を考えていく。

　しかしチャンは、公式的言説を断罪する「戦う保守」はすでに真の保守主義とは言いがたいと考える。なぜなら、戦後体制そのものが堆積された経験だからである。そして真の保守主義はこうしたすべてを認める「柔軟な保守主義」であるべきとする。「自己喪失」を克服し、国家共同体を再生するために新たな「虚構」を作り出す表象作用は、論理的な単純性と歴史的な虚構性から離れられないという（チャン・インソン 2009）。

4　拒否から受容へ

　韓国にとって日本は、歪曲した近代を強制した敵対的な他者として存在したため、過剰に抽象化され、歪んだ像であった。『日本批評』第3号の特集「韓

国人の日本認識100年」では、近代から連続する戦後の日本認識を考察している。特集には韓国における100年間の日本認識を批判的に考察する8本の論文が掲載されているが、その論考は近代化、帝国時代からの日本に対する批判と羨望の二重性の認識が顕著に表われている。ここでは、とりわけ韓国の日本認識に大きく関わる歴史的・政治的・経済的・文化的観点からの日本（人）論に関する論考について考えてみる。

4-1 克日と羨望の対象からパートナーへ

過去100年間、韓国にとって日本はルース・ベネディクトの『菊と刀』でいう「しかし/また（but also）」の存在であった。批判し、抵抗すべき対象であるが、習うべきモデル、羨望の対象でもあったのである。否定の核心は植民地時代の歴史であり、羨望の対象は「刀」が持つ力である。しかし、韓国の場合、日本との関係においてベネディクトのような余裕のある距離は不可能であり、むしろコンプレックスを抱えていた。

特集の編者であるクォン・スギンは、韓国人にとっての日本を、帝国植民統治からの「民族」の独立を脅かす、克服し、抵抗すべき対象と見る。同時に日本が「花と刀を愛する民族」（美しさとソフトな側面と強さを同時に持つ）であるという、二重性の日本人論を把える。韓国にとって日本は否定と肯定、非難と羨望の対象といった「矛盾」の言説のなかで把握されていることを示す。

次に戦後韓国における対日認識は、李承晩政権の時代から見ることができる。李承晩は、日本が米国依存の安保政策を打ち出したのに対して、東アジアにおける米国のパートナーは、戦犯国家であり朝鮮戦争によって利益を得た日本ではなく、韓国になるべきと考えていた。李承晩は、日本が経済的な面で米国のパートナーなら、韓国は安保と軍事的な側面で米国のパートナーになると考えたのである。このような李承晩の対日認識は、米国を中心とした資本主義の世界秩序のなかで韓国の位置づけを積極的に考慮した上で成り立ったと考えられる。しかし、その考えが実現することはなかった。北朝鮮との対立、冷戦が深化していくなかで、米国に従わざるを得ないというジレンマがあったのである（パク・テギュン 2010）。

続く朴正熙政権では、朴正熙が満州国で関東軍の経済開発の先進的な近代性を目撃したことにより、4回にわたる経済発展計画に影響があった。1960年代

の韓国の国家形成の理念となった「富国強兵」は明治国家であり、開発体系の構想に密接した資源は満州国だったのである（ハン・ソクジョン　2010）。

そして1980年代の韓国読書界に新鮮な刺激を与えた李御寧の『「縮み」志向の日本人』は、戦後日本人・日本文化論を様々な視点から一歩進めたと評価される。後期植民地の経験と心理を強迫的に持つ李御寧が1982年の時点で、韓国を日本と「対等」な比較対象として設定したもので、「脱植民の企画」として読まれているからである（フゥン・ホドク　2010）。

李御寧は日本文化論を三つの側面から分析していた。第一に、日本文化論を「縮み志向」で説明する一貫した方法は、社会および歴史、政治経済分析とは違った記号論的方法である。扇子、お弁当、ウォークマンのような日常的なものの細部を、国民性を代表しうるような文化本質主義の類型学に帰着させる。第二に、日本文化論を読み取る時にも韓国文化論を介入させ読もうとする後期植民地人の独特の挑戦が明らかにされる。その構想は後期植民地人が世界に進出しようとする際の帝国エイジェンシーとしての日本を再度確認させてくれる。第三に、縮み志向というキーワードにより「小さくなった日本」に対し、韓国文化論を世界的な次元に崇高化させようとした後期植民地的な実践の一つとして論じた。これらの李御寧の日本文化論は、植民地人としての自己証明と闘争が悲壮から生まれていることを示している。

キム・ヨンウク（2010）は、近代の始まりとともに韓国の模倣と学習のモデルになった日本が、企業の現場で具体的にどのように活用されたのかを紹介している。経済領域こそ可視化された近代化の実現と見るなら、韓国の企業にとって日本が「模倣の対象」になったのは自然の流れだったかも知れない。

サムソンの創業者李秉喆(イ・ビョンチョル)にとっては、日本こそ「習いやすく、模倣しやすいベンチマーケティングの対象」であった。世界進出の出口として日本を技術的に活用した事例になる。李秉喆は資本と技術、経営方式を日本との提携を通じて学び、日本のようになろうとした。70年代半ば頃まで対日依存度が高かったのはそのためだったのである。

韓国にとって「日本を習うこと」の究極的な目標は「克日」であったが、企業人李秉喆は克日認識を持ちつつも、習うべきモデルであると同時に批判すべき対象といった、矛盾の感情は表出しなかった。そして70年代後半からは資本力と技術力をある程度蓄積し、提携の方向を日本から欧米へ向けた。「克日」

第6章　戦後日韓関係の相互認識をめぐる言説

の自信もあった。しかし、李秉喆は生前「克日」に至ることはできず、その後継者である李健熙の代になって実現したのである（キム・ヨンウク 2010）。

『日本批評』第3号の特集には韓国人の対日認識を見る興味深い書評が1本ある。キム・テウンの「拒否から受容へ——90年代の大衆的日本文化論の特性の変化」である。書評では90年代に出版された『日本を知りたい』（イ・ギュヒョン 1994）、『日本はない』（チョン・ヨオク 1997）、『私は日本の文化が面白い』（キム・ジリョン 1998）の3冊を取り上げ、日本文化論と対日認識の変化を述べている。3冊の著者はそれぞれ日本での仕事、留学など日本滞在の経験を持っている。とりわけ『日本はない』を書いたチョン・ヨオクは、KBSの日本特派員として滞在した経験に基づいて同書を出版したが、当時日本文化に対する批判的な視点として大ベストセラーとなった。

書評では、韓国において日本の受容とその再現があるとはいえ、その現象は日韓の間で劇的な差があることを示す。例えば『日本はない』では、日本のグルメ・ブームは食べることでストレスを解消する小学生のようで、他人を家にあまり招待しない日本人は自閉症の子どものようと捉えている。韓国が追いかけ、習うべき経済大国日本のイメージを「軽く、可憐で、病んだ」姿に変容させることにより、韓国の読者に自分たちは日本とは違うという安堵感を与え、優越感を覚えさせたのである。

一方で、キム・ジリョンは『私は日本の文化が面白い』において、日本文化を拒否するのではなく、受け入れ、楽しもうとする受容的なスタンスを取る。日本のプロ野球における主流に対抗するアンチ巨人、「君が代」斉唱に反対する教職員労働組合、米軍基地設置に反対する沖縄の人たちの姿を紹介し、「日本の大衆文化は扇情的で暴力的なのか、むしろ韓国の剽窃ではないのか」と問う。これらの視点は、前の2冊とは違って日本における韓国との同質性の探求、韓国人が持つ日本認識のステレオタイプをなくそうとする。その視点は拒否から受容へ歩み出したといえる。

日本の大衆文化の開放と大規模な人的交流が日常化されるにつれて、今では前2冊のように日本を対象とした「心理的カタルシス」と「実体のない自負心」を充足させる日本文化論の再現戦略は読者にアピールすることはできなくなった。韓国の大衆心理を強く刺激した『日本はない』は、日本に対する長い間の民族的コンプレックスが噴出されたクライマックスであると同時に、そのコン

プレックスから徐々に自由になる始発点でもあった。それは客観的に日本を見る段階に近づいたことを意味する（キム・テウン 2010）。

4-2　東アジア共同体の未来に向けて

19世紀後半から東アジアは「伝統から近代へ」の文明史的な大転換期を迎えた。伝統を失う一方で西洋と近代という他者が介在することで、ナショナリズム、植民地主義と近代主義、オリエンタリズムが浸透し、日韓両国もその富を再生産する認識と言説に支配されてきたのである（キム・ボンジン 2011）。

こうした言説は東アジアにおける近代との連続性のなかで、日韓共通の認識に通じる。21世紀は東アジアの復活の時代であり、韓国の経済成長、中国の浮上が見られたが、その復活の背景には日本の底力があったことは確かであろう。そして現在、日韓は西洋的な近代主義を克服し、東アジアの現場性と公共知を啓発していく未来を開いていく共通課題に直面している。

そのような意味で、日韓相互認識の視点として張達重の「相互軽視（mutual passing）的な流れ」についての考察は興味深い（張達重 2005）。張は日韓国交正常化以降の日韓関係は利害と誤解、協力と葛藤、相互学習と相互不信のパターンを反復し、最近は相互軽視的な傾向さえ見せていると指摘する。冷戦期における日韓関係は「反共の癒着」関係によって歴史認識をはじめ懸案課題を回避することができたが、冷戦の終結とともに国益中心の外交が躍り出ることになり、過去の歴史問題と未来志向的な関係に試練が訪れているという。

しかしながら、東アジアにおける日韓のパートナーシップが両国の共通認識であることは否定できない。こうした日韓関係の方向性について、李元徳は日韓関係も新時代を迎えるべきと提案する（李元徳2012）。2000年以降韓国の政治的民主化と持続的な経済成長により日韓両国のパワー関係がかつての非対称、不均等から相対的に均等化したからである。

提案の内容は日韓の過去を直視する姿勢と寛容の精神を持って歴史和解に向き合うこと、相互共生のために全面的ネットワーク構築の概念を提示すること、米中の力関係のバランスのなかで、東アジアにおける互いの関係を考えることである。こうした提案は、21世紀の日韓関係がアジアのなかでますます存在感を増している状況を再認識させてくれる。

5　むすびに代えて——新たな談論に向けて

　日韓併合100周年を迎えた2010年、和田春樹をはじめとした、作家、芸術家、映画監督、歴史家、研究者、弁護士、ジャーナリスト・出版人、宗教者、経済・科学技術界、社会文化団体などの日韓知識人200人の共同声明があった（和田春樹ほか 2010）。共同声明では韓国併合100周年と日韓の共通課題を確認し、その成果として『日韓　歴史問題をどう解くか——次の100年のために』が刊行された。

　共同声明は日韓併合無効論に共通認識を持ち、和解のための戦後補償と慰安婦問題、文化財の変換、在日の処遇について触れている。これらの問題は、右傾化する最近の政治に期待するのではなく、市民社会のなかで専門知識を持つ知識人が先頭に立って議論すべきとする。そこにあるのは、日韓関係の現状を憂慮し、未来志向的なビジョンを提示するには、まず過去を直視する必要があるという認識である。

　日本の若い人たちのなかには、現在の政治的状況や相互の嫌韓・反日は現実的ではないという声が聞かれる。彼らの韓国に対するイメージはキムチなどの食べ物、美に対する認識、韓国ドラマ、K-POPといった文化体験である。平和憲法の下で暮らし、戦争の記憶を持たない彼らにとって、戦争の加害者や被害者関係を意識することは困難であろう。戦争責任や戦後の補償のような重い問題は身近ではなく、むしろ韓国を敬遠する要因になっている。徹底した歴史教育と反日教育を受ける韓国の若い人たちの歴史認識とは大きな相違が見られる。

　それ故、日本の若い人たちが過去の歴史に刺激される韓国を理解できず、無関心だからといって責めることはできない。戦後世代にとって、政治や過去の歴史認識の共有はもはや不可能に近く、そもそも脱政治化している日本において若い人たちに日韓間の歴史と政治的な関係を押し付けることはできない。

　政治や一部メディアの報道が世論をミスリードするような感情的ナショナリズムに遭遇すると、戸惑いを覚える時もしばしばある。親韓・嫌韓、反日という二項対立的な視点に止まっていては両国の関係は過去に逆戻りするしかない。ステレオタイプが介在しない、次世代に向けた民間レベルの開かれた場が求め

られる。

　今ではお互いを知る研究者、専門家が増えている。そういった人たちが未来志向的な議論を重ねていく場が増えてこそ、相互の存在を再認識することができるのではなかろうか。過去の不遇の記憶を再生産するのではなく、相互認識の相違を超えて成長した議論を重ねて、新たな未来に向けた日韓関係を考えるべき時期である。

主要参考文献

〈日本〉

安成日（2013）『戦後初期における日本と朝鮮半島の関係』ブイツーソリューション

李鍾元/木宮正史/浅野豊美（2011）『歴史としての日韓国交正常化Ⅰ　東アジア冷戦編』法政大学出版局

李鍾元/木宮正史/浅野豊美（2011）『歴史としての日韓国交正常化Ⅱ　脱植民地化編』法政大学出版局

岩渕功一（2007）『文化の対話力』日本経済新聞社

小此木正夫・張達重・林夏生ほか（2005）小此木正夫・張達重編『日韓共同研究叢書14　戦後日韓関係の展開』慶応義塾大学出版会

小此木正夫・河英善ほか（2012）小此木正夫・河英善編『シリーズ・日韓新時代1　日韓新時代と東アジア国際政治』慶応義塾大学出版会

小此木正夫・河英善ほか（2012）小此木正夫・河英善編『シリーズ・日韓新時代2　日韓新時代と経済協力』慶応義塾大学出版会

小此木正夫・河英善・李元徳ほか（2012）小此木正夫・河英善編『シリーズ・日韓新時代3　日韓新時代と共生複合ネットワーク』慶応義塾大学出版会

木村幹（2004）『朝鮮半島をどう見るか』集英社

木村幹（2009）『近代韓国のナショナリズム』ナカニシヤ出版

金慶珠・李元徳（2007）『日韓の共通認識――日本は韓国にとって何なのか』東海大学出版会

鄭大均（1992）『日韓のパラレリズム――新しい眺め合いは可能か』三交社

白石さや（2007）「東アジア大衆文化ネットワークと日韓文化交流」濱下武志・崔章集編『日韓共日研究叢書20　東アジアの中の日韓交流』慶応義塾大学出版会

吉澤文寿（2005）『戦後日韓関係――国交正常化交渉をめぐって』クレイン

和田春樹ほか編（2010）『東アジア近現代通史10　――和解と協力の未来へ―― 1990年以降』岩波書店

和田春樹ほか編（2010）『日韓　歴史問題をどう解くか——次の100年のために』岩波書店

和田春樹・川上詩朗・村山富市・吉見義明ほか（2014）「特集・歴史認識と東アジア外交」『世界』2014年9月号、岩波書店

〈韓国〉

以下はすべて、ソウル大学日本研究所の学術誌『日本批評』（第1～11号、2009～2014）のなかの論考である（刊行年度順）。

チャン・インソン（2009）「現代日本の保守主義と国家」第1号

イ・ヘレン（2010）「戦艦大和の幽霊たち」第2号

イム・ソンモ（2010）「戦後日本の満州の記憶、その背後と回路」第2号

チャン・インソン（2010）「帝国の記憶を見る視線——序説的省察と帝国の記憶」第2号

チョン・グンシク（2010）「戦争の記憶と再現をめぐる地域政治：呉市の'海事歴史科学館'を中心に」第2号

カン・テウン（2010）「拒否から受容へ—— 90年代の大衆的日本文化論の特性と変化」第3号

キム・ヨンウク（2010）「李秉喆の日本模倣と追い越しに関する詩論」第3号

クォン・スギン（2010）「日本、近代とともに与えられた課題」第3号

バク・ジヒャン（2010）「花と刀を同時に愛する民族：ユン・チホが見た日本」第3号

バク・テギュン（2010）「反日を通じたもう一つの日本：李承晩大統領の対日認識」第3号

ハン・ソクジョン（2010）「朴正熙、または満州国版ハイ・モダニズムの拡散」第3号

フォン・ホドク（2010）「日本、それでも依然と、世界の入り口：'縮み志向の日本人'で読む一人の後期植民地人の肖像」第3号

キム・ボンジン（2012）「反日と歴史和解」第4号

ハン・サンイル（2014）「日本の右翼思想とアジア主義」第10号

第7章
韓国の博物館における日本の表象

中江桂子

1 文化は解放されたのか

　博物館が歴史的な記憶と結び付けられ、その結果、博物館は政治的な色彩を濃く映し出す装置になる可能性は本質的で、常に内在している。そのことは了承しつつも、それが、異文化への理解と寛容につながるのか、あるいは、不寛容と排除につながるのか、という問題に応えるのは難しい。もちろん私たちは前者であることを願うが、その時の政治的な力がどのような意図として機能しようとするかによって、後者として機能してしまうことがあるどころか、後者を意図して博物館が利用されることも頻繁である。
　とくに日韓の歴史については難しい問題が横たわっている。歴史問題がすべての楔になっているこの2国間において、戦後70年を経た現在でも、韓国の博物館において日本関連企画の実現は困難に直面しつづけている。戦争記念館や刑務所記念館などが、日韓併合当時の暴力の記憶をとどめる施設として、韓国の人々はもちろん日本人も訪れる観光地になっている。この記憶の保存は当然としても、それ以外には意味のある企画のいかなるものも実現することができないという長い歴史が、文化的発信の不自由さを特徴づけており、また両国間関係のトラウマの深さをも印象づけている。実際、日本文化に関連する展覧会や企画展は、韓国では2002年までは全く開かれていない。というより、そのような社会環境を想定すること自体が、そもそも不可能だった長い時間があったといってよい。
　金大中の文化解放政策が、日韓の長い間の膠着状況に変化の兆しを与えた。日韓相互における韓流／日流の高まりも日韓共催FIFAワールドカップも、そのような文化の解放に連なる社会現象の重要な一側面であろう。博物館に関し

第7章　韓国の博物館における日本の表象

ても、いわばそのような社会の勢いを背景として、2002年以降新しい試みが目白押しだった。

　2002年の5月14日から2カ月にわたって韓国国立博物館で開催された「韓日文化交流特別展」は、このムードのなかで実現された、歴史的にみれば画期的な企画展であったといってよい。ここでは弥生時代から平安、鎌倉時代までの国宝級の美術品が展示された（韓国国立博物館2002：49）。この展覧会は、秀吉の朝鮮出兵および日韓併合時代といった両国にとって歴史的に厳しい時代とは距離のある時代を扱った展覧会であったことや、朝鮮半島との文化交流が「交流」であるなどと意識される以前の時代を取り上げたものであったこともあって、一定の成功をおさめた。

　さらに2002年10月29日から12月8日まで韓国国立博物館で開催された「日本近代美術展」は、日本の官展における代表作品を中心に、南画というジャンルや、横山大観、鏑木清方、松田権六、富本憲吉らの作品も展示された（韓国国立博物館2002：51）。近代美術という看板を掲げることについては、複雑な歴史的経緯をどのように考えるかという問題が様々な形で沸き起こるであろうことは想像できる。横山大観は確かに日本を代表する画家であるが、同時に日本帝国主義的ナショナリズムのなかで作品制作をした経緯もある画家であることから、扱うことは難しかったのではないだろうか。このような困難を超えて実現した背景を調べることができなかったが、しかしこれが実現したという事実は、当時の文化開放政策の勢いを証明するものであり、もしかしたら楔であり続けた歴史問題を、今後の文化交流が超越していく可能性も想像し得た時代だったのかもしれない。この「日本近代美術展」は、ソウル国立博物館での開催の後、京都や東京にも巡回した。

　FIFA日韓共催の盛り上がりが終わってからしばらくして、日本近代史にかかわる展覧会として、柳宗悦のコレクションが韓国国内で展示されたのは、2005年9月6日から10月30日までソウル歴史博物館で開催された「ようこそ！わが民画」展である。日本民芸館・倉敷民芸館・京都高麗美術館・静岡市立芹沢銈介美術館など所有の民画とソウル歴史博物館所蔵のものを合わせて出品された。この美術展は、解放後60年を経てはじめて実現した柳コレクションの展覧会であり、大きな意味があったといえよう。

　ついで、「文化的記憶——柳宗悦が発見した朝鮮と日本展」が2006年11月

10日から2007年1月28日まで、東亜日報の所有であったイルミン美術館で開催された。これもまた挑戦的な企画展であったことは想像に難くない。当時イルミン美術館の学芸員であったカン室長によれば[1]、韓国近代美学の基礎に影響を与えた柳の展覧会をやるべきだという提案を、美術館の金美玲館長に提案したが、当時館長は果たしてそのような企画が現代の韓国で可能かどうか心配したそうである。そこで金館長が、当時の主だった文化人たちにこの企画について相談したところ、FIFAのお祭り騒ぎの後であったにもかかわらず、それでも8割の人々が否定的であったという。そのような厳しい観測のなかでこの企画が実現したのは、粘り強い学芸員の熱意があったことはいうまでもないが、さらに、イルミン美術館を所有する朝鮮日報社は、かつて柳兼子の音楽会をひらくなど、柳宗悦と柳兼子の朝鮮半島における活動に縁のある新聞社であり、日本民藝館との関係も続いていたからであった。この関係について、当時民藝館の国際部にいた三村は「〔柳夫妻と東亜日報社との〕当時の友情や努力は"稀に起こる歴史的事実"で終わっていないことをイルミン美術館の〈柳宗悦展〉は証明しようとしている」(三村2006:21)と、第二次世界大戦後初めて開催される柳の展覧会に大いなる感慨を寄せている。このような背景から展覧会には、日本民藝館所蔵の朝鮮と日本についての品々、それに関連したドキュメンタリー資料(柳らの朝鮮旅行や朝鮮の人々との交わり、品々との出会いに関する写真資料など)が展示され、朝鮮にかんする柳の活動の全体を概括できる内容になっていた。また、朝鮮民族美術館の設立のために柳とともに朝鮮を訪問し、基金を募るための独唱会を開催した柳兼子の公演の映像も流された。そのような工夫の一つ一つは、柳の視点からの朝鮮文化の基礎を確認するとともに、韓国人自らが自分自身の姿を模索するための、有効な仕掛けとして構成されていた。このように、韓国や日本の近代史のなかに置かれた文化に関連したこの美術展は、いずれにしても開催されたのである。当初の厳しい観測とは異なり、2万人を超える来場者を得て、美術展としては成功だった、とカン学芸員は振り返った。

　韓国における日本の大衆文化解放と、日本における韓流ブームの高まりとが、相互作用して拡大していく時代は、そのまま進んでいくかに思われた。その後、日本美術のなかでもとくに現代美術を中心とした美術展が韓国国内の複数の美術館で企画されていったのは、自然な流れであっただろう。そしてはからずも、

第7章　韓国の博物館における日本の表象

それらの企画展は2013年に相次ぎ実現することになった。2013年の日本アートの展覧会としては、以下が代表的なものである。

「Re:Quest-1970年代以降の日本現代美術展」（ソウル大美術館）2013年3月5日～4月14日
「柳宗悦展」（徳寿宮美術館〔韓国現代美術館分館〕）2013年5月25日～7月21日
「村上隆展」（サムソン美術館プラトー）2013年7月4日～12月8日
「草間彌生展」（大邱美術館）2013年7月16日～11月3日
「杉本博司回顧展」（サムソン美術館リウム）2013年11月～2014年1月

日韓の状況が双方とも熟してきて、ようやく展覧会を開催できる条件が整ったと判断され、これまで回避していた日本関連の美術展が実現できる環境になった、という認識があったと考えられる。

柳宗悦展（徳寿宮美術館、2013年）

133

2 柳宗悦展という挑戦

　両国関係の潮目に置かれた2013年開催の美術展のうち、「柳宗悦展」について報告したい。柳宗悦の展覧会は前述したように、2005年のソウル歴史博物館での企画、2006年のイルミン美術館における企画、と相次いで開かれた。これはどちらも、とくに日本と朝鮮との関係のなかでの柳の収集と活動についての企画であった。これにたいし、2013年に韓国国立現代美術館と日本民芸館との共催で実現した「柳宗悦展」（2013年5月25日～7月21日）は、柳宗悦の仕事の全体像を示し、朝鮮半島における柳の収集品のみならず西欧文化のウィリアム・ブレイク研究や沖縄・東南アジアなどからの収集品も展示された。柳の仕事を、日韓併合時代の政治性の枠の中でのみ理解するのではなく、文化的境界を超える可能性や近代デザインの起源としての再評価という観点からみることを提案した、画期的な企画であったといえよう。もちろん、いまだ繰り返される柳批判を承知しないわけではないが、それよりも、芸術が人間そのものから生まれるのだという人本主義への柳の確信を中心においた企画展であったことは注目するべきであろう。主任学芸員である柳枝延研究員は、西洋から朝鮮、中国、日本へと関心を移していく柳には常に周辺への関心があったことを指摘し、そのなかで美とは何かという問いかけにたいする探究を続けていた、という柳の姿勢を紹介するとともに、以下のように言葉を続ける。

　　柳宗悦の民藝論に対する批判の意見もある。彼は芸術を愛好し、いろいろな民族の固有の芸術を愛したが、地元の人々が本当に望んでいたことが何であったかを直接語ることについては微温的な姿勢をとった。最も代表的な例としては朝鮮を上げることができる。従って、彼の芸術論は、日本帝国主義の政策を乗り越えることはできないという指摘もある。しかし、何よりも彼は、芸術とは、政治、経済的な関心から離れ、人間から生まれるものであるという人本主義を主張し、平和思想を表出した。民藝という概念の設定、そして民藝運動、民藝館の設立などの彼の努力は、古いものの保存・継承という退歩的な運動ではなく、自分が生活している地域で使われ発見される日常的なものの価値を通じて、未来の創造をリードしようと

する試みであった。そして民藝は、今日においても依然として有効な、生活のための文化そのものを意味しているのである。（柳枝延2013：164）

　この展覧会では、柳が文字を芸術として表現する手法を韓国に伝えたことや、韓国におけるものの見方や美のシステムの基礎をつくったことが紹介され、柳を学ぶことは韓国の原点をもう一度捉え直すことだ、という意義が表明された。また、柳の発見は、日本や韓国といった国家や文化の枠組みのなかでのとらえられるべきではなく、むしろ、普遍的な美に通じるものであり世界的な評価に堪えうるものとして、比較美学や比較芸術学の観点から多くの研究者が注目し始めている、という最近の研究の動向も報告された。このことは、ソウルで柳展を開催する意味が大きいという含意ももちろんあった。このことは長年歴史問題の呪縛を超えられなかった柳宗悦の理解のみならず、日韓の文化の自由な相互評価への可能性をも模索しようとするものだった。現代美術館では長い間実現できなかった柳展の企画を実現した、ひとつの成果であるとともに、未来志向の発信であった。

　そしてこの企画は実際に大成功であったといってよい。来場者は6万人を超え、若い世代の来場者も目立った。来場者アンケートを単純集計したものによれば、来場者の43％が30歳以下の世代であり、これに30代26％を加えると、3分の2を超える。光復はもちろん朝鮮戦争も知らない、若い世代である。また、その来場者の印象に残った展示品も、半数以上が朝鮮時代の工芸品を挙げているものの、また半数以上がバーナード・リーチや日本、中国、台湾などに広がるアジアの工芸品にも目を向けていることも、特記するべき成果だといわなければならない。柳宗悦展がめざしたメッセージは、少なくとも実際に展覧会に足を運んだ若い世代にはとどいたのではないだろうか。歴史の呪縛からものを見るだけではなく、それを凌駕した立ち位置から感じたり判断できる社会層が、実際には広がっていると考えるべきであろう。このように博物館は、実際にものを見て、来場者のひとりひとりがメッセージを自らの力で受け止めるという経験の場として存在する。

柳宗悦展来場者アンケート（有効回答数146）

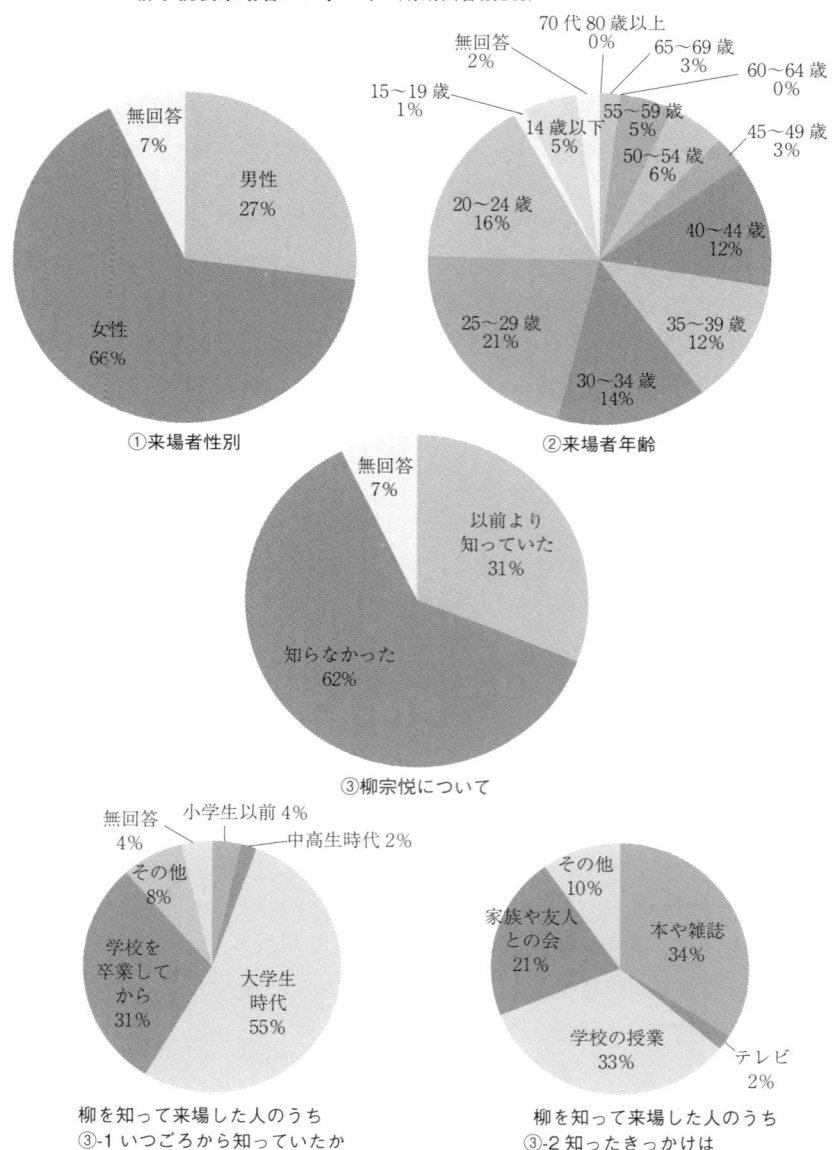

①来場者性別
- 男性 27%
- 女性 66%
- 無回答 7%

②来場者年齢
- 14歳以下 5%
- 15～19歳 1%
- 20～24歳 16%
- 25～29歳 21%
- 30～34歳 14%
- 35～39歳 12%
- 40～44歳 12%
- 45～49歳 3%
- 50～54歳 6%
- 55～59歳 5%
- 60～64歳 0%
- 65～69歳 3%
- 70代 0%
- 80歳以上 0%
- 無回答 2%

③柳宗悦について
- 以前より知っていた 31%
- 知らなかった 62%
- 無回答 7%

③-1 柳を知って来場した人のうち いつごろから知っていたか
- 小学生以前 4%
- 中高生時代 2%
- 大学生時代 55%
- 学校を卒業してから 31%
- その他 8%
- 無回答 4%

③-2 柳を知って来場した人のうち 知ったきっかけは
- 本や雑誌 34%
- テレビ 2%
- 学校の授業 33%
- 家族や友人との会 21%
- その他 10%

第7章　韓国の博物館における日本の表象

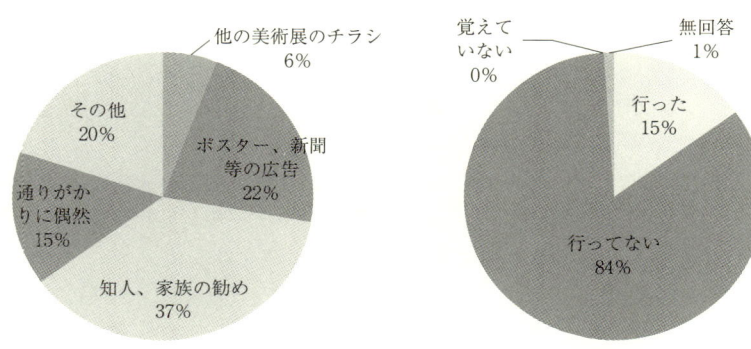

④展覧会を何で知ったか
- 他の美術展のチラシ 6%
- ボスター、新聞等の広告 22%
- 知人、家族の勧め 37%
- 通りがかりに偶然 15%
- その他 20%

⑤2006年の展示会に行ったか
- 覚えていない 0%
- 無回答 1%
- 行った 15%
- 行ってない 84%

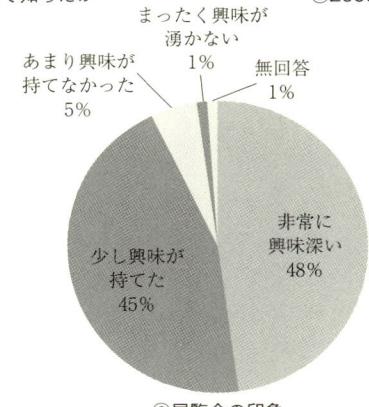

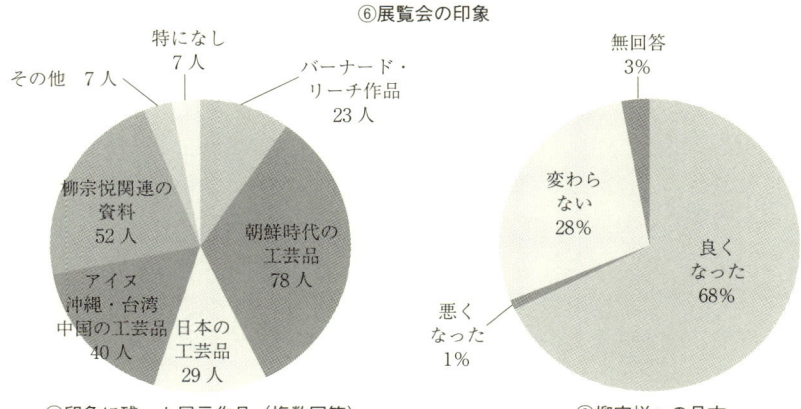

⑥展覧会の印象
- まったく興味が湧かない 1%
- 無回答 1%
- あまり興味が持てなかった 5%
- 少し興味が持てた 45%
- 非常に興味深い 48%

⑦印象に残った展示作品（複数回答）
- その他 7人
- 特になし 7人
- バーナード・リーチ作品 23人
- 柳宗悦関連の資料 52人
- 朝鮮時代の工芸品 78人
- アイヌ沖縄・台湾中国の工芸品 40人
- 日本の工芸品 29人

⑧柳宗悦への見方
- 無回答 3%
- 変わらない 28%
- 良くなった 68%
- 悪くなった 1%

137

3　記者会見というディスコミュニケーション？

　新しく両国の文化の相互認識をつくりたいという、2013年の展覧会に結実した博物館の試みは、大衆文化開放と韓流などの空気に守られて実現したものであり、その穏やかな時代は長く続かなかった。李明博大統領が竹島／独島に上陸した事件、日本の側も安倍政権が成立し、従軍慰安婦についての言及や靖国参拝などから相互に関係を悪化させる状況が、残念ながら急激に拡大した。この2012年ごろからの両国関係の急速な冷却化は、ミュージアムの状況にも影を落としたといってよいだろう。すでに準備をかなりの程度終えた企画、すなわち2013年に次々と実現する上記の企画については開催にこぎつけたものの、その後の成り行きは思わしくない。

　2013年5月22日、柳宗悦展のオープン前々日に、この展覧会についての記者会見がおこなわれた。学芸員の柳枝延さんから、前述したようなこの企画展の説明があり、韓国美術や美学において柳宗悦がもつ文化的意味について説明があった。しかしこの日のプレス会見は、博物館が発信しようとしていた努力が、記者たちによって跳ね返されてしまったようであった。

　プレスは、大同小異、ひとつの関心のみに反応した。「韓日関係が冷えているこの時期に、いま、なぜ、柳の展覧会なのか」。

　もちろん、柳学芸員は上述したような、文化の個別的で政治的な関係性を超える、美学としての、あるいは平和思想としての、柳の全体像について、言葉を変えながら説明を繰り返すのであるが、やがて、柳研究員の苦渋が顔ににじみ出てくるのが見て取れた。私が彼女にインタビューできたのは、このプレス会見の日の3日後のことであったが[2]、いまなおその口調は口惜しさに満ちていた。

　口惜しさとは、以下のようなことである。すなわち、若い記者たちは、まず、柳宗悦の文化的価値についての説明を理解できない、あるいは理解しようとしないのではないか。伝える仕事をする人間として不勉強ではないか、という基本的な疑問が湧き上がるのを制しようがないのである。記者の認識枠組みのなかに圧倒的に政治的なものが前面にあって、その枠組みは繰り返されるステレオタイプそのものでしかないのだが、それを超える枠組みで考えようとはしないし、その必要もないと思われている。前述したようにこの企画展そのものは、

第7章　韓国の博物館における日本の表象

歴史的な背景を乗り越えようとする視点から生まれたものであり、そのように説明しているにもかかわらず、この柳宗悦展の政治的背景について問う質問ばかりだったので、柳研究員からはそれへの不満が述懐された。筆者自身も同感であった。実際、このプレス向けの会見からインタビューまでの3日間のあいだに報道されたこの展覧会に関する記事のなかで、柳学芸員によれば、彼女の説明した展覧会の意図を、多少なりとも汲んだうえで発信された記事は、わずか一つにすぎなかったという。

　柳学芸員は、このようなディスコミュニケーションは、30歳代以下の、ブログ・インターネットの世代の記者との間には、しばしば起こることだという。すなわち、この世代にとっては、短いメッセージの繰り返しこそがコミュニケーションそのものになっているのであり、長いメッセージや複雑なメッセージは、伝えない、伝わらないだけではなく、許されない状況にも陥っているのだという。インターネットに載らないこと、イコール、存在しないこと、なのである。これは、当事者が無意識のうちに、深い理解そのものを拒絶し複眼的思考を否定してしまう文化だということであり、したがって、深いメッセージを送っても、その理解は平面的な情報として変換されてしまう。また、伝達の経済からであろう、感情的な表現が浸透しやすく、利用されやすい。柳宗悦という、近代史のなかで重要だが議論も多い人物であったから単純には理解されない、という問題はあったにせよ、メディア環境そのものが複雑で多層的な理解を阻んでいるということも、この事態の原因だと考えられる。

　このメディア環境の問題に加えて韓国特有の文化の問題もある、と柳学芸員はいう。すなわち、韓国のインターネット世代は、はるか昔に漢字文化と断絶した世代である。韓国そのものが漢字文化から離れていくが、漢字から離れるにしたがって東洋の歴史への関心や文化理解が難しくなる。その結果、自分たちの文化の基盤にたいしても、理解が深められないことが大いにあるのであり、柳学芸員は、これは問題だと感じている。たとえば、韓国近代美学における柳の貢献のひとつに、文字という形象の芸術化があるが、それ自体がすでにはじめから理解の枠外にしか置かれないのだ。重層的な意味のやりとりは、ジャーナリストが間に入ることによって阻まれてしまう。

　文化・芸術作品、あるいは文化財が、どのように人々に理解され受け止められるべきか。それをコントロールするのはジャーナリズムの仕事ではない。博

物館は、展示品をつうじて、ひとりひとりの感受性に訴えかけようとする。そこから異質な感性や考え方が私たちを刺激し、触発し、人間の可能性の世界を広げていくのがその重要な役割である。実際、展覧会の来場者の受け止め方を見ると、博物館の試みは成功しているように感じられる。しかし、最初にこの展覧会の報道に接した多くの人々にとっては、政治的な色彩でフィルターをかけられた展覧会となり、その展覧会の意味も、報道を通すことによって傷つけられてしまうのであり、傷つけられていることも気づかれることはないのだ。このパラドックスをどのように乗り越えていけるだろうか。

　報道が暴力にもなりうる、というのは、じつに古くて、つねに新しいフレーズである。何のために伝えるのか。そのためにどのような方法が必要なのか。これはひとりの記者でどうなるものでもないのかもしれない。しかし、自分の言葉が客観的に見てどのような質や性格に陥りがちなのかについて理解をしておくことは、報道に携わる人間として、困難なことであっても必要なことである。それを怠るとすれば、ジャーナリストの傲慢として、激しく非難されるべきであろう。

4　ジャーナリズムのなかの言論封鎖——文化財の政治的利用をめぐって

　日韓関係のその後の冷え込みは著しく、博物館をめぐる状況もまた、日本にかかわるものについては2002年以前の厳しい環境に戻ってしまったようである。日韓融和に向かうと思われた政治環境のなかで進められた菅首相時代の「朝鮮王朝儀軌」の返還から端を発して、文化財返還問題があらたな政治課題として現われた。2011年に李明博大統領のもと、海外の文化財を取り戻す政府レベルの機構の設置が指示され、2012年には、韓国の文化財庁のなかに「国外所在文化財財団」という外郭団体がつくられた。これが海外文化財返還の公式の窓口として設置されたのだ。ただそれ以後、海外文化財返還を正当化する言論を背景に、窃盗や破壊事件がおこる時代を招いてしまったことには、誰もが胸を痛めるのではなかろうか。長い歴史に基礎づけられた文化財を、それがいかなる歴史的変遷を経たものであったにせよ、そこに連なる人間として、「守る」ことにおいて協力するべきではないかと考えるのは私一人ではないであろう。

第7章　韓国の博物館における日本の表象

　2012年に対馬の寺から重要文化財の仏像が盗まれ、その後、窃盗犯も逮捕され仏像も無事回収されたにもかかわらず、韓国の裁判所が日本への返還の差し止めをすることになった事件は、両国で大きく報道された（『中央日報』2013.1.30）。このインパクトは両国の文化交流や博物館活動にとって、大きかった。
　たとえば、九州国立博物館と韓国の博物館の共催で2014年に開催が予定され準備が進んでいた『(大) 百済展』(仮)は、九州と奈良の国立博物館とその後韓国の三つの博物館で巡回が予定されていたが、この事件をきっかけとして、文化財出品を依頼された所蔵者から、展覧会出品への危惧が次々と呈せられ、この年の開催は延期せざるを得ない事態に至った（『西日本新聞』2013.5.1）。結局は、韓国の博物館との共催は取りやめたかたちで、日本の文化庁と九州国博などの日本側の組織が共同主催者となり、2015年正月から２ヵ月にわたり、『古代日本と百済の交流――大宰府・飛鳥そして公州・扶餘』展として開催にこぎつけた。　この展覧会は、東アジアの玄関にあたる九州が、大和朝廷とは別に東アジアとの国際関係上必要として設置した防御の拠点、水城、大野城、基肄城が、築城1350年を迎えることを記念して企画されたものであり（九州国立博物館2015)、同時の同盟国百済との関わりを確認でき、かつ東アジアの文化交流をも捉えなおすという、意義あるものだった。現在の国家や国境に縛られた視点ではなく、別の歴史的視点からの認識を重層的に学ぶことによって、自らの文化を捉えなおし相互的な尊重に結び付けていくことは、博物館のみならず文化の相互理解のためには必要不可欠な行為なのである。
　またこれは日本側だけのことではなかった。慶尚南道梁山遺物展示館が、この展示館からすぐのところにある、伽耶様式の６世紀の古墳である夫婦塚についての遺物を中心にした展示会開催のために、伽耶の宝物の貸与についての相談を東京国立博物館にもちかけたのは2013年初頭、ちょうど対馬の仏像盗難の事件のころだった。この古墳は1920年代に総督府が発掘調査をしてその後遺物は日本に運ばれていた。1965年の国交正常化への準備のなかでおこなわれた文化財返還交渉のなかで、この遺物は日本で保存することで合意されたものだった。この交渉のなかで、67点の遺物が東京国立博物館から貸与されたが、一番中心的な文化財「夫婦塚金銅冠」については貸与されず、入口中央に置かれたメインの展示にはレプリカが置かれた。貸与を断わった東京国立博物館の

説明は、この金銅冠は移動中の破損の危険が高いため、というものだった。もちろんその説明は本当かもしれない。しかしこの時期だったこともあり、韓国メディアはこの事件を報道するにあたり、当時の国財所在文化財財団の安輝濬理事長が「海外搬出文化財を借りてくることもできない現実が残念」と述べたことを伝えている（『中央日報』2013.11.22）。この言葉の裏には、このような事件が１件にはとどまらなかったであろうことが推察できよう。安理事長は、対馬の寺から仏像が盗難された事件に関し、韓国政府がそれが合法的な流出であることを証明できるまで返還を禁止するという判決を下したことについて、「あの判決による文化財分野の被害は甚だしい。日本の文化財界全体が反韓ムードに転じた。返還と関係ない交流行事にも、日本の専門家たちは来ようとしない」（『中央日報』2014.4.21）と述べている。

　博物館や文化財に関わる人々の、このような嘆きにかかわらず、ジャーナリズムによる文化財の政治的利用は、とどまるところを知らない。

　2014年秋、韓国国立中央博物館で「東洋を収集する――日帝強制占領期間のアジア文化財の収集と展示」という企画展があった。1908〜1945までの総督府による収集について、その収集の視点と広がりについて考えさせるものだった。残念ながら私自身はここに足を運ぶことができず、実際の展示室を見ることができなかったのだが、このような企画展を開くことの意味は想像できる。その収集は、東アジア古代全域、さらに西域美術にも広がっており、また仏教彫刻の歴史から日本近代美術にまでに至るものである。その展示とともに日韓のみならず東アジアの底辺にある美術の類似性共通性を示すケースもあったという。朝鮮半島の文化統治という一つの枠組みだけでこれをどのように理解するのか、そこを考えるのはなかなか困難であろう。また、これが重要な知的営為を引き出す可能性があるのではないか、そのような期待に根拠がないとはいえないだろう。文化や歴史に対して、多様で複眼的な接近を可能にし、広げていくことは、研究者にとって本質的な使命である。

　しかし、この展覧会に対する報道は、何とも歯切れの悪いものだった。

　『中央日報』の記事から引いてみよう。「「なぜ今なのか」という残念な気持ちを抱いて入った……国立中央博物館アジア部の苦悩がにじみ出ている地味な構成だ」、「日帝が文化統治のための代表資料として活用したという西域美術コーナーや……韓日仏教彫刻の類似性を強調したという仏教美術ショーケース

も光を失った」という記者の言葉が続く。そして学者の言葉、「日帝占領期間の博物館について「植民地侵略政策の一環として登場した点、初めから行政力をつうじて進められた点で限界がある」と指摘」、「古跡調査事業が1902年に始まったことを念頭におくなら既に併合前から文化を通じた統治が始まっていたとみなければならない」という部分をこの報道記事のなかに引用した。最後に「一言で「文化侵略」だったということだ」と単純に結論づけてしまうのである（『中央日報』2014.10.29）。

　もっとも文化財の扱いに対するジャーナリズムのステレオタイプは、対日本だけに使われているのではない。アメリカやフランスからの文化財返還の記事においても、同様である。記事を書く当事者にあるのは、「文化財の海外流出は亡国の歴史をもつ韓国の屈辱そのものである」、だからこそ、「文化財は取り戻されなければならない」、という根源的な剥奪意識である。フランスに1866年に持ちだされた『外奎章閣図書』が返還された2011年の記事には、以下のようにある。「沈んでいく朝鮮、亡国の恥辱が沁みこんだ外奎章閣図書は、単なる文化財返還以上の意味を持つ。弱肉強食の国際秩序のなかで力が弱かった先祖が奪われた宝物が、韓国の飛行機に乗せられて今日、故郷に帰ってくるのだ。大韓民国が　これほど大きくなったことで、交渉に17年がかかったとはいえ、私たちの懐に戻ってくることになったのではないか。国力がないために受ける屈辱、二度と繰り返されてはならない」（『中央日報』2011.4.14社説）。まるで、文化財は国力をはかる物差し以外の何ものでもないかのようだ。

　ジャーナリストが政治的剥奪感にとらわれ、博物館あるいは学芸員の意図を単純化し、従来のステレオタイプ的な言説を繰り返し、それが最終的に、人々が文化芸術作品と出会うことの可能性を傷つけている、という現象。2013年の柳宗悦展の報道のなかにみられた陥穽が、無数に繰り返されているのではないだろうか。ジャーナリズム自体がいかに政治的か、ということを自覚することがない限り、歴史も文化も、新しい時代が切り開かれることはない。

5　歴史的トラウマを超えて

　博物館あるいは文化財は、両国の相互理解を進めるためのメディアとなりうるのだろうか。この問いに答えるのは難しい。近代帝国主義的な文化政治の先

兵としてのみ博物館が想定されている限り、これはほとんど不可能だろう。わかりやすく単純な理解を手っ取り早く広報するために語られる、文化解釈のストーリーは、マスコミと政治に利用されるが、そこに求められている〈わかりやすさの経済〉は、必然的に〈わかりにくさの深み〉とその多様性や重層性を許容する文化の土壌を、決して耕すことをしない。マスコミ、あるいは記者が、時の政権の先兵としてではなく、市民的理性の守り手であり、あらゆる権力の相対化をその使命とするならば、この陥穽を深く意識する必要がある。前述した柳宗悦展、百済展にしても、歴史とそれに連なる現在を、直近の政治情勢に近視眼的にとらわれることなく、複眼的に、多層的に、理解する可能性を開こうとする博物館の努力や企画は、実はたくさんあるのではないだろうか。しかしながら、現状をみると、ひとつひとつの博物館の挑戦とその意義を伝えることのできるメディアはなく、結局は、両国の相互理解につながるにはまだ遠く、ステレオタイプの修正に少しでも寄与するものになったかといえば、確認することは難しい。

　ひるがえって、現在の博物館では多様な発信の試みがなされているかもしれないことに、私たちは気づかなければならないだろう。政治的な枠組みを超えて、歴史や文化からの学びに複眼的なメッセージを自ら発見させる仕掛けは、文化の多様性とその共存の時代にふさわしい発信となりうる。博物館が政治的にメッセージを押し売りするのではなく、受け手による理解の可能性を許容する場合、そこに再構成された記憶の全体像は必ずしも調和的な世界図として簡単に描くことはできないかもしれない。とはいえ、相互理解が予定調和に帰着するという幻想はもはや捨てるべきであろう。そこには雑音もあり、摩擦もあり、しかしそのなかでこそ相互理解は醸成されていくものなのである。少なくとも、雑音や摩擦がおこる自由は、守られなければならない。

　ここでもまた、私たちは試されている。不協和音を許容しつつ受け入れる柔軟な文化力を、私たちは本当に信じられるのだろうか、と。難しいことだが、異文化の相互理解に近道はない。

注
(1) 2013年7月22日12：00〜13：00、韓国国立民俗博物館近くのカフェにて、イルミン美術館での「文化的記憶——柳宗悦が発見した朝鮮と日本」展当時の学芸員で

あったカン・ソンウォン（Kang Sung weon）学芸員にインタビュー。悪天候のなかインタビューに応じていただいた。謝意を表したい。
(2) 2013年5月26日14：00～15：30、徳寿宮美術館の外庭にて、柳宗悦展の主任学芸員である柳枝延氏にインタビュー。柳氏には柳宗悦展来場者アンケートなどにもご協力いただいた。深く謝意を表したい。
　なお、柳宗悦展を韓国現代美術館と共催した日本民藝館にもご協力いただいた。とくに日本民藝館学芸部長の杉山享司氏には多大なご助力をいただいた。あわせて謝意を表したい。

参考文献

韓国国立博物館（2002）『韓国国立博物館年報2002』、韓国国立中央博物館
九州国立博物館（2015）　http://www.kyuhaku.jp/exhibition/exhibition_s38.html　2015.6.22閲覧
『中央日報』　2011.4.14　日本語電子版　社説「145年ぶりに故郷に戻る外奎章閣図書」
『中央日報』　2013.1.30　日本語電子版記事「〈対馬の仏像窃盗〉返すべきか……「その前に流出経緯の確認が必要」」
『中央日報』　2013.11.22　日本語電子版記事「伽耶宝物の帰国展示会では模造品の金銅冠が……東京国立博物館が貸与を断ったため」
『中央日報』　2014.10.29　日本語電子版記事「日帝が収集したアジア文化遺産、植民地朝鮮博物館が封印を解く」
『中央日報』　2014.4.21　日本語電子版記事「日本から盗み出した仏像、戻さなくては」
『西日本新聞』　2013.5.1　電子版記事「仏像盗難受け、「百済」展　断念　九州国博方針」
三村京子（2006）「柳宗悦　真美に生きた開拓者」『文化的記憶――柳宗悦が発見した朝鮮と日本』イルミン美術館
柳枝延（2013）「柳宗悦：美の探究旅程」『柳宗悦展』韓国国立現代美術館

第8章
1970-80年代における韓国の対日情報発信
―― 対外広報誌『アジア公論』を中心に

田中則広

1 はじめに

　1970年代から80年代にかけての韓国は、政治的には79年と87年の2回にわたって体制危機の混乱が生じ、経済的には70年代の重化学工業推進による経済基盤の構築と、80年代以降の高度成長の進展といった大きな変革の時期にあった。しかし、北朝鮮との関係は、東西のデタントが進むなか、70年代前半には南北対話が始まるなど一時的には活発な動きを見せたものの、ほどなくして膠着状態に陥った。そして74年以降、北朝鮮が軍事境界線を越えて韓国側に掘り進めた地下トンネルが立て続けに発見されたことや、76年に板門店で国連軍のアメリカ陸軍将校2名が朝鮮人民軍の兵士によって殺害された「ポプラ事件」の発生によって、北朝鮮との平和統一を望む韓国側の期待感は不信感へと変わった。80年代に入っても、80年の南北総理会談のための実務接触や、84年の水害救援物資の引渡し・引受けにともなう南北対話、それに、85年の南北分断後初となる南北離散家族の故郷訪問および芸術公演団の同時交換訪問が実現する一方で、ビルマ（当時）を訪問中の韓国の閣僚らが爆殺された83年のラングーン事件や、乗客・乗員115名全員が犠牲となった87年の大韓航空機爆破事件など、北朝鮮によって引き起こされたテロにより、南北関係は大きく進展することなく、時に緊張が高まることさえあった。
　この時期、韓国が置かれた状況を国際社会に発信する役割を担っていたのが、社団法人韓国弘報協会（後に韓国国際文化協会と改称）であった。形式上は民間組織であったが、実際には事業運営にあたって政府や国営企業の広告代行業務を独占できる権利を政府から与えられることで財源を確保していた。

第8章　1970-80年代における韓国の対日情報発信

　本稿で取り上げる『アジア公論』は、日本国内の読者に向けて日本語で情報発信を行なうべく、韓国弘報協会が1972年から87年にかけてソウルで印刷・発行した月刊広報誌で、国際郵便で読者に届けられたほか、韓国国内の主要ホテルでも販売された。同誌の特徴として、まず、対外広報誌でありながらも写真を主体としたグラフ誌ではなく、活字主体の雑誌であったという点が挙げられる。これは、とかく意見の対立が生じ易い日韓両国の相互理解を深めるため、韓国の知識人の考え方、ものごとのとらえ方などを日本の人々に知ってもらうことに重点が置かれたからであった。また、韓国の「生の声」を日本の読者に伝えるため、『アジア公論』に掲載される論文や記事などの大半は日本人に向けて書かれた文章ではなく、大学教員や記者など韓国の知識層が韓国国内の新聞、雑誌、学会などに発表したものであったという点も特徴の一つである。これら国内向けに書かれたもののなかから編集担当者が掲載内容を選び、日本語翻訳を経て日本の読者に紹介していたのである。
　しかし、『アジア公論』はこれまで、研究対象として注目されることはなく、先行研究も皆無であった。そこで本稿では、1970年代から80年代にかけて韓国の対外広報誌による対日宣伝の一端を解明すべく、『アジア公論』が比較的多く取り上げていたテーマのなかから、「北朝鮮」「歴史・文化」「経済」に焦点を当て、時間の経過とともにこれらのテーマの扱いがどのように変化したのか、また、各テーマの時期ごとの特徴について検討を試みた。

2　韓国弘報協会の設立経緯と『アジア公論』の概要

　『アジア公論』の発行母体である韓国弘報協会（1972年2月～76年3月）および韓国国際文化協会（1976年3月～87年12月）は、外交部（日本の外務省に相当、名称は2016年2月現在）傘下で、韓国の対外交流事業の拠点となっている韓国国際交流財団の前身機関である。1970年代初頭、アメリカと中国が急接近し、アメリカとソ連との間でもデタントが進展するなど、国際環境の変化にともなう影響がアジア各国に波及した。朝鮮半島においては、南北の赤十字による接触が始まり、やがて李厚洛韓国中央情報部長と朴成哲北朝鮮第二副首相が秘密裏に相互訪問して統一問題を討議した結果、72年7月4日には朝鮮の自主的平和統一をうたった「南北共同声明」が発表されるに至った。朝鮮戦争以来途絶

えていた南北対話の再開により、南北交流の拡大や緊張緩和の進展が期待される一方、韓国政府は北朝鮮の積極的な対外宣伝に対して危機感を抱き、このことが国の対外宣伝に注力するための組織を設立する大きな要因ともなった。

 社団法人韓国弘報協会は急変する国際情勢と国際社会で北韓の偽装平和攻勢、そして、対南武力挑発の脅威など、国内外的に難しい状況の中で、政府の対外広報の努力と並行した民間次元での純粋広報機構設立の必要性が大きく台頭したことにより、1971年末、当時の金鍾泌国務総理の主導下に尹胄榮文化広報部長官の広報機構設立の努力、そして、関心ある各界人士たちの積極的な参与として広報機関設立の必要性が具体的に論議され、その方案を模索することにより、協会創立の胎動を見ることになった。我が国の真の姿を海外に広く知らせ、国際間の理解と親善を増進し、国際社会での北韓の虚偽宣伝を封鎖するという目標の下、……1972年2月18日、国内有数実業界および各界主要代表19名が発起人大会を持つことにより、社団法人韓国弘報協会が創立された。[1]

そして、発起人大会の開催から6日後の2月24日に創立総会が開催され、初代会長に国防部長官、反共聯盟理事を歴任した孫元一が選任され、民間レベルでの海外広報文化事業を担当する韓国弘報協会が正式に発足した[2]。

こうして設立された社団法人韓国弘報協会は、韓国の文化芸術および産業経済分野の発展の姿を海外に向けて広報し、国際親善活動を展開するために、①広報用刊行物発刊および映画製作、②民間広報事業の主幹および指導、③国際文化芸術の交流、④海外マスコミの活用、⑤著名人士および言論人相互交流などの事業を引き受けることになった[3]。

上記の事業のうち、①の「広報用刊行物」として発行されたのが韓国国内唯一の日本語総合月刊誌『アジア公論』であった。韓国弘報協会および韓国国際文化協会によって、1972年9月の創刊から韓国国際文化協会が発展的解消となる87年12月にかけて、通巻182号まで発行された。執筆者は韓国の大学教員や記者が中心で、もともと北朝鮮を意識して設立された組織による発行ではあったが、必ずしも同誌の内容が北朝鮮情報に偏っていたわけではなかった。政治、経済、社会、歴史、文化など幅広い分野から題材が集められ、主に日本

の知識人からなる読者に向けて、韓国の主張を発信していた。韓国の生の声を伝えることがこの雑誌の主要目的であったため、論文や記事の多くは韓国国内向けに書かれたものを翻訳して掲載していたが、同協会が主催したシンポジウムや座談会、後に初代文化部長官となる評論家の李御寧など韓国の知識人が『アジア公論』用に執筆したオリジナル原稿、それに日本や欧米諸国の大学教員などによる文章も紹介された。なお、発行部数は一部の期間を除き、毎月5000部であった。

『アジア公論』の誌面構成の一例として、1973年1月号の目次を次頁の表1に挙げた。全体で372頁からなり、随筆や詩などを除いた論文、論説、対談など（アミ掛け部分）の本数は34本である。これらのうち、最初に掲載されたのが朴正煕大統領の年頭記者会見の内容を抄訳した「国政改革の方向とその課題」で、21頁分を費やしている。これに続くのが、北朝鮮との統一問題にふれた「共存時代と韓半島の未来」、韓国経済について言及した「1973年の韓国経済」と「80年代韓国経済の未来像」である。また、北朝鮮と経済の双方をテーマとした「南北韓経済交流を打診する」や「1972年・韓国で何が起こったか」といった文章も紹介されている。しかし、このほかは多くが歴史や文化を扱ったものである。

執筆者に関しては、韓国の知識人の考えを日本側に伝えることが同誌の使命であるため、韓国人が大半を占めている。ただしこの号では、日本と韓国の間の歴史・文化を扱った「特集・古代韓日文化交流の足跡」が組まれていることもあり、特集を構成する12本の論文のうち4本が、日本人の大学教員によるものである。引用元としては東亜日報社が発行する月刊誌『新東亜』が10本で、他の新聞や雑誌に比べて圧倒的に多い。「李御寧エッセイ」は、前述した李御寧が毎月、同誌のために執筆したものである。そして最後に、戯曲「春香伝（続）」、小説「張氏一家」、小説「板門店」が紹介され、トータルで73頁分を費やしている。

3 『アジア公論』の主要テーマと量的変化

この節では、『アジア公論』に掲載された論文や記事などのうち、「北朝鮮」「歴史・文化」「経済」の3つの主要なテーマについて検討する。これらのテー

表1 『アジア公論』1973年1月号・目次

執筆者（肩書）	タイトル	引用元	頁
	韓国の文化財シリーズ⑤　金銅半跏思惟像		15
	李朝絵画シリーズ（5）蓮塘		16
	全日本をゆさぶった美の使節		17
	【千字文】新憲法と政党政治の運営に寄せて		21
	【マスコミの表情】		22
	維新課業への信念・意志とその実践	京郷新聞	
	再確認した日本の対韓姿勢	大韓日報	
	高麗人蔘の声価	中央日報	
	米・日らの税関障壁	中央日報	
	工業所有権協定	中央日報	
	ニクソンの第37代大統領就任を祝う	京郷新聞	
	アスパックの歩むべき道	東亜日報	
アジア公論編集室編	国政改革の方向とその課題 ――朴正熙大統領の年頭記者会見要旨	年頭記者会見	33
金相浹（高麗大学総長）	共存時代と韓半島の未来	新東亜	54
李滿基（韓国投資開発公社副総裁）	1973年の韓国経済	世代	73
朴敏善（経済評論家）	80年代韓国経済の未来像		78
徐定九（京郷新聞駐米特派員） ロス・テリル（ハーバード大学教授） 金正源（京郷新聞論説委員）	〈鼎談〉73年の世界とアジア ――未知の競争場としてのアジア	京郷新聞	86
盧明溶（外国語大学助教授）	第七海底鉱区の法理論	新東亜	93
李範錫（南北赤十字会談韓国首席代表） 朱耀翰（海運公社社長）	〈対談〉対話の新時代は開く	大韓日報	102
李圭東（中央日報論説委員）	南北韓経済交流を打診する	中央日報	108
李鏞薫（韓国日報政治部記者）	1972年・韓国で何が起こったか	韓国日報	115
	【特集　古代韓日文化交流の足跡】		
江上波夫（東京大学教授）	古代日本の国家形成と騎馬民族	新東亜	122
金基雄（考古学者）	古墳を通じて見た韓国と日本		131
金廷鶴（釜山大学教授）	任那日本府説の虚構	新東亜	140
金烈圭（ソウル大学教授）	韓国と日本の神話	新東亜	148
文定昌（国史学者）	古代日本の支配層と三韓三国		156
韓炳三（国立博物館考古課長）	彌生文化に映った韓国と日本	新東亜	168

第8章　1970-80年代における韓国の対日情報発信

大野晋（学習院大学教授）	日韓両国の方位語について	新東亜	176
李基文（ソウル大学副教授）	言語上から見た古代韓日関係	新東亜	180
田村圓澄（九州大学教授）	八幡神に関する考察		188
李基白（西江大学教授）	古代韓日関係史研究の方向		194
今井啓一（大阪樟蔭女子大学教授）	渡来人と古代日本文化		199
徐基源（作家）	帰順した豊臣秀吉の先鋒将	世代	204
李庸民（映画人・鳥類研究家）	木叩キを尋ねて三十年	月刊中央	210
呉益洙（真露酒造（株）宣伝部長）	人蔘酒・法酒の今昔談		218
金仁杰（旅行家）	観光風物誌⑤　神秘の郷・鶏竜山		221
梁秉祐（ソウル大学教授）	世界史と民族史	新東亜	225
李哲範（文学評論家）	現代文学と歴史認識	世代	232
李洪九（ソウル大学教授）	幻想を越えて	新東亜	241
韓徳竜（中央大学教授）辛東門（詩人）	〈対談〉ニンニクは第二の人蔘	世代	246
李瑞求（劇作家）	李朝オンナのあで姿		253
池順鐸（陶芸家）	高麗の遺産を再現する	新東亜	262
鄭珖鎬（三宝学会幹事）	【随筆】朝鮮独立の書		272
高柄翊（ソウル大学文理大学長）	【随筆】昭陽江の湛水		274
趙炳華（慶熙大学文理大学長）	【詩】夜のものがたり（18）		274
宋建鎬（東亜日報論説委員）	【随筆】明けゆく社会		276
安章鉉（釜山大学教授）	【詩】流れはまたどのように		277
末永雅雄（橿原考古学研究所所長）	【随筆】韓国5日の旅		278
韓勝憲（弁護士）	【詩】露宿		279
朴在森（詩人）	【随筆】碁をなげるという事		280
趙心大（梨花女子大学教授）	【随筆】独り旅		281
法頂（僧侶）	【随筆】関心事		283
李御寧（評論家）	李御寧エッセイ④　童謡の代りに軍歌を		284
柳致真（作家）	戯曲　春香伝（続）		291
柳周鉉（作家）	張氏一家		322
李浩哲（作家）	板門店		338
アジア公論編集室編	巻末特別付録　韓国年表		364

（「引用元」については記載されている場合のみ）

マを重視する理由は、まず、「北朝鮮」については、韓国弘報協会の設立目的が北朝鮮の活発な対外宣伝に対抗する点にあったこと、また、韓国は日本に向けて、北朝鮮のいかなる側面をどのくらいの頻度で伝えようとしたのかについて検討することの重要性からである。次に、「歴史・文化」であるが、北朝鮮問題の重要性は認識しつつも、実際のところ、同誌に掲載された論文や記事の多くは歴史や文化に関する内容であったこと、また、日韓関係を考えるうえでも歴史や文化の問題は避けて通ることのできない題材であると考えられるからである。そして、「経済」についても、全体としての扱いは多くなかったが、日本との関係が深まるなかで韓国の経済が急成長し、「漢江の奇跡」と呼ばれるようになったこの時期、韓国は日本に向けてどのような経済関連情報を発信していたのかを見るために検討対象とした。なお、検討対象期間は、創刊翌年の1973年と終刊の87年、その中間となる80年の3年に限定した[4]。

　『アジア公論』における、主要テーマの掲載割合について見ていく。その際、編集室が冒頭に掲載する「千字文」(1983年11月号から「巻頭言」に名称変更)や、巻末の年表、各新聞社の解説記事を転載した「マスコミの表情」、随筆、詩などは除外した。また、各テーマの掲載本数については、論文、論説、対談などにおいて「主題」として扱われているか、あるいはそれに準じた扱いとなっている場合のみカウントした。さらに、「南北経済交流」といったケースでは、1本の論文であっても「北朝鮮」と「経済」のそれぞれで1本ずつカウントした。

　その結果、「北朝鮮」は1973年が44本、80年が42本、87年が25本、「歴史・文化」は73年が177本、80年が123本、87年が88本、「経済」は73年が43本、80年が20本、87年が8本となった。ただし、『アジア公論』の頁数は年を追うごとに削減され、それにともなって、論文や論説などの全体の掲載本数が減少しているという点を勘案せねばならない。『アジア公論』の全体の頁数であるが、73年は各号でばらつきがあり、322頁の月が7回と最も多かったが、多い月では372頁といった号もあり、平均すると332頁であった。論文、論説、対談などの年間掲載本数は356本となっている。これが80年になると1月号から6月号までは270頁、7月号から12月号までは220頁で、平均245頁となった。掲載本数は261本である。そして、87年には178頁の月が10回と最も多く、「創刊15周年記念号」の9月号が186頁、それに、最後の発行となった12月号が210頁であったため、平均すると181頁であった。掲載本数は132本である。

全体の掲載本数から各テーマの掲載割合を算出した結果、「北朝鮮」は73年が12％、80年が16％、87年が11％、「歴史・文化」は73年が50％、80年が47％、87年が67％、「経済」は73年が12％、80年が8％、87年が6％となった。

そこからは、「歴史・文化」に関する内容が、当初から全体の半数程度を占め、最終的にはさらにその割合が高まり、3分の2を占めるに至ったことが明らかになった。一方、「北朝鮮」に関しては、全斗煥政権が誕生した1980年には掲載割合が高く、また、「経済」に関しては、掲載割合が徐々に低下し、『アジア公論』の最終年には73年の半分の水準にまで落ち込んでいた。

4　1973年における『アジア公論』の情報発信

4-1　時代状況

1971年の米中関係改善の動きに触発され、朝鮮半島においても南北赤十字会談が開かれた。やがて双方の話合いは統一問題に関する政府間交渉にまで発展し、翌72年7月4日に「南北共同声明」となって結実した。しかし、南北の間で始まった対話は、それぞれの政権の権力強化に利用され、停滞状態に陥っていく。南北共同声明が発表されて間もなく、朴正熙大統領が、南北間の緊張緩和は「国力培養」のために必要なものであり、そのためには強力な政府が必要であると説いて回り、同年10月、厳戒態勢をしいて憲法改正の国民投票を実施し、いわゆる「維新憲法」を成立させた。この維新憲法では、多くの権限が大統領に付与された。大統領は直接国民によって選ばれるのではなく、「統一主体国民会議」という事実上の「御用選挙人団」による間接選挙で選ばれる形式を取るようになり、また、国会議員の3分の1は大統領が指名し、統一主体国民会議で選出されるようになった。さらに、この維新憲法によって大統領の多選阻止条項が外され、朴正熙大統領が強権をもって長期間独裁できる体制が保障された。

維新体制の下で反政府的な活動は厳しく統制され、政治的弾圧事件が続発した。1973年8月には、71年の大統領選挙で善戦し、朴正熙大統領の最大の政敵と目された金大中が、東京九段のホテル・グランドパレスから韓国中央情報部の要員によって拉致される事件が発生した。また、74年には、2人の日本人を含む180余名の青年や学生が「反国家的」な学生組織とみなされた全国民主青

年学生総連盟（略称、民青学連）の運動にかかわったかどで逮捕された。そして、人民革命党という北朝鮮系の地下革命政党の再建に関与したとして死刑判決を受けた8名の人々は、判決からわずか18時間後に死刑が執行された。こうした事例は、朴正熙政権下における人権弾圧の事例として知られている。さらに、この年の8月には大統領を狙撃しようとした銃弾を受けて陸英修大統領夫人が死亡する事件が発生した。その犯人として在日韓国人の文世光が逮捕されると、これを機に在日韓国・朝鮮人に対する監視や抑圧の体制が一層、強化された。

4-2 「北朝鮮」情報

『アジア公論』では毎号、数本の論文などをまとめて「特集」を組んだ。1973年の場合、北朝鮮に関係があるテーマは限られており、「特集　1950年6月25日」（1973年6月号）のみであった。この号では全348頁のうち、127頁が特集に割り当てられ、12本の論文や回顧録が紹介されている。掲載順に、ソウル大学の閔丙台教授による「六・二五の現代史的意義」、日本国際問題研究所の金正明研究員による「韓国動乱発端の史的考察」、元文教部長官の文熙奭による「北韓の軍事戦略」、時事問題研究家の梁容黙による「南侵準備に関する証言」、前ソ連共産党中央委員会第一書記兼首相、ニキータ・フルシチョフの回顧録の一部である「スターリンと韓国動乱」、元米国大統領、ハリー・トルーマンの回顧録の一部である「韓国動乱と米国の決断」、時事問題研究家の金相植による「その日のワシントン」、韓国動乱時の米国国務長官、ディーン・アチソンの自叙伝の一部である「南侵に対する国連の介入」、空軍大学の李鍾学教授による「ウェディマイア報告書と韓国動乱」、ルポライターの宋珪賢による「体験を綴った暗黒の歴史」、元国会議員で女流詩人の毛允淑による「地下生活の試練」、時事問題研究家の姜善中による「人民裁判という名の粛清」となっている。

これらの内容を見る限り、南北関係改善への期待を伝えると同時に、朝鮮戦争の際の朝鮮人民軍の残虐性をも知らしめようとしている。例えば、特集の冒頭に置かれた閔丙台の論文には、「分断された現状においても、統一への意欲と努力は持続されるべきである。これはすなわち、統一に備えた、自由に対する自主的精神と経済建設であり、ひいては、統一のための主体的基いを固めることだとも言えるであろう。これはわれわれの決意であると同時に、歴史にお

第8章　1970-80年代における韓国の対日情報発信

ける必然的な帰結でもある。このような意味で、昨年の七・四南北共同声明と、それに立脚して進められている南北の対話を、われわれは鋭意注視すると同時に、そこに切実な民族的悲願をかける次第である」[5]との記述が見られ、南北統一への望みと、南北共同声明をはじめとした一連の南北対話に対する期待が込められている。その一方で、朝鮮戦争発生直後の朝鮮人民軍占領下での体験談を綴った宋珪賢、毛允淑、姜善中の文章は、そのタイトル（サブタイトル）「体験を綴った暗黒の歴史（数百の生埋め死体と、偽装用に使われた米国軍死体）」「地下生活の試練（死をまぬかれた女流詩人の生々しい証言）」「人民裁判という名の粛清（共産主義社会の名物「人民裁判」の実態を被刑者らがあばく）」からも、朝鮮人民軍の恐ろしさを伝える内容であることがわかる。編集担当者は、この特集企画意図について次のように記している。

　　ここに特集として編んだ内容は、1950年6月25日、北韓側の南侵によってぼっ発した韓国動乱について、過去20数年にわたって発表されたのを整理・再録したものである。いまさら、韓国動乱に関する特集などとは時宜を得た発想ではないという意見もあったが、あえて特集にふみきった理由は、昨秋来、4半世紀にわたって分断状態にある祖国の平和的統一を熱望する5千万韓民族の要望に応えて、南北韓がイデオロギーと体制を超越し、対話を交わしているにもかかわらず、最近北韓側が、このような民族的努力に冷水をかけるかのようにいわゆる平和攻勢なるものをにわかに打ち出して、韓国動乱ぼっ発の責任を韓国側に転嫁している。ところで本誌は、読者諸賢に対しその真相をご理解いただくため、いまでは古典的文献視されている論文や証言、体験談などを紹介するのが義務であることを痛感したからである。[6]

南北共同声明の発表から日が浅いこともあり、特集以外の企画についても、南北対話に関するものが多数取り上げられている。特集と同様に毎号、座談会も企画されており、例えば、韓国弘報協会が1973年4月12日に行なった座談会の様子は独自企画の「座談会　南北対話の意義とその見通し」（1973年5月号）として掲載されている。参加者は秋聖七（『アジア公論』常任編集委員、司会者）、李永鎬（『アジア公論』編集委員、政治学博士）、崔文鉉（南北赤十字会談代表）、

155

韓完相(『アジア公論』編集委員、社会学博士)、金瓊元(『アジア公論』編集委員、政治学博士)、金鎮燮(京郷新聞、企画委員)、徐相喆(『アジア公論』編集委員、経済学博士)の7名である。南北共同声明から8カ月が経過し、南北対話に停滞感が漂うなか、これまでの経緯を回顧しながら、南北対話の歴史的意義や見通しについて議論している。

　この座談会で司会者を務めた秋聖七は同誌編集室の中核メンバーで、1973年には、『アジア公論』誌上において複数の論文、論説を発表している。南北対話を扱った「南北対話はどこまで来たか」(1973年6月号、「秋成漆」名での執筆)や「偽装された北韓の平和提案」(1973年7月号)のほか、北朝鮮に関して、「解放二十八年の足跡」(1973年8月号)、「第28次国連総会における韓国問題」(1973年9月号)、「国連同時加盟案と連邦制案」(1973年10月号)を発表、また、北朝鮮以外のテーマに関しても「朱民鎬」名で執筆を行なっている[7]。このうち、「南北対話はどこまで来たか」における秋の主張の核心は、北朝鮮は一貫した目標と戦略をもって南北対話を利用しており、北朝鮮の目標は依然として韓国における暴力革命と、これを通じた赤化統一であって、北朝鮮が南北対話に呼応したのも戦術として利用している、という点であった[8]。また、「偽装された北韓の平和提案」でも、南北共同声明は、祖国の統一は武力によらず、平和的に実現させなければならないとし、この点を全民族の前に公約したにもかかわらず、共同声明発表以後の北朝鮮の動向を見ると、平和統一を望んでいるのか疑わしい点が多い、と批判している[9]。北朝鮮が南北対話に応じた背景について秋は、革命統一という基本戦略を放棄して平和統一を目指したというよりは、北朝鮮の内部状況や国際情勢の変化、韓国の与件変化などといった多角的な状況判断から、南北対話を方便の一つとして利用するのが色々な面で有利だと見たからであった、と分析している[10]。そして、北朝鮮の主張と行動は、その一つ一つが赤化統一の野望に根ざした基本戦略に過ぎず、偽装平和攻勢であることを、いま一度直視する必要がある、と結論づけている[11]。

　このほか、緊張緩和の象徴的イベントとしての「南北共同声明」にスポットをあてた企画として、李範錫(南北赤十字会談韓国首席代表)[12]、朱耀翰(海運公社社長)[13]両氏による「対談 対話の新時代は開く」(1973年1月号)がある。1972年8月以降、4回にわたって開催されてきた南北赤十字会談の様子や、南北双方が断絶された状況下で生活をしてきたために、北の人々が抱く誤解や不

第8章　1970-80年代における韓国の対日情報発信

信をいかに払拭するかといった課題などを伝えている。

　毎号の冒頭に掲載される「千字文」には編集室の「声」が紹介されており、北朝鮮を主題にした内容としては、「南北調節委第二次会談に寄せて」(1973年4月号)、「平壤側は南北共同声明を遵守せよ」(1973年5月号)、「南北韓の同時招請と対決回避論」(1973年11月号) が挙げられる。主に、南北対話が遅々として進まない焦りや、韓国に対して非難や誹謗中傷を繰り返す北朝鮮の姿勢に対する不満などが記されている。

4-3　「歴史・文化」情報

　歴史や文化をテーマにした特集は、1973年に発行された『アジア公論』の特集企画の半分を占める。企画タイトルは、「古代韓日文化交流の足跡」(1973年1月号)、「三・一運動と自由闘争」(1973年3月号)、「韓国史の再建とその課題」(1973年4月号)、「韓日関係2000年」(1973年5月号)、「韓国民俗文化の再発見」(1973年11月号)、「韓日文化の比較研究」(1973年12月号) である。例えば、「三・一運動と自由闘争」は5本の論説、回顧録、座談会などで構成されており、このうち、西江大学の李基白教授の「三・一運動論」や、中央日報の李宗馥論説委員を司会者とし、韓国史や西洋史を専門とする5人の大学教授が参加した座談会「三・一運動」は、三・一運動発生から54年目を迎えた73年において、独立運動全体に関する史料整理の至急性を訴える内容となっている。この特集について『アジア公論』編集室は、「日本の一部の読者にとっては読みづらい点もあると思います。しかし韓国と日本の新しい友好時代をきりひらくうえでも、このような歴史的事実に目をそむけてはならず、かえってその真相をきわめてこそ両国の善隣はより真実にかためられるものだと信じます」[14]と記している。また、「韓国史の再建とその課題」には、『アジア公論』の独自企画で、「韓日文化交流史の再検討」と題する座談会が掲載されている。中央日報の李宗碩文化部次長を司会者に、出席者はソウル大学の尹武炳講師、国立博物館の黄寿永館長、文化財管理局の張籌根文化財専門委員、ソウル大学の張師勛助教授の計5人で、古代史を中心とした日韓文化交流問題の再検討を試みている。

　このほか、対外的に韓国の立場を主張する役割を担うという雑誌の性格上、特集としてではないが、1973年5月号の冒頭に、日韓の領土問題をめぐる歴史的考察を行なった論文を掲載している。嶺南大学総長の李瑄根による「独島の

157

領有権問題」と題する論文である。この論文の掲載にあたって編集室は、「ここ数年のあいだ、下火になっていた「独島」の領有権問題がまたも引きおこされた。すなわち、日本の大平外相は、去る韓日協定締結のときあと回しにされた独島問題を再論議すべきだと、最近、公式席上で発言している。これに対し韓国内では、大平発言が、多極時代に踏み入った世界情勢下における、日本の国際的地位の向上に便乗した言いがかりであるとみなし、独島の領有権を再確認する声が高まっている。本誌はここに、韓国史学界の泰斗であり、文教部長官を歴任したこともある現嶺南大学総長李瑄根博士の「独島の領有権をめぐる史的考察」を通じて、その韓国領有が自明な史実であることを明らかにしたい」[15]としている。

4-4 「経済」情報

　経済を扱った特集としては、「特集　飛躍段階の韓国経済」（1973年7月号）がある。この特集は、急速に発展を続ける韓国経済や、日韓の経済協力などについて検討したものである。前述した『アジア公論』常任編集委員の秋聖七が「朱民鎬」名で執筆、朴正熙政権下で成長を遂げた韓国経済の開発理念とその推進原動力について言及した「80年代への自主経済基盤」や、政府の主導で1971年以降、全国展開された地域社会開発運動「セマウル運動」の客観的必然性と経済的価値を検討した西江大学の李承潤教授による「セマウル運動の経済的意義」といった論文が含まれている。また、ソウルで開かれた大韓商工会議所主催の「韓日合弁投資講演会」において東京商工会議所の吉田要三中小企業委員長が行なった講演「韓日中小企業の経済協力」や、京郷新聞社主催の学術講演会で訪韓した日本開発銀行の下村治設備投資研究所長が行なった演説を要約した「激動する国際経済の中の韓国経済」など、日本人の専門家の話も掲載されている。

　この号のほかにも、「特集　日本人の知らない日本」（1973年9月号）に掲載された10本の論文のうち、高麗大学商学部の金完淳教授と韓国開発研究院の朱鶴中首席研究員による共同執筆論文「日本経済構造の虚実」と、明知大学の李聖根教授による論文「アジアにおける日本経済の役割」の2本が経済問題を扱っている。このうち、「日本経済構造の虚実」では、高度成長と構造変化がもたらした日本経済の脆弱性と副作用について言及している。また、「アジア

第8章　1970-80年代における韓国の対日情報発信

における日本経済の役割」では、かつての「大東亜共栄圏」、とりわけ東南アジア各国に経済進出するようになった日本に対し、「脱アジア」的態度を取ることのないよう、日本がアジアの平和と繁栄のために貢献するよう、不断の努力を重ねていくことの必要性を訴えている。

5　1980年における『アジア公論』の情報発信

5-1　時代状況

　1979年10月26日、朴正熙大統領は会食中、同席した中央情報部長の金載圭によって射殺された。事件後、崔圭夏国務総理（日本の首相に相当）が大統領代行となり、同年12月には統一主体国民会議によって正式に大統領に選出された。

　1979年末から翌80年初春にかけての韓国では、自由と民主主義の実現を目指す運動が勢いを得て、一般に「ソウルの春」と呼ばれる解放感に満ちた雰囲気が醸成された。学生運動は80年の新学期が始まると同時に活気づき、言論界でも維新憲法の廃止や統制の解除を求める声が高まっていた。また、不況のあおりを受けて生活苦に悩まされていた労働者たちも待遇改善を求めて行動を起こすようになり、80年4月に発生した江原道東原鉱山の労働者たちによるストライキは流血事件を引き起こすほど激しいものとなった。一方、崔圭夏大統領が誕生した79年12月には、戒厳司令部合同捜査本部長の全斗煥少将の命令で、戒厳司令官の鄭昇和参謀総長が逮捕された。逮捕理由は大統領暗殺による内乱を幇助した容疑であったが、根拠は薄弱であった。しかし、この軍内部の反乱事件「粛軍クーデター」によって全斗煥は軍の実権を握り、維新体制の存続が図られることになった。やがて、民主化を求めてデモを続ける民衆と、軍を中心とする維新体制維持勢力との間で、衝突は避けられない事態に陥っていく。崔圭夏政権は80年5月17日、戒厳令を全土に布告して、民主化運動の抑圧に乗り出したが、翌18日には金大中の地盤で民主化運動の拠点でもあった全羅南道・光州市で民主化を求める市民たちが軍と衝突し、多数の死傷者を出した。いわゆる「光州事件」である。一時は市内を占拠した市民が戒厳軍と攻防戦を展開したが、軍は最精鋭の空挺部隊を投入するなどして鎮圧に乗り出し、5月27日に制圧した。粛軍クーデターと光州事件の鎮圧によって権力の基盤を

159

固めた全斗煥は、崔圭夏大統領辞任後の9月、第11代韓国大統領に就任した。

　全斗煥政権は発足後まず、維新憲法の精神を受け継ぎながらも大統領の任期を1期7年とする第5共和国憲法を制定・公布した。政敵とみなされた金大中は軍事裁判にかけられて死刑を宣告され、有力な政治家たちは政治活動を禁止された。さらに中央情報部に代えて国家安全企画部が創設され、反共法を統合する形で国家保安法が改定された。こうして、新たな軍事的集権体制が整備され、1981年の初頭には全斗煥政権の与党となる民主正義党が組織された。

　また、南北関係に関しては、北朝鮮の李鐘玉政務院総理（日本の首相に相当）が、韓国の申鉉碻国務総理に宛てた書簡を通じて南北総理会談を提議したことによって、1980年2月から8月までの間、10回にわたって南北3名の実務代表が南北総理会談開催のための接触を持った。しかし、会談の場所は合意できたものの議題内容については合意に至らず、結果的には北朝鮮側によって中断された。

5-2　「北朝鮮」情報

　1980年における『アジア公論』の北朝鮮関連特集は「特集　統一韓国の未来像」（1980年2月号）、「特集Ⅱ・北韓研究」（1980年3月号）、「特集　シンポジウム：北韓の映画・演劇・言論」（1980年4月号）、「特集・分断国家の安全保障」（1980年8月号）の四つである。

　このうち、政治・外交などといった従来から取り上げられてきた硬派な内容の特集企画としては、「特集　分断国家の安全保障」（1980年8月号）がある。国防大学院の全正煥教授による「南北韓対立の不変要因と挑戦の克服」、忠南大学の李基遠教授による「緊張高潮と現状維持の力学」、それに、東国大学の関丙天教授による「分断国家の生存論理と韓国の安保」など6本で構成されており、いずれも韓国の雑誌『国際問題』からの転載である。一方、「特集Ⅱ　北韓研究」（1980年3月号）や「特集　シンポジウム：北韓の映画・演劇・言論」（1980年4月号）といった、文化面からのアプローチによるソフトな内容の特集企画も登場している。具体的内容について「特集Ⅱ　北韓研究」は掲載順に、評論家で東国大学の洪起三専任講師による「北韓の小説」、作家の辛相雄による「北韓の戯曲」、作家で『朝鮮日報』の鮮于輝主筆による「北韓の児童文学」、詩人の具常による「北韓の詩」、ソウル大学の金允植副教授による「北韓の評

第8章　1970-80年代における韓国の対日情報発信

論」の5本で、いずれも韓国の雑誌『統一政策』からの転載である。また、「特集　シンポジウム：北韓の映画・演劇・言論」は掲載順に、中央大学の金正鈺教授による「北韓映画の芸術性と思想性」、ソウル芸術専門大学の金基恵教授による「北韓の映画製作技術上の問題点」、漢陽大学の柳敏栄教授による「北韓演劇の分析と批判」、梨花女子大学の梁恵淑教授による「北韓演劇と東欧圏演劇との比較」、実験劇場の金東勲代表による「北韓演劇と映画の演技考察」、北韓研究所の金昌順理事長による「北韓言論の実相」、慶熙大学の韓炳九教授による「北韓新聞の報道性向」、中央日報論説委員で東西問題研究所の李相斗研究委員による「北韓新聞の編集スタイル」、『東亜日報』の鄭亨寿研究委員による「北韓放送の実態」の9本で、いずれも「国土統一院提供」となっている。

　特集企画のみならず、そのほかの論文、論説なども国土統一院提供によるものが多い。硬派な内容の論文や読み物としては、1980年12月号の「シンポジウム：北韓の「南北連邦制」批判①」があり、国土統一院の崔完福長官による「あいさつのことば」および3本の論文が掲載されている。掲載順に、仁荷大学の韓亨健教授による「一般理論から見た北韓の「南北連邦制」」、ソウル大学の朴奉植教授による「「南北連邦制」の提案と北韓のねらい」、そして国際問題調査研究所の兪完植理事による「共産党の統一戦線戦略と北韓の「南北連邦制」」となっており、いずれも「国土統一院提供」である。また、日本在住の韓国人が執筆した文章として、80年2月号には評論家で在日居留民団中央本部の金元奉国際局次長による「南侵をめざす北韓の軍備拡張」、80年7月号には『アジア公論』の尹応寿日本支社長による「わたしの母国観〈連載第8回〉　韓国の国土防衛」が掲載されている。一方、ソフトな内容のものとしては、北韓研究学術セミナーの主題論文で、80年8月号に掲載された家庭法律相談所の李兌栄所長による「北韓女性の実態」（国土統一院提供）や、80年11月号に掲載された平和統一研究所の梁泰鎮研究員による「北韓の映画・演劇の実態」（平和統一研究所提供）が挙げられる。

　冒頭の「千字文」において、北朝鮮を主題としたものには、「政治発展と南北会談に積極姿勢——崔大統領の年頭記者会見を見て」（1980年2月号）、「南北韓の対話再開にかける期待」（1980年3月号）、「北韓の武力挑発と南北会談」（1980年5月号）、「南北共同声明八周年に想う」（1980年8月号）、「時代錯誤の権力世襲」（1980年11月号）がある。このうち、11月号を除きいずれも南北総理

会談に関する内容で、編集室は北朝鮮の平和攻勢は見せかけのものであり、本当の狙いは武力統一にあるとしている。

> 南北韓に「総理会談」を目ざして実務レベルの予備接触が進行している最中に、去る三月下旬の漢江河口近くでの水中服をつけた武装ゲリラの侵入事件をはじめ、浦項近海における武装スパイ船の挑発事件、中部戦線非武装地帯での武装ゲリラの越境挑発事件など、北韓側の悪辣な武力挑発行為が続いている。このような事件の続発は、南北「総理会談」の開催に期待をかけている五千万民族の念願に水を差すばかりでなく、折角高まりつつある南北間の緊張緩和ムードに暗雲を呼ぶことになりかねない、という点でわたしたち韓国民はもちろんのこと、韓半島の平和的統一を願っている世界の人々の憤怒の対象になっている。とくに、わたしたち韓国人が憤りを抑えることができないのは、金日成集団が、南北対話を祖国統一のための窓口としてではなく、武力赤化統一を隠蔽する手段に悪用しているからである。(16)

『アジア公論』では、北朝鮮の偽装平和攻勢が決して新しいことではなく、1972年の南北共同声明発表後にも南北対話と並行する形で、南侵地下トンネルを掘り進めていたことなどを挙げ、北朝鮮に対する警戒を呼びかけている。

5－3「歴史・文化」情報

歴史や文化をテーマにした論文や記事などの掲載割合は、1973年に比べると若干減少した程度である。しかし、特集企画の本数は大幅に減り、「特集Ⅱ 近代儒学思想と退渓学」（1980年2月号）と「百済（益山）文化の考古学的研究」（1980年9月号）の二つのみとなっている。

「特集Ⅱ　近代儒学思想と退渓学」は4本の小論で構成されている。大東文化大学の倉田信靖助教授による「東アジアにおける日本儒学の特質」、成均館大学の李果俊副教授による「退渓思想の人間学的理解」、西ドイツ（当時）、ゲッティンゲン大学のエルハルト・ロスナー教授による「近世儒学思想と中国経済原理の発展」、嶺南大学の李完栽教授による「理気互発説の儒家伝統思想的照明」である。いずれも「退渓学研究院提供」となっている。また、「百済

(益山)文化の考古学的研究」は、全羅北道の益山にある円光大学の教員と日本の大学教員による5本の小論で構成されている。円光大学の鄭明鎬教授による「益山地方の石塔」、四天王寺女子大学の藤原一夫教授による「益山王宮里の廃寺・大官寺考」、円光大学の金三竜教授による「益山地方文化遺跡調査の意義」、岐阜教育大学の牧田諦亮教授による「益山遷都に関する文献と資料」、そして、円光大学の柳在泳教授による「益山「枳慕蜜」の地名考」(柳在泳・円光大学教授)である。なお、いずれの小論も「円光大学付設百済文化研究所提供」となっている。『アジア公論』編集室ではこの企画について、「これまで未開拓の分野として取残されたまま顧られなかった益山文化の歴史的性格をはじめその真髄を究明するための、考古学的研究成果を編んだ一連の学術論文で、古代における韓日間の文化交流史研究の参考になると思います」[17]と結んでいる。

特集以外の企画では、インタビュー企画「世界にひろまる退渓思想」(1980年1月号)が挙げられる。社団法人全国経済人聯合会が発行する月刊誌『全経聯』からの転載で、全経聯の趙京植出版部長が、「退渓学研究院理事長」として長年、退渓学研究のグローバル化に尽力してきた企業家の李東俊氏に話を聞いたもので、東京に「退渓学研究会」を設け、退渓学研究の基礎が作られた話や、季刊誌『退渓学報』の刊行事業について伝えている。

このほか、1280年代に高麗の高僧一燃(1206-89)が編纂し、弟子の無極が補筆した古代朝鮮の私撰の歴史書『三国遺事』に関して、1979年1月号から「特別企画連載　三国遺事の新研究」というタイトルの連載が始まった。1980年の1年間は、第9回(1980年1月号)から第20号(1980年12月号)までが掲載されたが、この連載企画について延世大学の金東旭教授は、「東北アジア研究会」のメンバーにより、仏教、仏像、考古学、仏教説話、地名、郷歌、説話、宗派、儀式、三国史記と三国遺事、三国遺事と日本書紀、演戯、神話、世論形成、神仏習合、解題など広範囲にわたって「三国遺事」へのアプローチを試みたものであるとしている[18]。

5-4 「経済」情報

経済問題を特集として単独で扱った号はなく、「特集　韓国近代化の衝撃と80年代の課題」(1980年1月号)、「特集　統一韓国の未来像」(1980年2月号)、

「特集　80年代の国際戦略」（1980年5月）の一部に取り上げられた程度である。
　「特集　韓国近代化の衝撃と80年代の課題」は、ソウル大学教授の3名（林鍾哲、車仁錫、金璟東）の対談を特集扱いとしたものである。対談では、「政治発展論か経済発展論か」「輸出成長と軽工業」「工業化と社会的欲求」「経済発展と離農現象」などといったテーマが提示され、各自が意見を述べている。この対談は月刊誌『政経文化』からの転載である。また、「統一韓国の未来像」では掲載された3本の論文のうちの1本、ソウル大学の辺衡尹教授による「経済パターンとその課題」（国土統一院提供）が、「80年代の国際戦略」では掲載された9本の論文のうちの2本、ソウル大学の車軺権教授による「OPEC諸国＝石油戦略と石油価格の値上げ」と海外経済研究所の宋在根研究企画室長による「韓国＝共産圏への経済進出」が経済問題を扱っている。なお、「80年代の国際戦略」の2本の論文は月刊誌『国際問題』からの転載である。

6　1987年における『アジア公論』の情報発信

6-1　時代状況

　民主化を求める韓国の人々にとって1987年は大きな転機の年となった。政府がオリンピックの開催を前にして政治的安定を誇示しようとすればするほど、大衆の政府攻撃は強まっていった。前々年の85年1月には、金泳三と金大中が実質的に強い影響力を持つ新韓民主党が結成され、翌2月の選挙で一定の地歩を確立すると、独裁的・非民主的な憲法の改正を要求して国会内での活動を活発化した。また、反米・反軍政を呼号し、次第にイデオロギー色を濃厚にした学生たちの反政府運動も80年代半ばから過激化していく。
　こうした動きを力でねじ伏せようとした全斗煥政権の下で、1987年1月に警察で取調べを受けていたソウル大学の学生朴鍾哲が拷問によって殺害されると、学生の反軍政運動はさらに激化した。6月に入って、反政府勢力が政府糾弾行動や国民平和大行進を決行するにおよんで、全斗煥大統領は弾圧を徹底して政権の延命を図ろうとした。しかし、アメリカのレーガン政権が全斗煥政権の行動を牽制した。反共体制を維持しながら軍政から民政へのゆるやかな移行を図ること、北朝鮮を孤立させながら韓国主導の統一を実現することなど、アメリカの戦略に沿う形で、韓国の国際的信用を失墜させかねない全斗煥大統領の行

動は抑え込まれた。代わって民主正義党代表委員の盧泰愚が、同党の次期大統領候補として、いわゆる「6・29民主化宣言」を発表した。この宣言は、大統領直選制の導入、金大中ら政治犯の釈放、基本的人権や言論の自由の保障などを骨子としたものであった。そして7月1日、全斗煥大統領がこの措置に同意したことにより、韓国は民政移管に向けて動き出した。

　このほか、北朝鮮との関係に目を向けると、1980年代には北朝鮮が引き起こした大規模なテロによって、多数の韓国国民が犠牲になり、南北の緊張関係が急激に高まった時期があった。とりわけ、83年10月9日には、ビルマを訪問中の全斗煥大統領一行を狙った爆弾テロ事件が首都ラングーン（当時）のアウンサン廟で発生、副総理や外相などの随行員17名が死亡し、ビルマ側の閣僚や政府関係者も4人が死亡した。また、87年11月29日には、バグダット発アブダビ、バンコク経由ソウル行きの大韓航空858便が北朝鮮の工作員によってビルマ沖で爆破され、乗客・乗員115名全員が死亡している。テロの実行犯の男女2名は、日本の偽造旅券を所持するなど、日本人に成り済まして犯行に及んでいた。

6-2 「北朝鮮」情報

　『アジア公論』最終年の1987年になると、全体の頁数も「記念号」や「最終号」を除き178頁にまで削減され、特集企画は残っているものの、座談会、シンポジウム、対談といった企画は誌面から消えている。「北朝鮮」を取り上げた特集は皆無で、その代わりに「北韓研究シリーズ」や「「統一問題」研究シリーズ」といった連載企画を設けて北朝鮮関連の情報を扱っている。「北韓研究シリーズ」は81年6月にスタートした企画で、「北韓の海外暴力戦略の内幕」（1984年1月号）や「「平和攻勢」の裏には恐るべき策謀」（1984年8月号）といった北朝鮮に対する恐怖心を高めるような類の内容から、「北韓の六・二五戦争文学論」（1983年10月号）や「北韓の宗教実態」（1984年9月号）といったソフトな内容まで、北朝鮮に関する様々な情報を取り上げている。また、「「統一問題」研究シリーズ」が始まる以前は、「北韓の対南統一戦略と間接戦略（上）」（1981年7月号）、「北韓の対南統一戦略と間接戦略（下）」（1981年8月号）、それに、南北統一の方法として北朝鮮が提示した案について言及した「「高麗民主連邦制」の虚像」（1982年1月号）などの統一問題に関連した内容も取り上げて

表2 「北韓研究シリーズ」1987年1～12月号

号数	執筆者（肩書）	タイトル	引用元
1月号	金泰瑞（日海研究所招聘研究委員）	北韓三大革命力量強化論の現住所	北韓
2月号	鄭鍾旭（ソウル大学教授）	閉鎖外交と国際的孤立化	北韓
3月号	金昌順（北韓研究所理事長）	北韓の権力世襲と政策変化展望（上）	国土統一院
4月号	金昌順（北韓研究所理事長）	北韓の権力世襲と政策変化展望（下）	国土統一院
5月号	鄭鎔碩（檀国大学教授）	ソウル・オリンピックと南北関係	季刊京郷
6月号	李相禹（西江大学教授）	革命妄想放棄と民族意識の回復	北韓
7月号	李禎秀（国土統一院統一研修所教授）	最近の北韓政治動態分析	統一論叢
8月号	申相楚（北韓学会会長）	階級闘争とインテリゲンチャ	北韓
9月号	徐成雨（平和統一研究所研究委員）	北韓の対米政策変化過程	北韓
11月号	裵名五（国防大学院北韓問題研究室室長）	北韓の対南戦略と戦術	国会報
12月号	都興烈（忠北大学教授）	今日の北韓が悩んでいる「社会病」	北韓

いる。87年の掲載内容は表2の通りで、シリーズ第59回目となる1月号の「北韓三大革命力量強化論の現住所」を含め、全体の半分が月刊誌『北韓』からの転載である。また、引用元としては「国土統一院」となっているが、執筆者が『北韓』を発行する北韓研究所の理事長であるケースも見られるなど、情報源の多くを特定の雑誌、団体に依存していることがわかる。

「「統一問題」研究シリーズ」は、1982年7月にスタートした企画で、第1回目が「統一モデル事業と統一への道」（1982年7月号）、第2回目が「統一ビジョンと韓国の社会建設の方向」（1982年8月号）、第3回目が「統一案の特徴と未来像」（1982年10月号）といったように、統一に関する硬派な内容が主体となっている。また、「北韓研究シリーズ」と同様に、月刊誌『北韓』から転載したものもあるが、87年に限定した場合、掲載内容は表3の通りである。引用元として、『国土統一院』『京郷新聞』『統一論叢』の三つの名前が挙がっているが、月刊誌『統一論叢』の発行者は中央行政機関の国土統一院（現在の統一部）であるため、5月号の京郷新聞の記事からの転載を除くと、実質、国土統一院、すなわち、政府からの情報を転載した内容となっている。

「「統一問題」研究シリーズ」企画の問題として、転載された論文や記事が、韓国国内での発表からかなり時間を経過したものが多いといった点が挙げられる。1987年の場合、南北韓経済の現況を比較した1、2月号の論文は、「〈国

第8章　1970-80年代における韓国の対日情報発信

表3　「「統一問題」研究シリーズ」1987年1～11月号

号数	執筆者（肩書）	タイトル	引用元
1月号	国土統一院	南北韓経済現況比較（中）	国土統一院
2月号	国土統一院	南北韓経済現況比較（下）	国土統一院
3月号	尹炳益（統一研修所教授）	80年代後半期韓半島統一環境と南北韓関係展望(上)	国土統一院
4月号	尹炳益（統一研修所教授）	80年代後半期韓半島統一環境と南北韓関係展望(下)	国土統一院
5月号	姜信澈（京郷新聞記者）	欺瞞40年史 水資源の初武器化は1946年の延白平野断水	京郷新聞
5月号	高承徹（京郷新聞記者）	欺瞞40年史　無差別挑発	京郷新聞
5月号	金鍾斗（京郷新聞記者）	欺瞞40年史　腹黒い統一案	京郷新聞
5月号	具暈会（京郷新聞記者）	欺瞞40年史　七・四共同声明の悪用	京郷新聞
5月号	全東成（京郷新聞記者）	欺瞞40年史　三者会談の虚構	京郷新聞
6月号	姜光植（韓国精神文化研究院教授）	統一問題への理念論的接近序説	統一論叢
7月号	宋承宰（平和統一研究所理事）	北韓の「駐韓米軍撤収」主張に対する考察	統一論叢
9月号	金明基（明知大学教授）	自主統一の国際法上の制約	統一論叢
10月号	金徳培（国土統一院常任研究委員）	ソ連のアジア・太平洋政策構想と韓半島（上）	統一論叢
11月号	金徳培（国土統一院常任研究委員）	ソ連のアジア・太平洋政策構想と韓半島（下）	統一論叢

土統一院、86年1月〉」となっており、5月号の京郷新聞の記事も、86年11月に掲載されたものである。また、6月号以降の論文はすべて『統一論叢』第6巻第2号、すなわち、86年12月に発行されたもので、こうした傾向は87年だけでなく、他の年度でも同様である。

6-3　「歴史・文化」情報

　歴史や文化をテーマにした論文や記事などの掲載割合は、1987年になるとさらに高まり、全体の3分の2を占めるまでになった。特集についても、1月号と12月号を除いたすべての月で、歴史や文化に関する企画が組まれている。2月号から順に、「『三国遺事』の総合的検討（上）」（1987年2月号）、「『三国遺事』の総合的検討（中）」（1987年3月号）、「『三国遺事』の総合的検討（下）」（1987年4月号）、「韓日歴史学者　特別座談　日本古代文化の主役は「渡来人」」（1987年5月号）、「日本のルーツ・韓国文化（上）――九州地方学術調査総合報告」（1987年6月号）、「古代韓日民俗文化の比較」（1987年7月号）、「被虜陶工の製陶とその後裔」（1987年8月号）、「韓中日政治文化比較国際学術会議――アジアにおける民主主義の受け入れ（上）」（1987年9月号）、「韓中日政治文化比較

国際学術会議——アジアにおける民主主義の受け入れ（中）」（1987年10月号）、「韓中日政治文化比較国際学術会議——アジアにおける民主主義の受け入れ（下）」（1987年11月号）となっている。

　このうち、1980年の「歴史・文化」情報の項目でもふれた『三国遺事』は、87年にも2月号から4月号まで「『三国遺事』の総合的検討」として特集が組まれた。これは、86年12月1日から3日にかけて、政府系の研究機関、韓国精神文化研究院（現在の韓国学中央研究院）の主催で開かれた『三国遺事』に関する国際学術会議で取り上げられた論文を紹介したものである。一例として、「『三国遺事』の総合的検討（上）」の場合、韓国精神文化研究院の鄭求福教授による「『三国遺事』の史学的考」、同じく、韓国精神文化研究院の姜仁求教授による「『三国遺事』と新羅の王陵」、それに、九州大学名誉教授で九州歴史資料館の田村円澄館長による「『三国遺事』と仏教」の計3本の論文で特集が組まれている。

　また、9月号から11月号にかけての特集「韓中日政治文化比較国際学術会議アジアにおける民主主義の受け入れ」は、1987年6月25日から27日にかけてソウルで開催された国際学術会議での発表論文を紹介したものである。このうち、「韓中日政治文化比較国際学術会議——アジアにおける民主主義の受け入れ（上）」の場合、ソウル大学の李洪九教授による「アジア伝統文化と民族主義」、西江大学の李光麟教授による、「韓国における民主主義の受け入れ」、同じく、西江大学の全海宗教授による「清末知識人の民主主義思想に対する理解」、そして、立教大学の北岡伸一教授による「日本におけるデモクラシーの受け入れ」の計4本で構成されている。

　このほか、1985年1月にスタートした連載「金富軾『三国史記』原文とその解説」の第25回（1987年1月号）から第32回（1987年8月号）までが掲載されている。1145年に完成した『三国史記』は、高麗の第17代・仁宗の命を受けて、文臣で学者であった金富軾（1075-1152）らが新羅・高句麗・百済など三国の歴史を古記・遺籍、あるいは中国の諸史書から史料を選んで編さん、刊行したもので、「新羅本紀」12巻、「高句麗本紀」10巻、「百済本紀」6巻、「年表」3巻、「志」9巻、「列伝」10巻の全50巻からなり、新羅・高句麗・百済など三国の歴史の著作としては現存する最古の歴史書である。『アジア公論』編集室は『三国史記』を連載するにあたって、「新羅・高句麗・百済など三国の建国

第8章　1970-80年代における韓国の対日情報発信

から新羅が統一し、その統一新羅が衰微して、高麗朝に受け継がれるまでの約一〇〇〇年間の興亡史であるとともに、内に関しては、政治・経済・文化・社会の変遷発展を、外に関しては、漢と北方民族および倭（日本）などとの外交交渉・戦闘などを簡明に記述してあります。したがって、『三国史記』は、三国時代の韓民族の歴史を明らかにしているだけでなく、当時の東アジア諸国家間の関係、とくに古代日本と、これら三国との関係を知る上にも、不可欠の資料」[19] であると、『三国史記』の原文および日本語解説文の掲載理由を説明している。

6-4　「経済」情報

経済を扱った特集は、「韓国の対日依存経済構造」（1987年1月号）のみである。韓国・中央大学の安忠栄教授による「米日挾み打ちに蹂躙された韓国経済」、経済評論家の朴玄埰による「対日依存脱皮、突破口はないだろうか」、『毎日経済新聞』の裵秉烋論説副主幹による「韓国企業の「日本病」と対日コンプレックス」、そして、ソウル大学の朴宇熙教授による「日本から学ぶべきものと捨てるべきもの」の計4本で構成されており、いずれも『新東亜』からの転載である。

このなかで、安忠栄教授は、1986年に入ってからの7カ月間で、韓国は史上初の貿易収支黒字を出したが、韓国の産業構造が根源的に対日依存型になっているため、日米貿易紛争に巻き込まれないよう機敏な対応戦略を立案することの必要性を訴えている。経済評論家の朴玄埰は、円高と低油価、それに国際金利の低落によって対日貿易赤字は大きく是正されると期待していたが、事態の進展は円高にもかかわらず対日輸出が大きく増える結果となった。このことに関して、対日貿易逆調の拡大構造になりつつある状況を指摘し、資本および技術の従属に起因する一方的な従属的関係を原因とした韓国経済の内在的な危機を認識し、対応すべきであると主張している。裵秉烋論説副主幹は、日本経済の自慢は官民協同という国益守護の行為であり、これに対して、韓国経済は政府主導型であるが、官民協同のほうが一枚上手の政経合作であったと論じ、日本経済と韓国経済の力の差を論じている。朴宇熙教授は、盲目的に日本経済の模倣を続ける限り、常に日本の後塵を拝するだけであり、日本から世界市場を席巻する秘訣を習うにしても、韓国に見合う韓国特有の経済、経営戦略を探し

出さなければならないと唱えている。

7　おわりに

　主要テーマの検討を通して、「北朝鮮」と「歴史・文化」に関しては、特に『アジア公論』の中心的な構成要素であったことが明らかになった。時期によって情報発信力に強弱はあるが、編集の基本スタンスには変わりがなく、「北朝鮮」については、北の目標は武力による赤化統一にあり、平和攻勢は見せかけのものであるため騙されないようにといった、警鐘を鳴らすことに力が注がれている。また、「歴史・文化」については、地理的に隣り合う日韓両国が、これまでの不幸な歴史を乗り越え、将来的に友好関係を築き上げることができるよう、日韓の歴史・文化関連の論文などを数多く紹介することで理解促進に努めるとともに、歴史問題、領土問題など日韓が鋭く対立している問題では、対外広報誌として、韓国側の立場を訴え続けている。

　時期による違いについてより具体的に見てみると、北朝鮮に関する同誌の1970年代の編集スタンスは、72年7月の南北共同声明の発表直後に創刊されたこともあり、南北統一を望む韓国国民の期待感を伝えると同時に、声明発表以降の遅々として進まない南北対話、そして、その原因が偽りの平和攻勢を行なっている北朝鮮側にあるといった不満や批判を伝えることに置かれている。ただし、北朝鮮関連の問題をまったく取り上げていない号もあるなど、情報の発信量にはばらつきが見られたのも事実である。これが80年代に入ると、北朝鮮関連の特集が増えるとともに、それまでの硬派な内容に加えて、映画や演劇、人々の生活などに関する情報も取り上げるといった変化が出てきた。とはいえ、これらの引用元は国土統一院をはじめ、北朝鮮問題や統一問題を専門的に扱う雑誌からのものが多く、政府の宣伝雑誌としてのカラーも目立つ。また、北朝鮮関連の題材が多い月と少ない月の差が大きいのは73年と同様であるが、この点については、同誌の発行最終年である87年になると、北朝鮮関連の特集は組まれず、「北韓研究シリーズ」および「「統一問題」研究シリーズ」という二つの連載枠のなかで処理されており、情報量にばらつきが出ないよう調整されている。

　こうした編集の背景には当時の時代状況が大きく関係している。1970年代

初頭には南北でほぼ同程度であった一人あたりのGDP水準が、その後の韓国の急速な経済成長にともない格差が広がっていったこと、また、経済のみならず南北朝鮮の国力の差が広く国際社会に認知されるようになったことである。80年代に入るとソウル・オリンピックの開催決定が象徴するように、国際社会における韓国の地位が高まり、南北朝鮮の格差はさらに広がった。このような状況において、80年代の『アジア公論』では、朴正煕政権の時代に行なっていたような、特集企画を組む、あるいは硬派な内容の論文や記事を通して北朝鮮を牽制する、といったような編集の必要性が高くなくなったことが読み取れる。

　その一方で、歴史・文化に関しては、創刊当初から全体の半分を占めていたが、最終的には全体の3分の2を占めるまでになる。同誌の発行母体は北朝鮮の対外宣伝に対抗すべく設立された組織ではあったが、編集方針としては、北朝鮮関連の企画を前面に出し過ぎることを控え、むしろ、一般の読者にも受け入れられやすい歴史・文化を中心とした企画により重点を置いていたことがわかる。当初、同誌は対外広報誌といった位置づけであったのが、内外情勢の変化にともない、その編集のあり方にも変化が求められたのである。このことは、同誌の終刊直後に、文化面を主体とした季刊誌『コリアナ』が創刊されたことからも明らかである。

　また、掲載内容について、1970年代には新聞記事や新聞社発行の雑誌から引用したものが多かったが、80年代、すなわち全斗煥政権下においては、新聞社以外の組織が発行する雑誌や政府提供の資料を多用するようになっており、この点についても、編集方針の変化が見られる。

　なお、『アジア公論』に関してはこれまでのところ先行研究が皆無であり、今後の調査、研究の必要性を実感している。本稿では今回、特定の年度・テーマに限定して同誌の検討、分析を試みたが、今後は対象を全期間に広げたうえで、論文や記事の内容に関するより詳細な分析を進めていきたい。

注

(1) 韓國國際文化協會編『弘報四海十五年』韓國國際文化協會、ソウル、1987年、81頁。なお、発起人リストは以下の通り。【実業界】大韓建設協会会長：趙鼎九、大韓金融団代表：金聖煥、大韓農産株式会社社長：朴龍学、大韓紡績協会会長：金龍周、

大韓商工会議所会長：朴斗秉、大韓製粉協会会長：崔聖模、全国経済人連合会会長：金容完、韓国貿易協会会長：李活、【各界】国際観光公社総裁：安東濬、大韓教育総合会会長：朴東昂、大韓貿易振興公社社長：安光鎬、文化公報部報局長：韓南錫、文化公報部海外公報館長：李揆現、法曹界：韓宓、外交協会会長：林柄稷、韓国反共連盟理事：孫元一、韓国新聞協会会長：張太和、韓国芸術文化団体総連合会会長：李海浪、韓国海外宣伝理事会理事長：徐明錫。

(2) 同上、82頁、および、「會長孫元一씨 선출 弘報協會 創立總會」『毎日經濟新聞』1972年2月25日、1面。
(3) 「韓國弘報協會發起人會」『東亞日報』1972年2月18日、2面。
(4) 各年度の時代状況を整理するにあたっては、馬淵貞利「現代世界と南北朝鮮」（第9章部分）朝鮮史研究会編『朝鮮の歴史』（三省堂、1995年、337-369頁）および、橋谷弘「経済建設と国際化の進展」（第8章部分）武田幸男編『朝鮮史』（山川出版社、2000年、362-436頁）を参照した。
(5) 閔丙台「六・二五の現代史的意義」『アジア公論』1973年6月号、81頁。
(6) アジア公論編集室「特集・1950年6月25日」『アジア公論』1973年6月号、74頁。
(7) 秋聖七氏の経歴については、本人にインタビュー（2014年2月17日）を行なった。それによれば、1926年11月、全羅南道高興郡占岩面にて出生。幼少期に東京に渡り、1943年4月、第一高等学校（現：東京大学教養学部）に入学。1945年4月、東京帝国大学文学部哲学科に入学。在学中の1946年に朝鮮半島に戻って、ソウルで教員生活を送るものの、再度、東京に戻り、1948年3月に大学を卒業。1960年10月から翌年5月まで駐日本韓国代表部にて勤務し、帰国後は漢陽大学校、首都女子師範大学（現：世宗大学校）にて哲学、歴史学の教鞭をとる。そのかたわら、1972年以降、『アジア公論』の発行に関わり、1983年9月に『アジア公論』主幹として、韓国国際文化協会を退職。後に、実業界に転身した、とのことである。
(8) 秋成漆「南北対話はどこまで来たか」『アジア公論』第2巻第6号、1973年6月号、64頁。
(9) 秋聖七「偽装された北韓の平和提案」『アジア公論』第2巻第7号、1973年7月号、53頁。
(10) 同上、50頁。
(11) 同上、71頁。
(12) 李範錫は1980年代以降、国土統一院長官、大統領秘書室長、外務部長官の要職に就くが、83年に北朝鮮の工作員が引き起こしたラングーン事件で殉職した。
(13) ここでの肩書は「海運公社社長」となっているが、朱耀翰（1900-79）は、実業界に転身する以前は、詩人、小説家などとしても著名な人物であった。

第 8 章　1970-80年代における韓国の対日情報発信

(14) アジア公論編集室「編集後記」『アジア公論』第2巻第3号、1973年3月号、322頁。
(15) アジア公論の編集者による前書き。『アジア公論』第2巻第5号、1973年5月号、30頁。
(16) アジア公論編集室「千字文　北韓の武力挑発と南北会談」『アジア公論』第9巻第5号、1980年5月号、21頁。
(17) アジア公論編集室「編集後記」『アジア公論』第9巻第9号、1980年9月号、220頁。
(18) 金東旭「はじめに」『アジア公論』第8巻第1号、1979年1月号、270頁。
(19) アジア公論編集室「金富軾　三国史 原文とその解説（1）」『アジア公論』第14巻第1号、1985年1月号、80頁。

第9章
1998年韓日首脳共同宣言以後の情報・文化交流について

李　錬

1　はじめに

　国と国との友好関係や文化交流は国家首脳同士の相互理解や親交関係によって左右される場合が多い。とくに日韓関係の場合は、1965年韓日国交正常化以降50年間の歴代首脳同士の親交関係を見ればよくわかる。近年、韓日においては未解決の問題を抱えながらも韓流などの影響で前例のない友好関係が保たれてきたが、2012年8月10日、李明博(イ・ミョンバク)大統領の独島（竹島）訪問に続いて、14日には日本の天皇に対し謝罪してほしいという発言が波紋を起こすなど、日本では急速に反韓感情が高まるようになった。これにともない、2012年頃は「嫌韓」というアンチ韓流が生まれ、「在特会」[1]という団体まで結成されるに至る。
　韓日関係は1965年韓日国交正常化以降、最悪の関係に至っている。このような状況は、2012年12月26日安倍晋三内閣総理大臣の就任、2013年2月25日朴槿恵(パク・クネ)大統領の就任以後、改善されずに現在まで至っている。これは、両国首脳の積極的な改善への意識不足と歴史的な認識差に起因している[2]。両国摩擦の直接的なきっかけは李明博大統領の独島（竹島）訪問かもしれないが、2012年12月安倍首相の就任後、1993年日本政府が旧日本軍の従軍慰安婦強制連行を認めて謝罪した「河野談話」を否定する動きが底流にあるのだろう。
　2014年2月20日、菅義偉官房長官は、国会の答弁で、河野（洋平）談話の根拠となった慰安婦被害者の証言に関し、「学術的観点からさらなる検討が重ねられていくことが望ましい」とし、「専門家チームを作って検証することを検討する」と述べた[3]。安倍首相は最近、慰安婦問題に関する国際社会の問題提起に対し、「間違った事実を並べて日本を誹謗・中傷していることには、事

第9章 1998年韓日首脳共同宣言以後の情報・文化交流について

実をもって冷静かつ礼儀正しく反論しなければならない」と述べている[4]。韓国側は、すでに1993年8月宮沢内閣の官房長官だった河野洋平名義で発表した談話を通して、日本政府は慰安婦の問題について旧日本軍が直接・間接的に関与した責任を率直に認めたと理解していた。ところが、日本国内の一部の右翼団体や国会議員らは、旧日本軍の責任を立証する公文書は存在せず、被害者の証言が不正確で曖昧だとし、河野談話の正当性に問題を提起してきた。日本政府関係者は2014年10月14日の閣議で、『朝日新聞』が従軍慰安婦報道の一部を取り消した問題に関連して「政府として個々の報道について答弁することは差し控えたい」[5]と報道した。ところが、韓国では、一部の国会議員や市民団体などの主張に便乗し、在特会や安倍政権が専門家を通じて慰安婦被害者の証言の信憑性を検証したいというのは、被害者に対して更なる傷をつけることだと反発した。

日本が過去35年間朝鮮の植民地統治時代に与えた被害に対して謝罪した「村山談話」と「河野談話」は、韓日関係を改善してきた二つの軸であった。にもかかわらず、安倍政権は村山談話に疑問を提起したのに続き、河野談話まで揺さぶろうという動きを見せているのは、韓国としては理解し難いことであろう。安倍政権はすでに、歴代内閣の歴史認識をそのまま継承しようという公式的立場を打ち出したにもかかわらず、河野談話を否定しようとするのは韓日関係の軸を崩すことでもあると『中央日報』は報道した[6]。韓日両国の首脳は2012年8月以来、一回の単独首脳会談も実現せず三年以上が過ぎた。2014年11月13日、安倍晋三首相と韓国の朴槿恵大統領は、東南アジア諸国連合（日中韓）首脳会議冒頭で笑顔を交えて少し会話したことぐらいがすべてである。

東アジアの政治的膠着は韓日首脳会談のみではなく、日中韓首脳会談についても同じである。韓国政府は「外相会談が開催されれば、自然に議論されるのではないか。韓国は三カ国協力に主導的に取り組んでおり、それは首脳会談にも当てはまる」と実現に向け積極的な姿勢を示した。「韓日関係の悪化」を朴槿恵外交の最大の失策として、改善を促したいという世論もある。しかし朴大統領は就任後、安倍首相との単独首脳会談を頑なに拒否し続けた[7]。このような状況下で、日本では反韓感情が高まっている。ようやく2015年11月1日に三年半ぶりに韓日首脳会談が実現したものの、関係は好転していない。これらの一連の経過は両国の交流や国益にも反するもので、一日も早く解決しなけ

ればならないだろう。
　近年、中国がG2国として登場してから、三カ国の関係はより複雑になっている。韓中関係は以前より良くなり、日中や韓日関係は悪くなるなど三カ国の関係は微妙に変化している。首脳同士の会談や親交関係によって、文化や国家間の情報交流にも大きな影響力を与えている。
　本稿では、1998年韓国の日本文化開放以後から現在まで両国首脳や外務大臣などの会談および文化交流などを、メディアを通じて分析してみたい。さらに、歴代首脳や外務大臣の親交関係や交流などを分析して韓日関係、あるいは情報や文化交流の改善策を模索してみたい。

2　金大中大統領在任中の韓日関係

2-1　1998年金大中大統領と小渕恵三首相在任中の韓日関係

　1965年韓日国交正常化以後、韓日の情報や文化交流がもっとも緊密になったのは1998年金大中(キム・デジュン)大統領と小渕恵三首相の「京都宣言」以後である。当時、金大中大統領は日本国国賓として1998年10月7日から10日まで日本を公式訪問していた。金大中大統領は、滞在中、小渕恵三首相と会談した。この会談の結果、両首脳は、1965年の国交正常化以来築かれてきた両国間の緊密な友好協力関係をより高い次元に発展させ、21世紀に向けた新たな韓日パートナーシップを構築するとの共通の決意を宣言した。
　特に両首脳は、韓日両国が21世紀の確固たる善隣友好協力関係を構築していくためには、両国が過去を直視し相互理解と信頼に基づいた関係を発展させていくことが重要であることに意見の一致を見た。小渕首相は、今世紀の韓日両国関係を回顧し、日本が過去の一時期、韓国国民に対し植民地支配により多大の損害と苦痛を与えたという歴史的事実を謙虚に受けとめ、痛切な反省と心からのお詫びを述べた[8]。金大中大統領は、かかる小渕首相の歴史認識の表明を真摯に受けとめ、これを評価すると同時に、両国が過去の不幸な歴史を乗り越えて和解と善隣友好協力に基づいた未来志向的な関係を発展させるためにお互いに努力することが時代の要請であると表明した。また、両国首脳は共同宣言で、両国国民、特に若い世代が歴史への認識を深めることが重要であることについて見解を共有し、そのために多くの関心と努力を払う必要があると強

第9章　1998年韓日首脳共同宣言以後の情報・文化交流について

調した。両国間の関係を、政治、経済および人的・文化交流の幅広い分野において均衡のとれたより高次元の協力関係に発展させていく必要があることでも意見の一致をみた。さらに両首脳は、両国のパートナーシップを、単に二国間の次元にとどまらず、アジア太平洋地域や国際社会全体の平和と繁栄のために、さらに、個人の人権が尊重される豊かな生活と住みよい地球環境を目指す様々な試みにおいて、前進させていくことが極めて重要であるとした。このように、金大中大統領と小渕恵三首相の「韓日共同宣言」によって、韓国では堅く閉ざしていた日本文化の流入を33年ぶりに四つの段階を踏んで開放することになった。

金大中大統領と小渕恵三首相との親交は1998年3月に遡る。小渕恵三首相が外務大臣在任中に訪韓して金大中大統領と会談した時である。続いて4月には、橋本龍太郎首相がソウルを訪問して金大中大統領と韓日首脳会談を行なった。5月には韓国の朴定洙(パク・ジョンス)外交通商部長官が東京を訪れたが、7月の小渕恵三総理就任以後、韓国の新任洪　淳(ホン・ジュンヨン)瑛外交通商部長官が訪日するなど韓日関係は歴史的な認識を共有しながら緊密になった。

さらに、小渕恵三首相と金大中大統領は、1998年10月の韓国政府による第1次日本文化開放により、11月に鹿児島で第1回韓日閣僚懇談会を持つ。1999年は1月から韓日関係はさらに緊密になり、新韓日漁業協定が発効することになる。続いて2月には、高村正彦外務大臣が訪韓して小渕首相の訪韓や韓日首脳会談に関して緊密に協議を行なった。3月には、小渕首相が訪韓して「韓日経済アジェンダ21-21世紀に向けた韓日経済関係緊密化のために」を発表した[9]。韓日両国間における貿易・投資などの経済活動をより一層活発化させ、経済関係の緊密化を図ることにより、21世紀に向けた韓日経済パートナーシップをさらに確固たるものとすることを確認した。これに答えて、金大中大統領は9月に韓国で第2次日本文化開放政策を発表して、韓日文化交流はどの時代よりも活発となったのである。

(1) 第1次文化開放

従来、日本の映画やビデオは韓国への輸入が禁止されていたが、1998年10月20日から解禁され、正式な輸入が始まる。この時は、日本の俳優が出演した韓国映画や世界四大映画際（カンヌ、ベルリン、ヴェネチア、アカデミー国

177

際映画祭）受賞作に限って開放された。これによって、黒澤明監督の『影武者』、今村昌平監督の『うなぎ』、北野武監督の『ハナビ』などが輸入された。

(2) 第2次文化開放

1999年9月10日からの第2次日本文化開放では、映画と公演、出版物などが解禁された。これによって『楢山節考』『ラブレター』『鉄道員』などが開放され、また、出版物は日本語版の出版漫画、漫画雑誌が開放された。

(3) 第3次文化開放

2000年6月27日からの第3次文化開放では、日本の映画やビデオ、公演、ゲーム、放送などが開放された。第1次、第2次文化開放に比べて大幅に拡大されたが、分野別の開放内容は次の通りである。

映画は、18歳未満の観覧不可のものを除いてすべての日本の映画が上映可能となった。アニメの場合は、国際映画祭受賞作となった劇場用アニメのみ解禁された。ビデオは、日本映画とアニメのうち国内上映分野に限って解禁された。公演の場合は、室内外すべての公演が開放された。レコードは日本語で歌われるものは除外したが、その他は開禁された。ゲームは家庭用、ゲーム機用、ビデオゲームを除外したが、それ以外のゲームは開放された（PCゲーム、オンラインゲーム、営業用ゲームなども含む）。放送はメディアの区別なしにスポーツやドキュメンタリー、報道プログラムが解禁された。

2001年7月、日本の教科書問題で一時的に開放日程が中断されたが、2002年2月に解除され、韓日共同制作であるドラマ『フレンズ（Friends）』がTBS・MBCでそれぞれ放送された。特に、2002年は韓日ワールドカップが共同で開催され、両国間は政治や情報、文化交流がより緊密になった。当時、韓国の文化観光部では、ワールドカップ公式の音盤2種類の製作を承認し、収録された3曲の日本語歌謡も国内放送で7月末まで制限的に許容した[10]。このように、日本文化の開放は、金大中大統領の日本訪問をきっかけに1998年10月、1999年9月、2000年6月と段階的に行なわれた。

2-2　金大中大統領と森喜朗首相在任中の韓日関係

金大中大統領と森喜朗首相在任中の韓日関係は金大統領と小渕首相の交流政

策をそのまま受け継ぎ、善隣友好関係が続いていた。小渕首相の急死の後、その後継となり4月26日就任した森首相は、5月にソウルを訪問して韓日友好関係を再確認した。さらに6月、小渕首相の合同葬儀参列式のため金大中大統領は李廷彬外交通商部長官と同行して訪日した。6月は韓国政府が第3次日本文化開放政策を発表することになる。これに答礼として7月に河野洋平外務大臣が訪韓（ソウル）し、9月には金大中大統領が訪日するなど友好関係は継続していた。さらに、11月には李廷彬外交通商部長官が訪日し、11月にはAPEC（ブルネイ）で韓日首脳会談（森喜朗首相－金大中大統領）が行なわれた。

　2001年10月には韓日首脳会談が行なわれ、「韓日歴史共同研究委員会」の設置まで合意した。その後、この委員会は、第1回は2002年から2005年にかけて活動しており、第2回は2005年の韓日首脳会談の合意に基づき、2007年から2010年にかけて活動した。韓日歴史共同研究委員会の設置の発想は高く評価すべきことであったが、2回で終わってしまったのは非常に残念なことである。

2-3　金大中大統領と小泉純一郎首相在任中の韓日関係

　2001年4月26日小泉首相が就任し、5月初めに田中真紀子外務大臣と韓国の韓昇洙外交通商部長官が北京で韓日外相会談（ASEM）を持った。その後、10月小泉首相が訪韓してソウルで首脳会談を行ない、また、10月上海で開かれたAPECでも金大統領と韓日首脳会談を行なうなど友好関係を維持していた。

　2002年1月は韓昇洙外交通商部長官が訪日したが、また、3月には崔成泓外交通商部長官が東京へ来て韓日外相会談を、続いて3月に小泉首相が訪韓してソウルで韓日首脳会談を行なった。その後、5月末から6月末まで「ワールドカップ・サッカー韓日共同開催」で、5月末には小泉首相が訪韓してワールドカップ開会式に出席した。6月には韓日犯罪人引渡条約が発効するなど韓日関係はより緊密になった。金大中大統領も6月のワールドカップ閉会式に出席のため東京を訪問して韓日首脳会談を行ない、未来に向けた共同メッセージ「2002年ワールドカップ・サッカー共同開催成功を超えて」を発表した[11]。この発表で、両首脳は、ワールドカップ・サッカー大会共催の成功を踏まえ、相互の信頼と尊重を基調とする韓日協力関係をより高い次元に発展させていくことへの決意を表明した。さらに、「韓日共同未来プロジェクト」の実施にも

合意した。

とくに、ワールドカップの時の韓国の応援パワーは日本および世界にアピールした。赤いTシャツを着込み、ソウル市庁前広場などで応援する「赤い応援団」いわば「赤い悪魔」の様子は日本でも注目を浴びた。相当数の日本人応援団も参加して大型マルチビジョンで生中継された。

ワールドカップの後、2002年7月には川口順子外務大臣が訪韓したり、9月にはヨハネスブルグ（WSSD）で韓日外相会談（川口順子－崔成泓（チェ・ソンホン））が行なわれるなど緊密さは維持された。さらに、11月には川口外務大臣が訪韓するなど、2002年は「韓日国民交流の年」ということで、1月から12月まで840件以上の各種記念事業が行なわれ、韓日交流は非常に活発になった。

3 盧武鉉大統領在任中の韓日関係

3-1 盧武鉉大統領と小泉純一郎首相在任中の韓日関係

金大中大統領が退陣したあと、2003年2月25日には盧武鉉（ノ・ムヒョン）大統領の就任式があり、小泉首相が直接出席して初めて首脳同士が韓日首脳会談を持った。3月には盧武鉉政府の尹永寛（ユン・ヨングァン）新任外交通商部長官が訪日して、盧武鉉大統の訪日時期を相互協議した。2003年6月に盧武鉉大統領が東京へ国賓として訪日した際には、「韓日首脳共同声明－平和と繁栄の北東アジア時代に向けた韓日協力基盤の構築」を発表した(12)。さらに、盧武鉉大統領は、今後も交流の拡大を通じ、両国民間の信頼と友情を深化させ、両国関係を一層高いレベルへと発展させていくとの決意を表明した(13)。

2003年1月には、韓日投資協定が発効し、川口外務大臣が訪韓して協定について緊密に協力するとの意見を表明した。さらに、6月にはプノンペンで、川口外務大臣と尹永寛外交通商部長官が会談をし、9月にはニューヨーク（国連総会）で、韓日外相会談を行なった。10月になると、パリ（ASEAN＋3）で、小泉首相と盧武鉉大統領は第2回韓日首脳会談を持ち、続いてバンコック（APEC）でも韓日首脳会談を行なった。このとき、両国のより頻繁な交流のため、航空便を増やそうという提案が出され、11月には、金浦（ギンポ）－羽田間航空便が1日4便運航されるようになり、韓日は距離的にもより近くなった。

盧武鉉政権になっても日本文化の開放政策は変わりなく、2004年1月には第

第9章 1998年韓日首脳共同宣言以後の情報・文化交流について

4次日本文化開放が行なわれた。3月には潘基文(パン・ギムン)外交通商部長官が訪日し、川口外務大臣と会談を行なった。続いて7月には、ジャカルタ（ARF外相会合）で韓日外相会談を行ない、小泉首相の訪韓日程を緊密に協議した。その結果、7月に小泉首相が済州道を訪問することになる。12月には韓日税関相互支援協定も発効した。2004年12月には盧武鉉大統領が鹿児島（指宿）を訪問して演説をするが、これが後に大きな問題となる（後述）。当時、潘基文外交通商部長官も同行し、町村信孝外相と韓日外相会談を持った。

2005年は「韓日友情年2005」という年で、1月から12月まで韓日国交正常化40周年を記念し、9月の「韓日交流おまつり」や12月の「友情年記念コンサート」をはじめ、文化・スポーツ・学術などの多様な分野で700件を超える交流事業が韓日両国で開催された[14]。さらに、3月から9月まで愛知万博開催期間に合わせ、韓国人の短期滞在に対する期間限定査証免除措置も実施された。これも、韓日交流の活力となったと言えよう[15]。

2005年4月には、韓日社会保障協定が発効する。8月からは金浦－羽田間の航空便が1日4便から8便に増便することになる。さらに、11月には小泉首相と新任の麻生太郎外務大臣が訪韓して、釜山でのAPEC首脳・閣僚会議に参加した。そして2006年3月には、韓国人の短期滞在に対する無期限査証免除措置の実施が決まり、無ビザ時代が開かれたのである。

3-2 盧武鉉大統領と安倍晋三首相在任中の韓日関係

2006年9月に新しく就任した安倍晋三首相が10月に韓国を訪れる。10月には麻生生太郎外務大臣も訪韓した。11月には、盧武鉉大統領と安倍首相がハノイ（APEC）で、韓日首脳会談を行なった。12月には新任の宋旻淳(ソン・ミンスン)外交通商長が東京を訪れた。2007年1月には韓日刑事共助条約が発効された。しかし第1次安部内閣は短命に終わり、韓国とあまり交流ができなかった。

3-3 盧武鉉大統領と福田康夫首相在任中の韓日関係

そのあと2007年9月に福田康夫が首相に就任し、9月に町村外務大臣と宋旻淳外交通商長官がAPEC（閣僚会議：シドニー）で、韓日外相会談を持った。さらに、同じ月に国連総会（ニューヨーク）で、町村の後任となった高村外務大臣と宋旻淳長官が韓日外相会談を行なった。11月シンガポールのASEAN関連

会合では、福田首相と盧武鉉大統領が韓日首脳会談を行なった。福田首相も短期で終わり、盧武鉉大統領との交流もあまりできなかった。

3-4　2003年盧武鉉大統領の日本文化開放
(1)　2004年1月1日　日本の第4次文化開放

2001年4月26日の小泉純一郎首相就任以後、7月から日本の教科書問題で一時的に文化開放が中止されたが、2003年6月には盧武鉉大統領が東京へ国賓訪問することによって再開された。当時、両首脳は「韓日首脳共同声明－平和と繁栄の北東アジア時代に向けた韓日協力基盤の構築」を発表した[16]。この声明に従い、両首脳は今後も交流の拡大を通じて、両国民間の信頼と友情を深化させることを約束した。引き続き、2004年1月1日、盧武鉉政権においても第4次日本文化開放が行なわれた。この第4次文化開放は事実上全面的な開放に近いものであった[17]。

(2)　韓日文化交流と「韓流ブーム」

2003年4月から9月までNHKBS2で、KBSのTVドラマ『冬のソナタ』が放送され、「韓流ブーム」が点火された。さらに、2004年4月3日から8月21日までNHK総合でも放送された。また2004年12月20日から2004年12月30日までNHKBS2で未公開シーンも含む完全版が日本語字幕版として放送され、「冬ソナ」は2004年度の流行語大賞を取ったという。当時、「韓流」という言葉は、すでにベトナムや台湾、香港などで広まっていたが、日本でも用いられるようになったのである。『冬のソナタ』の主演俳優ペ・ヨンジュンの愛称から「ヨン様ブーム」としても知られた。特に、2004年6月盧武鉉大統領が東京へ国賓訪日して小泉純一郎首相との首脳会談の際には、『冬のソナタ』に言及されるほど「韓流ブーム」が始まっていた。2005年からNHK総合は韓国の時代劇ドラマ『宮廷女官チャングムの誓い』を放送し、2009年6月にはTBSが再放送した。

3-5　盧武鉉大統領の鹿児島発言の波紋

2004年12月17日、盧武鉉大統領が鹿児島を訪問し、小泉首相との首脳会談を持った。このとき、盧武鉉大統領は次のように述べる。

第9章　1998年韓日首脳共同宣言以後の情報・文化交流について

　「感情的に歴史的な問題を取り上げ謝罪を求めることは韓日間友好親善に否定的に機能する」、「感情的な次元で日本に歴史的な問題解決を求めるのではなく、日本国内で自ら解決できるように韓国が見守ることが必要だ」と強調し、「過去のイシューを先に提起しない」、「日本は東北アジアにおいて新秩序を作っていく指導的な強大国として謙虚な姿勢で寛容と譲歩を行うのが東北アジア秩序のため望ましいと考えている。いまは日本国民が決断する時期だ」と言及した[18]。この発言は一般的な韓国の世論とは異なり、大きな波紋を巻き起こした。

　小泉首相は日本の指導者たちが行なった発言に対して、「過去の歴史の問題に対していろいろな政治家がさまざまな意見を述べる時があり、そのなかで、韓国の方々にとって不愉快に思われる発言もあるかもしれません」、「客観的に両国の過去歴史がどうだったかについて共同研究が進められているところであり、将来の友好関係を生かすことが必要である」と述べ、この問題への即答を避けた[19]。

　盧武鉉大統領のこの鹿児島発言は日本側からの誤解を招き、これから韓国は歴史的なイシューは先に提起しないという誤まった認識を与えるようになった。盧武鉉大統領の発言の本意は、日本は東北アジアにおいて新秩序を作っていく指導的な強大国として歴史的な問題は謙虚な姿勢で寛容と譲歩を行なうべきだという趣旨であった。だが、日本側は、歴史的な問題はすべて解決されたと判断したと思われる。盧武鉉大統領の鹿児島発言以後、日本では同時多発的に韓国の歴史的問題を刺激する発言（韓国では「妄言」）が急激に増えた。これが現在の韓日関係に大きな影響を与えていると思われる。

3-6　韓日歴史研究共同委員会の設置

　第1回の韓日歴史共同研究委員会は、2001年の韓日首脳会談の合意に基づき、2002年から2005年にかけて行なわれた。その結果、2005年6月に報告書が公開された。第2回韓日歴史共同研究は、2005年の韓日首脳会談の合意に基づき、2007年から2010年にかけて行なわれ、2010年3月に報告書が公開された。歴史の共同研究は時間をかけて慎重に行なうべきであったが、短期間で終わってしまったことは非常に残念である。委員会はそれ以上進められることなく、韓日の歴史問題の解決やギャップを埋める良いチャンスを逸してしまった[20]。

183

4 李明博大統領在任中の韓日関係

4-1 李明博大統領と福田康夫首相在任中の韓日関係
2008年2月25日、李明博大統(イ・ミョンバク)の就任式に福田総理が出席し、韓日首脳会談が行なわれた。4月には柳明桓(ユ・ミョンファン)外交通商部長官が先に訪日し、同月に李明博大統領が公式的に東京を訪れた。

その際の韓日共同プレス発表は次の通りである。

> 両首脳は、韓日関係を一層成熟したパートナーシップ関係に拡大し、「韓日新時代」を切り拓いていくとの決意を確認した。さらに、両首脳は、韓日間の交流や経済分野での協力、北朝鮮問題や国際的課題に関する協力を強化、拡大する具体的方策に合意した[21]。

6月には柳明桓外交通商部長官が訪日して日中韓外相会議に参加した。李明博大統領は8月にも北海道洞爺湖で開かれたG8会議に参加した。福田総理は戦前の教育を受けた2000年代の総理のなかでは比較的温和な性格の持ち主で、韓日関係も温和な雰囲気が保たれた。

4-2 李明博大統領と麻生太郎首相在任中の韓日関係
麻生太郎首相は2008年9月24日に就任し、10月北京(ASEM)で、李明博大統領と韓日首脳会談を持った。11月はAPEC閣僚会議(リマ)で、中曾根弘文外務長官と柳明桓外交通商部長官と韓日外相会談を持ち、12月李明博大統領訪日について協議した。また、2009年1月は、麻生太郎首相が訪韓した。4月はロンドン(G20)で、李明博大統領と麻生太郎首相が韓日首脳会談を持った。また、4月にはタイ・パタヤ(EAS)でも韓日首脳会談を持つなど、両首脳は親密な協力関係を維持した。6月にはまた、李明博大統領が東京を訪れた。

4-3 李明博大統領と鳩山由紀夫首相在任中の韓日関係
2009年9月に日本では、自民党から民主党へ政権交代があった。李明博大統領は9月にニューヨークで、就任直後の鳩山由紀夫総理と韓日首脳会談(国連

第9章　1998年韓日首脳共同宣言以後の情報・文化交流について

総会）を持った。また、9月には柳明桓外交通商部長官が鳩山首相の訪韓のために訪日し、10月には、鳩山首相が韓国を訪れた。李明博大統領とは仲良く協力しうる関係であった。また、2010年1月には柳外交通商部長官が東京を訪問する。2月には新任の岡田克也外務大臣が初めて訪韓するが、岡田外相は5月にも訪韓して、釜山や慶州で日中韓外相会議に参加した。鳩山首相も訪韓して済州島で日中韓首脳会議を持った。鳩山首相は韓日友好政策には積極的であったが、在任期間が短くてあまり進展を見なかったのは残念であった。

4-4　李明博大統領と菅直人首相在任中の韓日関係

　李明博大統領は2010年6月にトロント（G20）で、鳩山の後を継いだ菅直人首相と友好的な雰囲気のなかで韓日首脳会談を持った。7月には岡田克也外相と柳明桓外交通商部長官がハノイ（ASEAN関連外相会合）で、韓日外相会談を持った。10月には、ブリュッセルで開かれたASEM首脳会議に参加した菅直人首相が、李明博大統領と韓日首脳会談を持った。さらに、11月には李明博大統領がAPEC首脳会合（横浜）のため訪日した。その時、前原誠司外務大臣と金星煥外交通商部長官は、韓日両首脳の立会いのなかで、韓日図書協定に署名し、12月には韓日原子力協定に署名した。2011年1月には前原外相がソウルを訪問した。3・11東日本大震災直後の5月には、李明博大統領と金星煥外交通商部長官が訪日して、日中韓首脳会議、韓日首脳会談、韓日外相会談を行なった。鳩山首相に続いて菅直人首相も、韓国についてはよく理解している知韓派であった。

4-5　李明博大統領と野田佳彦首相在任中の韓日関係

　菅首相の退陣のあと、2011年9月2日就任した野田佳彦首相はニューヨーク（国連総会）で、李明博大統領との韓日首脳会談を持った。また、新しく就任した玄葉光一郎外務大臣と金星煥外交部長官は韓日外相会談を行なった。10月は玄葉外務大臣と野田首相が訪韓した。12月には李明博大統領が実務賓客資格として京都を訪れた。2012年5月には野田首相と李明博大統領が北京で韓日首脳会談を行なうが、日中韓首脳会議も行なった。ところが8月に、李明博大統領の独島（竹島）訪問および天皇謝罪要求によって政治的な波紋が起こった（これについては後述する）。

4-6　朴槿恵大統領と安倍晋三首相在任中の韓日関係

　2012年年末の総選挙の結果、自民党が再び政権に復帰する。2013年2月には、自民党の麻生太郎副首相が朴槿恵大統領の就任式に参列および表敬訪問した。7月には岸田文雄外務大臣と尹炳世外交部長官がブルネイ（ASEAN関連外相会合）で、韓日外相会談を行なった。9月にも岸田外相－尹炳世外交部長官がニューヨーク（国連総会）で、韓日外相会談を行なった。

5　アンチ韓流と「嫌韓」の潮流

　「山高ければ谷ふかし」という言葉があるが、最近の日本においては、韓流ブームから新韓流[22]ブームまでの、韓国文化全般にわたる熱気が一気に冷却している。

　2012年頃からは、アンチ韓流の気分が生まれると同時に韓流の急速な冷却化による「嫌韓」の潮流も形成されている。2012年8月10日には李明博大統領の独島（竹島）訪問に続いて、14日には天皇に対し謝罪してほしいという発言が波紋を起こすなどで、日本では急速に反韓感情が高まった。この一連の騒動を受けて、日本のBS日テレとBSジャパンはソン・イルグクらが主演した韓国ドラマの放送の無期延期を決定した。9月7日にはBS日テレの社長が「韓流ドラマが多すぎる」との視聴者の批判が寄せられていることに触れ、韓国ドラマの放送を削減すると述べた。こうして、日本テレビ、テレビ朝日、TBSの2012年の年末年始の番組編成から韓流関連プログラムが削減された。フジテレビも韓流コンテンツの放映を減らし始めており、韓流関連コンテンツへのBSとCSでの接触率も激減している。

　K-POP歌手のコンサートのテレビ放送、韓流俳優のテレビ出演、日本で開催される予定だったK-POP歌謡祭なども次々と中止となった。韓国への個人パック旅行にも影響が及び、関西発着の9月から10月の予約分は前年同月比4割減となり、阪急交通社は韓国方面ツアー旅行の新聞広告を取りやめた。また、2012年1月から11月までのマッコリの対日輸出は前年同期比29.5パーセント減少した。

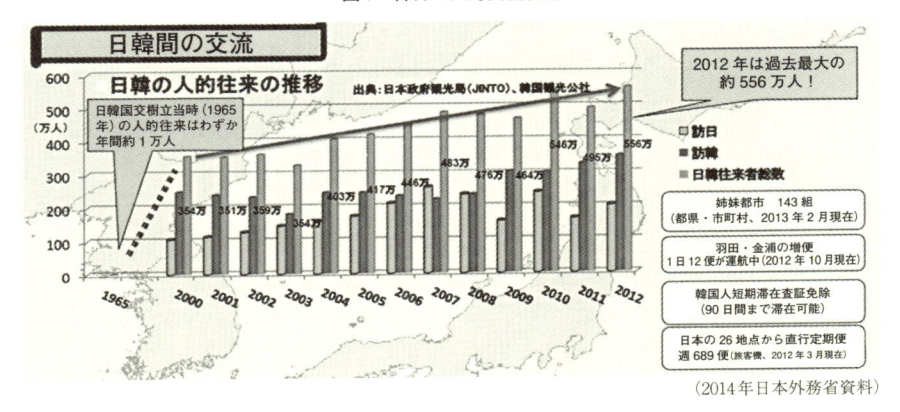

第9章　1998年韓日首脳共同宣言以後の情報・文化交流について

図1　韓日の人的交流状況

(2014年日本外務省資料)

5-1　韓日間の人的交流の推移

図1を見ると、2000年の韓日間の人的往来は約154万人であるが、2012は556万人となり、約3倍以上増えている。ところが、2012年後半からは韓日関係が悪くなった影響で、2013年の往来人数は520万人になり36万人減っている。2014年には500万以下になるかも知れない。このように、2000年から人的交流は急増していたが、韓日関係が悪くなった2013年からは下落している。

また、韓国における放送社別の日本のドラマ編成状況を見ると（次項表1)、2004年は1838件であるが、2005年1135件、2006年721件、2007年316件に減っていたが、2008年からはまた増えて2010年は827件となっている。

5-2　韓日交流と両国首脳の歴史認識

最近、韓日両国ともに政治の舞台で活動している人たちは、大部分が戦後生まれである。戦後生まれの政治家は、東南アジア、または日・韓・中三カ国間の戦争や植民地時代の経験を持たない。さらに、戦争や植民地支配により日本が隣国に多大の損害と苦痛を与えたという歴史的事実を知らない。戦火による生命の危機や、食べるもの、着るものに困窮した経験のない、恵まれた時代に生まれた政治家である。戦前生まれの政治家たちよりは、戦争や植民地時代の苦しみや悲しみなどの歴史的な概念が薄く、現実中心主義の傾向が強いと言える。

表1　韓国放送局別の日本ドラマの編成数

放送局	2004年	2005年	2006年	2007年	2008年	2009年	2010年	合計
MBCevery1	139	136	351	130	301	202	16	1,275
OnStyle	285	327	199	3	110			924
E 채널	483	360						843
FashionN							676	676
MBCドラマネット	232	55	69	11	19	94		480
OCN	321	20		4	18			363
Tooniverse	132	144	20				36	332
SBSプラス	168	18	2	43	26	22		279
Dramax				13	41	127	8	189
tvN			47	81				128
チャンネルCGV	78	16	6					100
O'live		42	24		24			90
TrendE							76	76
KBSJOY						48	12	60
XTM		17	3	26				46
SBSE!TV						22		22
Storyon				4	1	3	3	11
SUPERACTION				1				1
合計	1,838	1,135	721	316	540	518	827	5,895

（2014年韓国文化観光部資料）

　現在、韓日ともに現実中心主義の政治家が主流をなし、戦前の歴史への共通認識を共有しながらの相互理解や寛容性が足りず、ますます相互摩擦が増え続けている。たとえば、小渕、宮沢、竹下首相など、戦前の教育を受けた政治指導者たちが政権を握っていたときは、ある程度戦前の歴史的な認識や経験などを共有し、互いに相互理解ができた。戦前の教育を受けた政治家はたいてい歴史的な認識を共有しながら、相互理解および共同繁栄などについて努力をしたと言える。

　ところが、戦前生まれで戦前の小学校教育を受けた福田首相を除いて、小泉首相以後、戦中戦後生まれの自民党の首相の在任期間には、韓日関係において比較的摩擦が頻発している。韓国においても、盧武鉉大統領と朴槿恵大統領は戦後生まれである。李明博大統領は戦前生まれであるが、戦前の教育を受けな

かった現実中心主義の考え方の政治家である。盧武鉉、李明博、朴槿恵大統領は非日本語世代であり、同じ世代である小泉純一郎、安倍晋三、野田佳彦などとの間で摩擦が相次いだ。不幸な時代を経験していないことは幸いなことではあるが、相互理解のためには戦前の歴史に対するより深い認識が求められる。

韓日両国は従来、何らかの問題が生じた場合は問題解決のためパイプ役を果たす人物（大物）を先に立たせて解決に努めてきた。ところが、現在は時代も変わり、人間も変わり、そのような役割のできる大物がしだいに舞台から退場していなくなっている。政治家も民間人も戦争経験を共有しない世代同士は、いったいどのように互いの共同利益のために努めることができるだろうか。そこが問われる時代である。

5-3　韓日両国首脳同士の友好関係や相互理解

冒頭でも述べたが、国家間の文化交流や友好関係は首脳同士の相互理解や親交関係が大きく影響を与えている。とくに、韓日関係の場合は、歴代首脳同士の友好関係を見ればよく分かる（次項表2）。

金大中大統領は任期5年の間に14回の首脳会談、22回の外相会談を行なった（小渕首相と4回、森首相と4回、小泉首相と6回）。とくに、小渕首相とは緊密な友好関係を保ち、33年ぶりに日本文化開放という快挙をなし遂げた。小泉首相とは2002年、韓日ワールドカップ共同開催という成果も上げた。盧武鉉大統領は5年の間に11回の首脳会談、29回の外相会談を行なったが、小泉首相とは8回、安部首相とは2回、福田首相とは1回だった。

盧武鉉大統領と小泉首相との首脳会談はよく行なわれたが、準備不足や歴史的な認識不足で失敗したと思われる。盧武鉉大統領の人柄は独特で、小泉首相もやはり独特な人柄の持ち主で、ぶつかり合うことが多かった。李明博大統領も任期中、首脳会談を20回、外相会談を26回行なったが、福田首相と3回、麻生首相と6回、鳩山首相と3回、管首相と4回、野田首相と4回だった。李明博大統領任期中、日本の首相は5人が短期間で替わり、友好関係を持ちにくかったと思われる。

朴槿恵大統領と安倍首相は国内世論に縛られている側面がある。政治指導者はある程度の信念が必要である。

表2　韓日首脳および外務大臣の会談回数（1998年〜2014年12月）

韓日両首脳名	首脳会談回数	外相会談回数	備考
金大中大統領・小渕恵三首相	4	9	日本文化開放
金大中大統領・森喜朗首相	4	4	
金大中大統領・小泉純一郎首相	6	9	ワールドカップ開催
盧武鉉大統領・小泉純一郎首相	8	20	「韓日友情年2005」
盧武鉉大統領・安倍晋三首相	2	8	
盧武鉉大統領・福田康夫首相	1	1	
李明博大統領・福田康夫首相	3	2	
李明博大統領・麻生太郎首相	6	6	
李明博大統領・鳩山由紀夫首相	3	3	
李明博大統領・菅直人首相	4	11	3・11東日本震災
李明博大統領・野田佳彦首相	4	4	
朴槿惠大統領・安部晋三首相	0	5	
計	45	82	

6　韓日関係改善策の模索と提言

　2012年から韓日関係が急速に悪化したのは、いろいろ複合的な原因が考えられる。国際情勢のなかで、日米の退潮と中国の台頭などで韓日両国の立場がずいぶん変わってきている。歴史や教科書問題、従軍慰安婦問題、領土問題などに加え、日本は、韓国の中国への接近を、韓国は、日本の北朝鮮への接近を、それぞれ警戒している。日本と韓国は民主主義国家同士であり、協力し合うべき国同士である。最近、韓国の中国への接近は、北朝鮮の核兵器問題を解決するためには中国の協力を得なければならないことからであり、日本を排斥しようとするわけではない。日本も安倍政権以来、急速な「普通国家化」と「異なる歴史認識」「在特会の活動」などの動きが韓国との摩擦を生み出している。これらの解決のためには、両国ともに1993年の「河野談話」の原点に戻り、相互理解を求めるべきであろう。

　また、これからの両国の摩擦を解決するためには、専門家の育成が必要である。従来、何らかの問題が生じると、問題解決のためにはパイプ役を果たす政治家がいたが、そのような役割のできる人がいなくなった今は、韓日の歴史や

第9章　1998年韓日首脳共同宣言以後の情報・文化交流について

文化交流における専門家の養成が切実である。両国ともに戦後生まれの政治家が中心となり、ますます摩擦は増えていくと思われる。韓国は日本語の世代がいなくなり、真の意味で日本の専門家もいなくなっている、日本も戦後世代に代わり、韓国をよく知っている研究者が少なくなっている。好きでも嫌いでも隣同士でともに生きていかざるをえない関係なのだから、お互いに相手側を尊重し、韓日関係の重要性を理解する努力をすべきである。韓国は、日本における対韓感情の悪化をもっと真剣に考えるべきであり、日本も、国内で対韓感情が悪化した現状を受け止めて改善すべきである[23]。先に「山高ければ谷ふかし」と述べたが、いまは谷底にいる状況で登り道を探すべきところである。

　最後に、相手をしっかり研究して摩擦を避けながら日韓関係の改善策を探るために、以下九つの提案をしたい。

(1)　本稿で述べた通り、韓日の文化交流や友好関係は歴代首脳同士の相互理解や親交関係が大きな影響を与えてきた。朴槿恵大統領と安倍晋三首相はできるだけ首脳会談などの意志疎通を行なって、従来のような韓日の友好関係を復元しなければならない。一年間往来する両国民人数は520万人に上っている。在日韓国人と在韓日本人の安全保障および両国の国益のためにも、首脳会談あるいは外相会談が至急に求められる。
(2)　前回（2010年）のように、韓日共同で、「歴史研究共同委員会」を設置して、歴史問題や共同教科書作りを進めるなどして、歴史の共通認識をつくるための努力を続けるべきであろう。歴史の問題は政治家より、専門家である歴史学者らが共同研究で解決すべきである。政治路線から自由になれない政治家よりも、専門家たちの解釈の方がより説得力を持つはずだからである。
(3)　民間レベルでの情報や文化交流をより活性化する必要がある。金大中大統領と小渕恵三首相在任中のような日本文化開放や、盧武鉉大統領・小泉純一郎首相時代の「韓日友情年2005」などの民間レベルでのイベントなどを催して、文化交流を活性化する必要がある。両国の共同利益のために映画やドラマなど、メディアを通じた文化交流がより多く推進されなければならない。
(4)　次世代の友好関係と相互理解のため、若い世代の交流や育成が必要であろう。その一環として、お互いに理解しうるための歴史探訪などのプログラムを運営する必要がある。

(5) 災害や環境問題などの非政治分野の交流を活性化しながら、北朝鮮の核兵器問題などの問題にまで協力関係が及ぶことができればいいだろう。互いの協力で相乗効果が出れば、反感を持たずに温和な雰囲気のなかで話合いもできるであろう。

(6) 両国の政治指導者や有職者たちはできるかぎり、相手側に刺激を与える発言は控えるように努力しなければならない。過去にもしばしば、互いに数々の努力を積み重ねながら築き上げてきた友好関係が、一回の刺激的な発言で水の泡になってしまった。本当に残念なことである。

(7) 両国のメディアも、お互いに刺激的な報道態度はできる限り避けた方がいいだろう。両国のメディアが相手叩きでカタルシスを覚えるのはジャーナリズムの本質ではないと思われるからである。

(8) 前述した通り、これから韓日の問題を解決するためには、両国ともに相手側をよく知っている専門家の養成が何よりも重要であろう。

(9) 両国の順調な交流のためには、お互いに相手国の言語を学ぶ人が多く出なければならない。従来、韓国人は日本語を、日本人は韓国語を学ぶ人が増え、国家的にも奨励していたが、韓日関係が冷えこんでからは、激減している状態である。韓国の場合、最近日本語の教師は養成されない状況で、日本語を教えていた教師も転職する人が増えている。韓日関係が難しい時期だからこそ互いに相手を知るために互いの言語教育が必要である。両国はまた、政治的にも、互いの理解のための基盤づくりをもっと進めなければならないだろう。

注

(1) 在日韓国人や朝鮮人の在日特権を許さないという考え方の信念を持っている会。ここでいう在日特権とは、戦後、日本に残された韓国人や朝鮮人などを対象に与えられた「特別永住資格」のことである。これは1991年に施行された「入管特例法」を根拠に、1910年の日韓併合よって旧日本国籍であった韓国人や朝鮮人などを対象に与えられた特例法である。それ故、在特会は、在日特例法の根幹である入管特例法を廃止し、在日をほかの外国人と平等に扱うことを目指すことを、究極の目標としている。

(2) 鄭在貞「韓日につきまとう歴史の影とその克服のための試み」(第182回日文研フォーラム)、国際日本文化研究センター、2006年、6頁。

第9章　1998年韓日首脳共同宣言以後の情報・文化交流について

(3) 『読売新聞』2014年2月21日付け。
(4) 『中央日報』2014年2月23日付け。
(5) 『読売新聞』2014年12月2日付け。
(6) 『中央日報』2014年2月22日付け。
(7) 『中央日報』2014年11月15日付け。
(8) 「韓日共同宣言」(21世紀に向けた新たな韓日パートナーシップ)日本国内閣総理大臣小渕恵三　大韓民国大統領金大中、1998年10月8日、東京。
(9) 小渕首相「韓日経済アジェンダ21」(21世紀に向けた韓日経済関係緊密化のために)、1999年3月。
(10) 李錬『朝鮮言論統制史』信山社、2002年、はしがき。
(11) 小泉首相の演説と記者会見「韓日首脳共同声明」(平和と繁栄の北東アジア時代に向けた韓日協力基盤の構築)2003年6月7日。
(12) 『朝日新聞』2003年6月9日付け。
(13) 『朝日新聞』2003年6月7日付け。
(14) 金フレン「日本「韓日友情年2005」事業進行状況」『国際地域情報』148号、韓国外国語ダウ学校国際地域研究センター、2005年、17頁。
(15) 在大韓民国日本国大使館公報文化院「韓日交流おまつり」、韓日友情年2005記念事業に関するさらに詳細な情報は、「韓日友情年2005」公式サイト（http://www.jkcf.or.jp/friendship2005/）。
(16) 『朝日新聞』2003年6月7日付け。
(17) 『国民日報』2005年3月22日付け。
(18) 『朝鮮日報』2004年11月8日付け。
(19) 『朝日新聞』2004年11月8日付け。
(20) 鄭在貞「韓日につきまとう歴史の影とその克服のための試み」(第182回日文研フォーラム)国際日本文化研究センター、2006年、42頁。
(21) 在大韓民国日本国大使館公報文化院「日韓共同プレス発表」、2008年4月21日東京で発表された。
(22) 第2次韓流ブーム・新韓流(2010〜2011年頃)について韓国の『中央日報』は、韓国ドラマによる韓流を「韓流1.0」、K-POPによる韓流を「韓流2.0」と呼び、韓国文化全般に対する韓流を「韓流3.0」としている。また、韓国観光公社は、韓流ブームが光・ファッション・ショッピングなど関連分野での成果拡大につなげる動きを「新韓流」と定義している。
(23) 小倉和夫「互いの重要性理解を…小倉和夫氏元駐韓大使」『読売新聞』2014年8月7日付け。

参考文献

李錬『朝鮮言論統制史』信山社、2002年

小倉紀蔵ほか『日韓関係の争点』藤原書店、2014年

外務省東北アジア課「最近の日韓関係」2014年

木村幹『日韓歴史認識問題とは何か』ミネルヴァ書房、2014年

金フレン「日本「韓日友情年2005」事業進行状況」『国際地域情報』第148号、韓国外国語ダウ学校国際地域研究センター、2005年

小泉総理の演説と記者会見「日韓首脳共同声明」平和と繁栄の北東アジア時代に向けた日韓協力基盤の構築、2003年6月7日

在大韓民国日本国大使館公報文化院「日韓交流おまつり」「日韓友情年2005」公式サイト

在大韓民国日本国大使館公報文化院「日韓共同プレス発表」2008年4月21日

鄭在貞「韓日につきまとう歴史の影とその克服のための試み」(第182回日文研フォーラム)国際日本文化研究センター、2006年

東北アジア歴史財団「韓日関係専門家討論会」『日本阿部政権の歴史認識とその問題』2013年

「日韓共同宣言」(21世紀に向けた新たな日韓パートナーシップ)日本国内閣総理大臣小渕恵三大韓民国大統領金大中、1998年10月8日、東京

東アジア日本学会 『東アジアにおける'韓流'の発展と持続』2006年

『宮廷女官チャングムの誓い』(全54話)、エーワンシネマ、2005年

第10章
日韓両国民の相互意識とメディア

奥野昌宏

1　日韓関係の近景

　2015年は日本の敗戦によって韓国が植民地支配から解放されてから70年、また日韓基本条約が締結されてから50年目にあたる節目の年であった。しかしその節目を飾るにはあまりにも両国の関係が冷え込んだ。それはもっぱら政治的要因、とりわけ安倍、朴両首脳の頑迷さによるところが大きいのだが、このことが影響して両国民の意識も離反の度を増した。そもそも以前から政治が、両国民の相互意識を接近と離反、友好と反目の振り子現象に巻き込むことが少なくなかった。日本側についてのみではあるが、図1はそのことを端的に示している。

　韓国にたいする日本人の親近感は、1987年の韓国における民主化の動きに共感した例外的な年を除くと、1990年代末までほぼ一貫して低調であった。とくに戦後50年を期した村山首相談話や慰安婦への補償問題が争点化したことで、1996年調査では「親しみを感じない」が「感じる」を大きく上回った。その傾向が逆転する契機となったのは、1998年の金大中政権の発足であり、同大統領訪日時に発表された共同宣言とそれに基づく両国関係の新たな方向づけであった。同宣言では、日韓パートナーシップや善隣友好協力関係がうたわれ、慰安婦問題は未解決であったものの、日本の植民地支配への反省とお詫びも明文化されたことで一筋の明かりがともされた。また、韓国における日本の大衆文化の段階的開放が打ち出され、これに呼応するように日本でも「冬ソナ」現象に象徴される「韓流」ブームが起こるなどして、2000年代の初めには韓国への親近感が高まった。2002年のサッカー・ワールドカップの共催も親近感に寄与したといってよいだろう。しかし2005年には、小泉首相の靖国

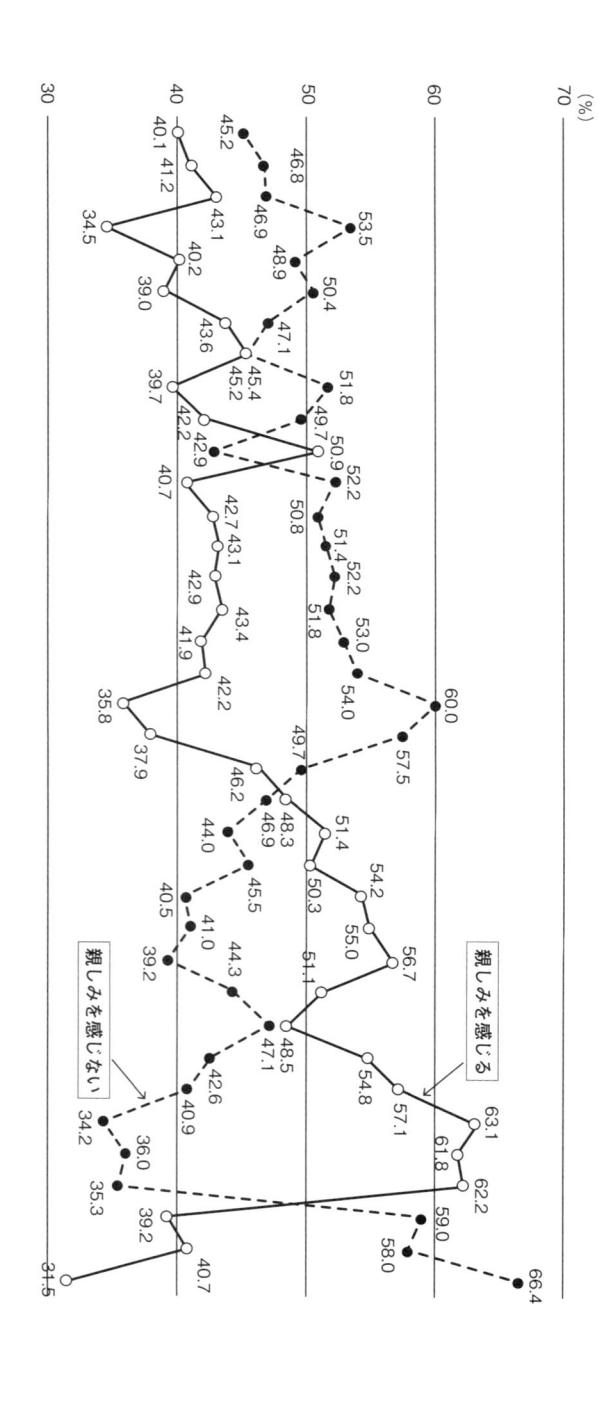

図1 韓国にたいする親近感

※図中の「親しみを感じる」は選択肢の「親しみを感じる」と「どちらかといえば親しみを感じる」の合計値、「親しみを感じない」は「親しみを感じない」と「どちらかといえば親しみを感じない」の合計値である。
(出典) 内閣府大臣官房政府広報室「外交に関する世論調査」2014年版 (http://survey.gov-online.go.jp/h26/h26-gaiko/) より作成。

神社参拝や歴史教科書問題、あるいは島根県の「竹島の日」制定などが韓国側の批判を受け、また慰安婦問題も絡んで盧武鉉大統領の「外交戦争」発言が飛び出したことで、両国関係は一挙に冷え込んだ。2005-06年と親近感が低下しているのはこうした政治状況を反映したものにほかならない。

　盧政権の後を受けた保守系の李明博政権が当初対決姿勢を避けたこともあって、日本側の親近感が好転し、2009年以降「親しみを感じる」が60％を超えた。しかしこの時期、韓流ブームや韓国への親近感と表裏をなす形で、「嫌韓」意識や「嫌韓流」なる反韓レトリックが併存していたことも指摘しておかなければならない。そしてこの意識状況が爆発的に顕在化し拡大するのは、2012年8月の李大統領の竹島（独島）上陸と天皇への謝罪要求であった。同大統領の行為や発言は支持率回復をねらったスタンドプレイである、との批判や疑念が韓国内でも出たほど唐突で思慮を疑わせるものであった。その直後に実施された調査では、予想どおり「親しみを感じる」と「感じない」が逆転し、「感じない」が6割に迫った。さらに、次に政権を担った朴槿恵大統領と安倍晋三首相との関係は冷え込み続けたため、親近感の悪化はさらに進み、最新の調査（2014年）によれば、日本人のじつに3分の2が韓国に「親しみを感じない」という結果になっている[1]。不幸なことに基本条約締結から40年あるいは50年という節目の時期に両国関係が冷え込んだのである。皮肉なことである。

2　相互意識の現状

2-1　相手国・相手国民にたいする意識

　ここで、日韓両国民の相手国あるいは相手国民にたいする意識の現状を、いくつかの調査結果を参照しつつ探ってみたい。

　まずは相手にたいする親近感についてであるが、先にふれた内閣府調査とは質問文や回答選択肢が異なるので単純に比較はできないが、当時の政治状況などを反映してか、日韓双方とも相手への「親しみ」を欠いているという現実がみてとれる。たとえば、読売新聞社と韓国日報社が2015年5月に実施した共同調査（以下「YH2015」と記す）によると、相手国に親しみを「感じる」人が、日本で32％、韓国で20％であるのにたいして、「感じない」が日本で64％、韓国では78％にのぼる[2]。また朝日新聞社と東亜日報社が同年5月に共同実

施した調査（以下「AD 2015」と記す）によれば、それぞれ相手国民にたいして親しみを「感じる」（「大いに」＋「ある程度」）割合が、日本28％、韓国29％である一方、「感じない」（「あまり」＋「まったく」）人が、日本で67％、韓国で65％と、それぞれ全体の3分の2に及ぶ[3]。「身近さ」というとらえ方であるが、朝日・東亜両社が2010年に行なった調査（以下「AD 2010」と記す）によると、相手国を「身近に感じる」（「大いに」＋「ある程度」）人が、日本では半数を超え（55％）、韓国でも42％を占めていた[4]。これらのデータは、両国民の間に相手にたいする心理的距離感が拡大していることを明らかにしており、残念なことにこれは日常的な印象とも符合するのである。

　相手国にたいする印象では、それぞれの過半数が悪い印象を抱いている、という報告がある。日本の言論NPOと韓国の東アジア研究院（EAI）が2015年4-5月に行なった調査（以下「GE 2015」と記す）によれば、相手国に「悪い印象」（「悪い」＋「どちらかといえば悪い」）を抱く人が「良い印象」（「良い」＋「どちらかといえば良い」）を上回り、日本で52.4％、韓国では72.5％にのぼる[5]。両機関は2013年と2014年にも同じ内容の調査（以下「GE 2013」および「GE 2014」と記す）を実施しているが、それによれば、2013年から2014年にかけて日本における対韓印象が悪化したことがわかる。2013年には「良い印象」（31.1％）と「悪い印象」（37.3％）がかなり拮抗していたが（GE 2013）、翌年には「良い印象」（20.5％）を「悪い印象」（54.4％）が大きく上回って「悪い印象」を持つ人が過半数を占め（GE 2014）[6]、2015年に多少の改善をみたものの半数を超える状況は変わらない。韓国においては多少の年次変化はあるものの、この3カ年一貫して「悪い印象」を抱く人が70％を超える（図2）。

　GE 2015で「良くない印象」を持つ理由としてもっとも多く指摘されたのは、日本では「歴史問題などで日本を批判し続けるから」（74.6％）、韓国では「韓国を侵略した歴史について正しく反省していないから」（76.8％）である（複数回答）[7]。両者に共通するのは、自らにたいする相手方の行為や態度への批判や否定的感情である。すなわち、相互の不信や不満が印象をさらに悪化させるという負の連鎖に繋がっているのである[8]。そして、こうした実状の「背景には、ナショナリズムとポピュリズムを巧みに利用する」安倍・朴両政権の政治手法があり、「「自らは正しく、相手は間違っている」という両首脳の発信が、国民の意識にも影響を及ぼしている」[9]という首肯しうる指摘もある。

第10章　日韓両国民の相互意識とメディア

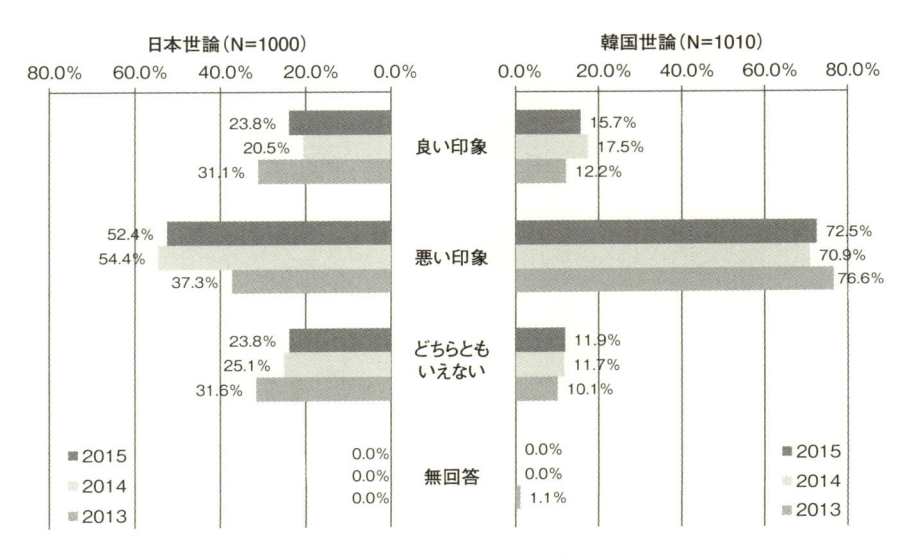

図2　相手国にたいする印象

日本世論（N=1000）

良い印象
- 2015: 23.8%
- 2014: 20.5%
- 2013: 31.1%

悪い印象
- 2015: 52.4%
- 2014: 54.4%
- 2013: 37.3%

どちらともいえない
- 2015: 23.8%
- 2014: 25.1%
- 2013: 31.6%

無回答
- 2015: 0.0%
- 2014: 0.0%
- 2013: 0.0%

韓国世論（N=1010）

良い印象
- 2015: 15.7%
- 2014: 17.5%
- 2013: 12.2%

悪い印象
- 2015: 72.5%
- 2014: 70.9%
- 2013: 76.6%

どちらともいえない
- 2015: 11.9%
- 2014: 11.7%
- 2013: 10.1%

無回答
- 2015: 0.0%
- 2014: 0.0%
- 2013: 1.1%

※良い印象は「良い」と「どちらかといえば良い」、悪い印象は「悪い」と「どちらかといえば悪い」をそれぞれ加えた数字
（出典）言論NPO・東アジア研究院「(第1回～第3回）日韓共同世論調査・日韓世論比較結果」（GE 2013～2015）http://www.genron-npo.net より作成。

　相手にたいするこのような否定的感情はさらに信頼の欠如につながってもいる、とみてよいだろう。相手国を信頼できるかどうかを尋ねた調査では、「信頼できる」（「大いに」＋「多少は」）との回答が、日本18％、韓国15％にたいして、「信頼できない」（「あまり」＋「全く」）が、日本で73％、韓国ではじつに83％に達する（YH 2015）。両国民の間に存在するこの相互不信の構図は両国関係の現状を如実に表わすものであろう。そしてこれら一連の結果は、調査方法などの差異を超えて、両国民の相互意識がきわめて厳しい状態にあることを共通して示しており、政治状況が両者間の心理的隔たりをさらに増幅しているのである。

2-2　両国関係にたいする意識

　このように、両国関係の現状については総じて評価が低い。実状に鑑みればこれは当然の結果だといえよう。たとえばYH 2015では、関係が「悪い」（「非

常に」+「どちらかといえば」)が、日本85％、韓国89％であり、やや低率のGE 2015でも「悪い」(「非常に」+「どちらかといえば」)が日本で65.4％、韓国では78.3％である。またAD 2015では「(うまくいっているとは)思わない」が、日本86％、韓国90％であり、2010年調査に比べてそれぞれ30ポイント程度否定的評価が増加している(AD 2010では否定的評価が日本57％、韓国56％)。今後の関係については今と「変わらない」という見方が多数を占め、YH 2015とAD 2015では両国とも60％前後、やや少ないGE 2015でも同種の回答が40％を超え、もっとも多い。その故か、一方で関係改善を願う声も多く、日本では64％、韓国では87％の人が「(関係が)よくなってほしい」と考えているが、同時に日本では30％の人が「それほどでもない」と答え、両国関係のあり方にやや冷めたまなざしを向ける現実もある(AD 2015)。

　AD 2015によれば、日韓関係が「重要である」(「どちらかといえば」を含む)と考える人は、日本で全体の3分の2(65.3％)、韓国では9割近く(87.4％)におよぶが、対中関係との比較でみると日韓両国民の間には微妙な意識の差がみえる。日韓(韓日)関係も日中(韓中)関係も「同程度に重要」が両国とも半数近くを占めもっとも多い(日本49.1％、韓国46.6％)が、「対中関係がより重要」と考える人が、日本では25.1％であるのにたいして韓国では44.8％におよび、韓国国民の意識が対中関係に傾斜していることがわかる。韓国では(日本にたいしてよりも)「中国により親近感を覚える」人が41.0％でもっとも多いことからも、この意識の傾斜が明らかになる[10]。因みに「日韓(韓日)関係がより重要」と考える人が日本で10.6％、韓国では5.0％にとどまる。また両国関係の今後の見通しについては、「いまと変わらない」が両国とも6割以上を占め(日本67％、韓国60％)、「良い方向」「悪い方向」を大きく上回る(AD 2015)。相互に冷めた感情や意識のすれ違いがあり、諦観さえ滲ませる現実があることを、私たちは直視せざるをえないであろう。この意識のズレは別の角度からも明らかになる。すなわち、軍事的脅威を感じる国・地域についての質問で、日韓とも「北朝鮮」をあげる人がもっとも多い(日本71.6％、韓国83.4％〔複数回答〕)点は一致しているものの、次に「中国」(64.3％)が高率である日本にたいして、韓国では「日本」が「北朝鮮」に次ぐ(58.1％)位置にあるのである(GE 2015)。韓国における日本への脅威感は前年調査(GE 2014)に比べて12ポイント近く上昇していることも注目される点である。

第10章　日韓両国民の相互意識とメディア

　また同様の傾向はYH2015でも明らかにされた。軍事的脅威を感じる国として、日本では「中国」が第1位（84％）次いで「北朝鮮」（77％）であるのにたいして、韓国では1位の「北朝鮮」（78％）に続いて「日本」（61％）があがる（複数回答）。調査時期の関係で、日本国内で安全保障法制の議論が高まり、韓国メディアが日本政府の方針を危機感をもって報じていたことが影響したとも考えられるが、韓国国民のおよそ6割が日本に軍事的脅威を感じている（GE2015、YH2015ともに）というその事実は、真摯に受け止めなければならないであろう。また、日韓間の軍事紛争について、「起こらないと思う」人が、日本では3分の2（65.7％）を占め「将来的には起こると思う」人（8.6％）を大きく上回っているのにたいして、韓国では「起こらないと思う」がもっとも多い（48.2％）ものの、「将来的には起こると思う」人が3分の1（32.5％）にのぼる。これは韓国国民の間に日本にたいする軍事面での「脅威」の感情が内在することを示している（GE2015）。またGE2015は、日本国民の半数以上

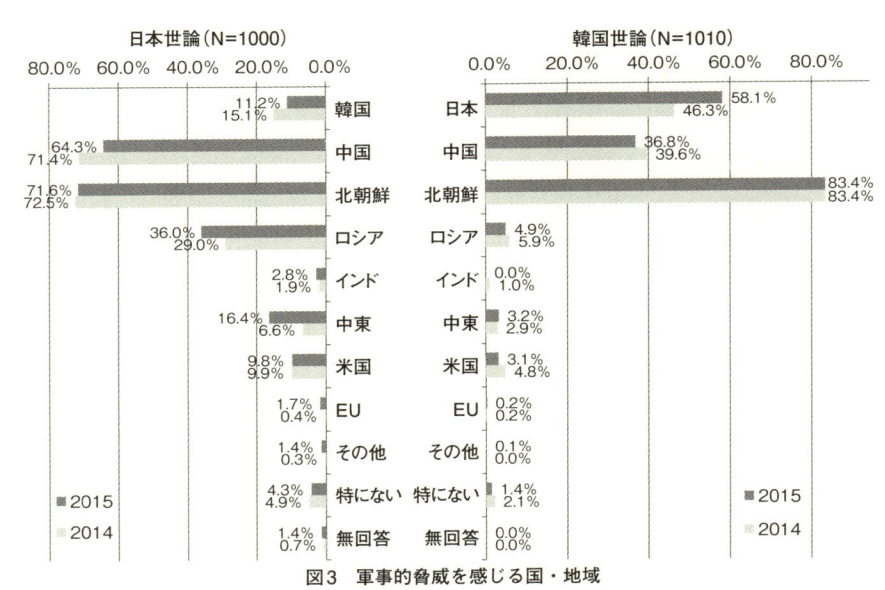

図3　軍事的脅威を感じる国・地域

※日本側調査では「いくつでも回答選択可能」、韓国側調査では「2つまで回答選択可能」
（出典）言論NPO・東アジア研究院「第3回日韓共同世論調査・日韓世論比較結果」（GE2014～2015）
http://www.genron-npo.net

201

(55.7％)が韓国を「民族主義」と評しているのにたいして、韓国国民の過半数（56.9％）が日本の現状を「軍国主義」ととらえているのである。これらの調査結果は、ステレオタイプ化された認識や、誤解をも含みながら両者の意識の断層を形づくっているのであろう。

2-3　領土問題と歴史問題についての意識

さて日韓両国民の意識を隔絶する要因は何であろうか。GE 2015によれば、両国民が考える関係発展の阻害要因は、第一に「竹島・独島問題」（日本62.0％、韓国88.3％）であり、次いで「従軍慰安婦問題」（日本58.0％、韓国63.5％）である（複数回答）[11]。日本ではこれらに続いて「韓国国民の反日感情」（33.0％）、「韓国の歴史認識と歴史教育」（32.5％）が指摘され、一方韓国においては「日本の歴史認識と歴史教育」（42.1％）が前二者に次ぐ。上位には領土や歴史問題の具体的争点があげられるが、同時に相手側の「歴史認識や歴史教育」といったやや抽象的でまた詳細は必ずしも承知していないであろうことがらが阻害要因として受け止められている。そしてこれらが相乗して両者の意識の乖離を形成しているのであろう。さらに、韓国国民にとって「独島」は、たんなる領土の問題ではなく、日本の植民地支配に連動する歴史問題の象徴としてとらえられていることも認識しておく必要があろう。またこの領土問題の解決策についても両国民の間には意識の差がある。日本では「国際司法裁判所に提訴して判断を仰ぐ」がもっとも多い（38.8％）のにたいして、韓国では「2か国間の対話で平和的な解決を目指す」がもっとも多い（33.4％）（GE 2015）。しかし国際司法裁判所の審理には韓国が非同意であり、「対話」も実現しないのが現状である。阻害要因の筆頭である領土問題はデッドロックに乗り上げたままであり、李明博大統領の竹島（独島）上陸を契機にして、対抗意識だけが炎上する状態にある。

歴史問題にたいする意識を論じるに先立って、意識の基礎となる基本的な知識の有無についてみておく必要があろう。この点についてAD 2015は次のような日本の現実を明らかにしている。すなわち、日本国民の4分の1（26％）が韓国併合や植民地支配の事実を「知らなかった」と答えていることである（日本側のみの設問）。もとより「知っていた」人が多数をなす（69％）が、しかし見方を変えれば、これだけ議論の的にもなり、また常識といってもいいこの

第10章　日韓両国民の相互意識とメディア

史実を7割しか知らない、というのは驚愕すべき事態といってもいいだろう。
　次に歴史問題についての意識を比較してみよう（図4参照）。同じくAD 2015によれば、まず「過去の歴史の問題は、すでに決着した」かについて、日本では約半数（49％）が「決着した」と考えられており、「決着していない」（42％）を上回る。2010年（AD 2010）と比較すると、「決着した」が10ポイント増加し、「決着していない」が10ポイント減少して、既決感が高まっていることが明らかとなる。韓国国民の間では「決着していない」という評価が支配的であり、これには年次の差異がない。次に韓国併合や植民地支配にたいする日本の謝罪については、日本国民のおよそ3分の2（65％）が「十分に謝罪した」ととらえており、「まだ不十分だ」（20％）を大きく上回っている。これについてもこの5年間に変化が認められ、2010年（AD 2010）と比較すると、「十分に謝罪した」が10ポイント増加、「まだ不十分だ」が10ポイント減少して、謝罪容認派が増えていることがわかる。この問いについても韓国では、2010年、2015年ともに否定的評価が支配的であることは図4に示すとおりである。さらに「植民地支配の被害者に対する補償について、再検討する必要がある」かどうかについては、現在日本では国民の7割（69％）が「必要はない」と考えており、その割合は2010年（AD 2010）と比較して、12ポイント増加した。韓国では「必要がある」が両年とも9割を占める。図4によって明らかにされることは、歴史問題にかんする日韓両国民間の意識の乖離が近年になってますます拡大しているという事実である。
　また、元慰安婦の補償問題は日韓基本条約などで法的に解決済みだとする日本政府の立場と、この問題は未解決だとする韓国政府の立場については、日韓ともに7割以上（日本74％、韓国78％）の人が自国政府の立場を「支持」しており、一方相手国政府の主張にたいしては、大半（日本77％、韓国89％）が「納得しない」との認識を示している（AD 2015）。自国政府の立場や見解に沿う意識のありようは、両国政府が歩み寄りを顕著に見せない状況のもとでは反目へとつながりかねない。「植民地支配の過去を持つ日韓の間で、歴史認識で折り合うのは容易ではない」が「相手のものさしを理解する努力」[12]を地道に積み重ねる必要があるだろう。

■過去の歴史の問題は決着したか

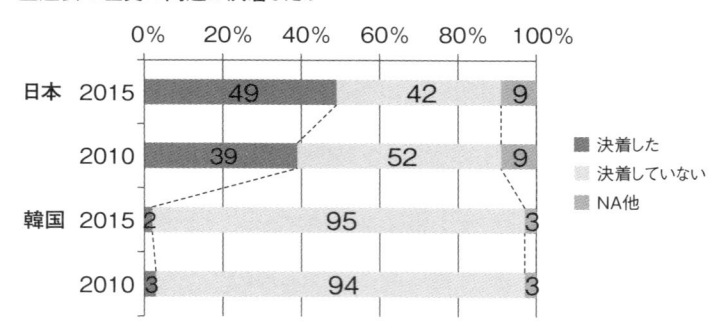

	決着した	決着していない	NA他
日本 2015	49	42	9
2010	39	52	9
韓国 2015	2	95	3
2010	3	94	3

■韓国併合や植民地支配への日本の謝罪

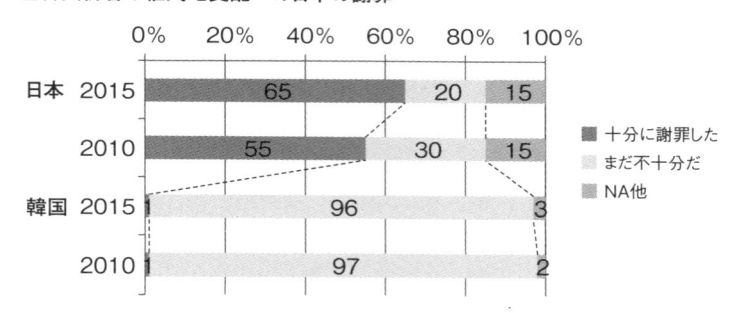

	十分に謝罪した	まだ不十分だ	NA他
日本 2015	65	20	15
2010	55	30	15
韓国 2015	1	96	3
2010	1	97	2

■植民地支配の被害者への補償の再検討

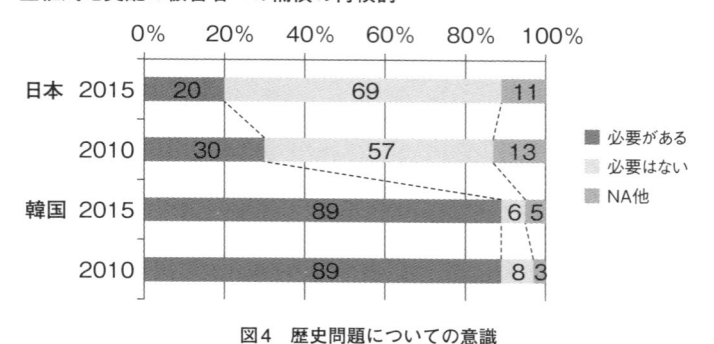

	必要がある	必要はない	NA他
日本 2015	20	69	11
2010	30	57	13
韓国 2015	89	6	5
2010	89	8	3

図4　歴史問題についての意識

（出典）『朝日新聞』2010年6月10日付朝刊（AD 2015）および同2015年6月22日付朝刊（AD 2015）より作成。

3 メディアの位置

3-1 情報源・影響源としてのメディア

　日韓両国民の相互の意識が形づくられるうえで重要な要因となっているのがメディアである、という指摘がしばしばなされる[13]。この点については、情報源しても影響源としてもメディアが大きな位置を占めていることが一連のアンケート調査でも明らかにされている。情報源という角度からは、GE 2015が、両国民とも9割以上（日本94.3％、韓国94.6％：複数回答）が相手国にかんする情報を「自国のニュースメディア」から得ており、とりわけテレビに依存していると指摘する。なお同調査によれば、韓国では「韓国のテレビドラマ・情報番組、映画作品」も6割近く（58.1％）にのぼり（日本は24.5％）、「ニュースメディア」ばかりでなく多様なマス・メディアの内容が情報源として利用されているようである。また影響源という点からも、AD 2015が同様の指摘をする。すなわち、相手国のイメージ形成に主に影響を与えたものとしては、日韓ともに「メディア」がもっとも多い（日本78％、韓国65％：2つまで回答）のである[14]。また日本のみの設問であるが、もっとも影響を与えたメディアとしては「テレビ」が68％でとくに多い。この結果だけでは情報源あるいは影響源としてのメディアがいかなる方向で機能しているのか定かではない。しかし、両国民の半数以上（日本54％、韓国59％）が、この5年間に相手国にたいするイメージが「悪くなった」と答えていることをあわせて考え、その意味するところをメディアとしても一考してみる必要があるだろう。

　両国民の往来が活発になり、相手国への訪問経験をもつ人が増えたとはいえ、渡航経験者は全体からみるとまだ少数派である。GE 2015によれば、相手国への渡航経験のある人はそれぞれ全体の4分の1（日韓とも26.0％）にとどまり、未経験者が4分の3（日韓とも74.0％）を占めるのである。さらに「親しい友人・知人がいる」人は1割に満たず（日本7.6％、韓国6.0％）、「相手国に知り合いはいない（いたことはない）」人が圧倒的に多い（日本75.7％、韓国88.2％）のが現状であり、パーソナル・チャネルはいまだ密とはいえない。こうした実状においては、必然的にメディアへの依存度が高まることになろう。

　さて両国間に歴史問題や領土問題などの論争点が現にあり、またこれらの争

点をめぐる政治対立、とくに両国首脳の離反がある時に、メディアがいたずらに友好を強調し過ぎることは、必要な論点を隠すことにもつながりかねず、むしろ無益であろう。しかし、必要以上に差異を強調し、相手を極端に論難することはさらに無益である。両国間の政治対立がメディアによって増幅され、これが両国民の意識に投影されていないか、あらためて考えてみる必要がある。たとえば先に触れたように、極めて多数の人が元慰安婦の補償問題にたいする自国政府の立場を支持し、相手国政府の主張に納得していない。すなわち両国とも国民が闇雲に自国政府の立場に賛同し、相手国政府に批判的であるとみることもできる。1995年設立のいわゆる「アジア女性基金」について、その設立や首相のお詫びの手紙、償い金の支給などを「知らなかった」人が多数（日本64％、韓国77％）を占める、というのが実状である。同基金にたいしては当初からそうであったように、賛否両論が併存するのは事実だとしても、その存在自体の知識が欠けたなかでの自国中心主義的傾向にメディアがかかわっていないか、その媒介ないし増幅の装置として働いていないか、あらためてメディア自身が再考する必要があるだろう。どれだけ自国政府への批判が強い時でも、歴史問題と領土問題をめぐる対日政策では政府もメディアも国民も対日批判で一致する[15]、といわれる韓国では、この調査で示された結果も珍しいことではないのかもしれない。しかし、この問題についてはこれまで比較的意見が分かれていた日本でも同種の状況があらわれてきたことには危惧さえ伴う。朝日新聞社による従軍慰安婦強制連行説の撤回と同社と関係記者への一部のメディアや政治勢力のすさまじい攻撃、あるいはまたこの問題にたいする韓国側の国際的攻勢とこれについてのメディアの扱いが、相乗的に日本国民の意識を政府支持という結果に水路づけたとも考えられるのである。

3-2 メディアの日韓関係

　知日派で知られ今回の研究メンバーのひとりでもある金政起(キム・ジョンキ)は、かつて日韓のテレビニュースの比較分析をした際に次のような指摘をした。すなわち、双方が一見客観的な言語表現をとりながらも、その表現の背後にそれぞれ固有の「神話」を内在させている、という指摘である。韓国側の対日神話は、韓国が「野蛮な倭国」にとっては「文化の先達」であるという神話、一方日本の対韓神話は「植民地支配の夢」の継続である、と。双方のニュースがこの「神話」

を基礎にして作られているため、「現実」との間に距離が生じるのだ、したがって、両国のメディアがこの「神話」から抜け出すことが必要だ、と説くのである[16]。現在の両国のメディアはこの「神話」のくびきから果たして抜け出せているのだろうか、むしろますます強く「神話」にからめとられていないか、あらためて考えてみなければなるまい。

　かつて筆者らは日韓両国のジャーナリストの比較調査を行ない、その結果（図5）をもとに筆者は次のように指摘した。すなわち、「双方とも相手国メディアの報道に公正さを認めていない。……日本のジャーナリストは、韓国の新聞やテレビが日本のことを公正に伝えていると考えておらず、また韓国のジャーナリストも、日本のメディアにたいして同様の考えを持っている。……両者の間には相互不信の構図が存在する」[17]と。

　この調査から20年が経ち、意識のありようがどう変化したか、筆者は確たる判断材料をもちあわせていないが、相手国に現在駐在するジャーナリストやかつて駐在経験のあるジャーナリストへの聴き取りから判断するところでは、この意識のずれがいまだに解消し切れていないというのが実状であるようだ。

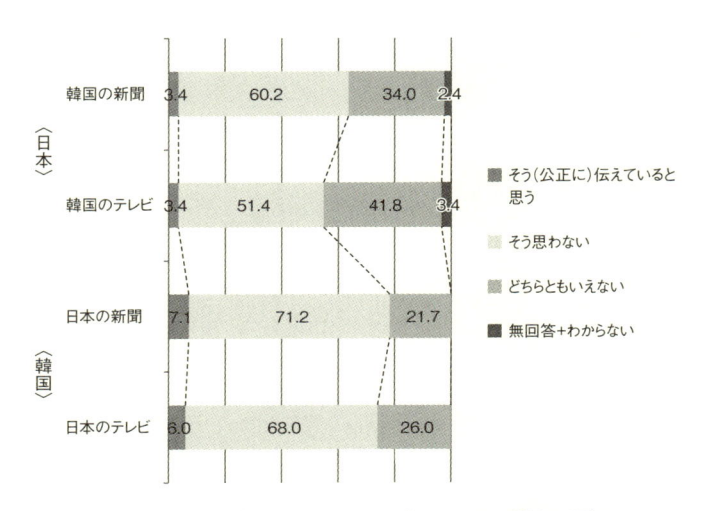

図5　相手国メディアによる自国報道の公正さに対する評価

（出典）奥野昌宏・柳井道夫「日本・韓国・中国のマス・メディアと国際関係——3国のジャーナリスト及び有識者の意識——」内川芳美・柳井道夫編『マス・メディアと国際関係——日本・韓国・中国の国際比較』学文社、1994年、191頁より作成。

とくに日本のジャーナリストの韓国メディアにたいする意識に、その傾向が顕著にみられる。

　その理由の一つとして、メディアの性格づけないしはジャーナリズムのスタイルの違いといったものがある。すなわち、事実に基づく正確な報道を重視しようとする日本のジャーナリズムのスタイルにたいして、まず「論」ありきでストーリーを先行させる韓国のジャーナリズムのスタイルである。事実を重視する「報道型」ジャーナリズムと意見に重きをおく「言論型」ジャーナリズムの違いであるといってもよい。韓国ではジャーナリズムは「言論」であり、ジャーナリストは「言論人」、メディアは「言論社」である[18]。何を語るべきかが先行する、といってもよい。これは韓国メディアが歩んできた歴史にも起因しているのであろう。日本の植民地支配や戦後長らく続いた軍事政権下での言論弾圧が、必然的にジャーナリズムを言論中心にしたのである。この伝統が、語るべきストーリーが重要で、そのストーリー中の細かい構成要素に多少正確さに欠けるところがあっても許容される、との考えにつながっている。しかしこうした実状にたいして、東京駐在経験の豊富な韓国のあるベテラン・ジャーナリストは次のように指摘する。すなわち、両国のメディアには体質の違いといったものがあり、事実を重視する日本のメディアにたいして、韓国のメディアは主義主張、大義名分を重視する、そして新しいネットメディアが台頭するなかで、とくに苦境に陥っている新聞は、読ませる記事にすべく感情的で、刺激的な記事を作る傾向にある、その結果、事実の確認も甘くなりがちである、といった指摘である。その背景には組織上・人事上の問題もあるという。韓国のメディアでは人員不足も手伝って、スペシャリストの養成ができないし、これまでもしてこなかった、日本の記者はソウル特派員から帰任した後も韓（朝鮮）半島の問題を持続して担当することが多いが、韓国のメディアでは東京特派員を終えた後まったく違う分野の担当になることも多く、経験や知識の蓄積が個人としても組織としてもなされにくい、というのである。

　しかし、事実を重視する日本のメディアにも問題がないわけではない。それは事実を重視するがゆえの落とし穴といってもよい。すなわち、細かな事実に拘束され過ぎることで、論点の本質が見えにくくなるという問題である。最近の若い記者はことがらの本質を見抜けず、たとえば政治家の問題発言などがあっても事の重大さに気づかない、という日本のベテラン記者の声も聞こえる。

第10章　日韓両国民の相互意識とメディア

これは経験の多寡によるものなのかもしれないが、しかしそればかりではなく、客観的ファクト主義なる取材・報道のスタイルが、しばしば発表もの依存に陥り、権力監視の形骸化につながっている、という日本のメディアの構造的な問題が逆照射されているようにもみえるのである。

4　メディアの今後

　日韓の主要メディアは表1および表2のとおり、相手国に常時特派員を駐在させ、相手国にかんする取材報道などの活動を恒常的に行なっている[19]。
　日本のメディアのソウル特派員は、かつては現地スタッフの言語力に頼って取材をしていたが、80年代頃からは留学などによって赴任前に韓国朝鮮語を習得することで、自力取材ができるようになったという。そして近年は、まず現地で記者としての経験を積んだのち、多くは2度目の赴任時に支局長職に就くことが一般化しているという。実際のところ今回の聴き取りに応じてくれた人たちもおおむねそうであった。このことは、自分の目で見、自分の耳で聞いて、自分の言葉で語る、というジャーナリズムの基本が実現可能な体制が整ってきているということであり、経験と知識が、個人としても組織としても蓄積されうる状況になっているということでもある。しかし一方で、日本のコリ

表1　日本メディアの韓国駐在員数（2014年現在、カッコ内は人数）

新聞	朝日新聞（2）、毎日新聞（2）、読売新聞（3）、日本経済新聞（3）、産経新聞（2）、北海道新聞（1）、中日新聞（2）、西日本新聞（1）
通信	共同通信（2）、時事通信（2）
放送	NHK（4）、日本テレビ（NNN系）（2）、TBS（JNN系）（2）、フジテレビ（FNN系）（3）、テレビ朝日（ANN系）（2）、テレビ東京（TXN系）（1）　（以上、ソウル）
このほか釜山駐在、西日本新聞（1）、水産経済新聞（1）	

（出典）『日本新聞年鑑2015』日本新聞協会、2014年、400-401ページおよび同年鑑過年度版より作成。

表2　韓国メディアの日本駐在員数（2013年現在、カッコ内は人数）

新聞	朝鮮日報（1）、東亜日報（2）、中央日報（2）、韓国日報（1）、ハンギョレ（1）、京郷新聞（1）、ソウル新聞（1）、毎日経済新聞（1）、韓国経済新聞（1）
通信	聯合ニュース（3）
放送	KBS（3）、MBC（2）、SBS（2）、YTN（1）　（以上、すべて東京）

（出典）The Korean Press 2014, Korean Press Foundation（韓国言論財団）: Seoul, 2014, pp.76-82および同年鑑過年度版より作成。

ア・ウォチャーとしてのジャーナリストの一部に、韓国にたいするある種の「疲れ」や反発さえ垣間見えるのも事実である。経験と知識の蓄積が日本における韓国理解を促進する方向で活かされるよう、あらためて期待したい。日本国内にいわゆる反韓・嫌韓論の高まりとそれを増幅する一部の雑誌やインターネットなどのメディア状況があるのも現実である。そこにはメディアの営利主義も透けて見える[20]。しかし、主要メディアには偏狭なナショナリズムに陥ることのないよう、今後とも地道な活動を求めたい。

　一方、韓国のメディアが対日報道については一色化する傾向があることは先に指摘したとおりである。異論、異説を許さない状況である。時に情報の正確さを欠くこともあるという。そこには国民感情をおもんばかる形での商業主義が内在し、これがまた感情的なまでの一色化を助長してきた。メディアと国民感情との相乗的な対日批判の高まりである。もとより健全な相互批判は必要だし、それがあってはじめて相互理解は達成される。しかし過度な論難や感情的訴求はむしろこれに逆行する。韓国のメディアには情報の正確さと意見の多様性を確保することが望まれる。近年韓国メディアの東京特派員の間で、韓国にかんする日本国内の動きに感情的に対応することをやめよう、という話合いがなされていると聞く。週刊誌などの煽情的な反韓・嫌韓記事にいちいち反応しないようにしているのだという。まずは日本のこの種のメディアの問題ではあるが、韓国のジャーナリストがこうした対応をとろうとしていることを支持したい。さらに、現場ジャーナリストの思いが本社でどう達成されるかという課題はいまだ残っているが、今後多少とも変化することを望みたい。

　「近くて遠い国」を「近くて近い国」に組み替えていくことは、現実にはそう簡単なことではないが、相互の違いや健全な相互批判を認めつつ、互いに理解しようとする意識が醸成されること、そのための情報源・影響源としてメディアが機能することを望みたい[21]。今回のインタヴューなどでしばしば民間交流の必要性がジャーナリストらによって語られた。メディアがこうした動きを促進することも今後より重要な働きとなろう。多くの困難はあっても国民意識は変わりうるはずだし、そのためにメディアができることもあるはずである。

第10章　日韓両国民の相互意識とメディア

注

(1) 内閣府大臣官房政府広報室「外交に関する世論調査」平成26年版
 http://survey.gov-online.go.jp/h26/h26-gaiko
(2) YOMIURI ONLINE「日韓共同世論調査」
 http://yomiuri.co.jp/feature/opinion/koumoku/20150630（YH2015）。
(3) 『朝日新聞』2015年6月22日付朝刊（AD2015）。
(4) 『朝日新聞』2010年6月10日付朝刊（AD2010）。
(5) 言論NPO・東アジア研究院「第3回日韓共同世論調査」（2015年5月）
 http://www.genron-npo.net/pdf/150529（GE2015）。
(6) 同「第1回日韓共同世論調査」（2013年5月）および「第2回日韓共同世論調査」（2014年7月）http://www.genron-npo.net（GE2013およびGE2014）。
(7) 韓国では「歴史認識」に匹敵するものとして「領土問題」（「独島をめぐる領土対立があるから」が69.3％）が悪い印象の理由にあげられる。
(8) このことについては別の調査結果からもみてとれる。この調査は時期も内容も異なるが、双方の相手にたいする認識が相互の心理的距離感の源になっていることを示す点では共通している。日本リサーチセンターとGallup Koreaが2007年3－4月に実施した共同調査によると、両国ともに、相手国で「反日（韓）感情が強い」ことを「親しみを感じない」理由にあげる人が多い（日本64.3％、韓国72.1％）（複数回答）。なお、この調査でも韓国では多くの人が「歴史認識が違う」（77.4％）ことや「領土・領有問題が生じている」（84.1％）ことを理由としてあげる。日本リサーチセンター・Gallup Korea「日韓関係についての国際比較世論調査（2007年）」
 http://www.nrc.co.jp/report/070517
(9) 梁起豪「政権の姿勢が国民の意識にも影響」『朝日新聞』2015年6月22日付朝刊。
(10) これに関連する現状認識として次の見解を紹介しておく。論者は毎日新聞ソウル支局長澤田克己氏である。氏は日韓関係悪化について次のように述べる。「最大の要因は、韓国社会の意識変化だ。安倍首相や朴大統領は火に油を注いでいるに過ぎない。そうした変化をもたらしたものは、冷戦の終結や中国の台頭による北東アジアの国際秩序の変化」であり、「台頭する中国に向ける日韓の視線の違いが無視できないほど拡大してきた。今や、日韓で最もすり合わせが難しいのは、歴史認識などよりも対中認識ではないかと思えるほどになっている。それがまた、日韓関係に深刻な影響を与えているのであ」る、と（澤田克己『韓国「反日」の真相』文春新書、2015年、11-12頁）。また同氏は、旧著（『「脱日」する韓国——隣国が日本を捨てる日』ユビキタ・スタジオ、2006年）において「脱日」という表現を使って、韓国における日本のウェイトの低下を指摘した。氏によればその後ますますこの傾向が強

211

まっているという。
(11) 質問と回答選択肢が異なるが、YH2015においても同種の結果が示されている。関係改善のために優先して解決すべき問題としての問いであるが、ここでも「竹島（独島）をめぐる問題」が日本（59％）、韓国（89％）とともに第1位であり、韓国では「従軍慰安婦問題」（86％）が独島問題に匹敵する。
(12) 古田富建「相手のものさし 理解する努力を」『朝日新聞』2015年6月22日付朝刊。
(13) 今回の日韓両国のジャーナリストへのインタヴュー調査のなかでもこの種の指摘が複数の対象者からなされた。
(14) 韓国では「メディア」に次いで、3分の1（34％）の人が「学校教育」をあげており、日本（15％）の2倍あまりにのぼる、という特徴もある（AD2015）。
(15) 知韓派で知られる若宮啓文（朝日新聞主筆：当時）も次のように語っている。「日本とのあいだの歴史認識の違いや領土問題がからむと、言論も報道もナショナリズム一色に覆われてしまいます」と。しかし一方で、論説主幹当時の2005年3月に書いた竹島にかんするコラムへのナショナリズム的批判・攻撃があったことを述懐しつつ、（歴史問題は意見の幅があるので、比較的自由に書けるが、）「日本のばあいも、領土問題に関してはかなり制限され」ると語っている。領土問題は国益にからむからである（李相哲編『日中韓の戦後メディア史』藤原書店、2012年、191頁）。しかし最近では、歴史問題、とくに従軍慰安婦問題には国益にからませたナショナリスティックな主張がメディアを席巻するようになってきている。

また韓国メディアが対日報道ではしばしば一色化することや感情的表現にもなることが、今回の聴き取り調査においても、韓国のジャーナリストを含めて多く聞かれた。そしてその背後には国民の対日感情があり、そこから離れることを恐れるメディアの姿勢があるというのである。
(16) 金政起「韓日両国のテレビジョン・ニュース言語の問題：その神話と現実の間の距離」『韓日放送ニュースの相互報道比較分析』（コミュニケーション・モノグラフ第2号）韓国外国語大学校言論情報研究所、7-31頁（原文韓国語）。
(17) 奥野昌宏・柳井道夫「日本・韓国・中国のマス・メディアと国際関係――3国のジャーナリスト及び専門家有識者の意識――」内川芳美・柳井道夫編『マス・メディアと国際関係 日本・韓国・中国の国際比較』学文社、1994年、146頁。
(18) このことに関連していえば（上記注15と同じく20年前のデータではあるが）、「マス・メディアの役割は世論を指導することだ」という考えに賛同するジャーナリストの割合は、韓国の方が圧倒的に多かった。新聞とテレビそれぞれについて質問した結果であるが、日本では、新聞16.3％、テレビ5.4％であったのにたいして、韓国では、新聞56.9％、テレビ45.9％であった（同上書、132-134頁）。メディア

の実状や関係者へのインタヴュー結果からみると、現在でもマス・メディアの役割は「言論」によって世論を指導することだ、という考え方が韓国のジャーナリズムでは色濃いのではないか、と推察される。

(19) 各メディアは表記の駐在員のほか、現地スタッフを雇用して業務体制を整えている。また放送（テレビ）は、スタッフに記者のほかPDやカメラマンも含まれる。なお、朝日新聞社は2013年以降それまでの3名を2名にし、朝鮮日報社は2010年よりそれまでの2名体制を1名体制に縮小した。『朝鮮日報』の記事が時に正確さを欠くとの指摘があるが、このことと1名体制とは無縁ではなかろう。

両国の主要メディアは相手国の特定メディアと提携などの関係をもっている。実際の関係性は一様ではないが、何らかの関連がみられる社は次のとおりである。

朝日新聞－東亜日報　毎日新聞－朝鮮日報　読売新聞－韓国日報　産経新聞－京郷新聞　共同通信－聯合ニュース　時事通信－中央日報　NHK－KBS　日本テレビ－SBS　TBS－YTN　フジテレビ－MBC　など

(20) 40年近い韓国ウォッチャーとしての経験に裏打ちされた辛口の記事や著書で知られる黒田勝弘は、こうした状況について次のように述べている。「夕刊紙や週刊誌、月刊誌など雑誌を中心に韓国叩きの反韓記事があふれている。ネット世界などもっとそうだ。雑誌は反韓特集をやれば売れるという。……この反韓は、当初は韓国における執拗な反日現象に対する反発だったが、今や……韓国のあらゆることが気に食わないと、韓国のこきおろしになっている」とし、「韓国（とくにマスコミ）にとっては昔から「日本の失敗やミスは韓国の喜び」」だった。どうやら日本の反韓も今や「韓国の失敗は日本の喜び」になったようだ。筆者はこの風景を「日本の韓国化」と皮肉っているが、これは日本にしてはいささか切なくて、見苦しい」と（黒田勝弘、「民族の鬱積」が残り続ける理由」『新潮45』2014年12月号、24-25頁）。また同誌で、ネット事情に詳しい中川淳一郎はネット世界における反韓ムードの盛り上がりを次のとおり語っている。「韓国を叩くような題材はネトウヨを含め、韓国にあまり良い感情を持っていない人には拍手喝采となり、即ちサイトの運営主体はPVを稼げる。現在のネットビジネスは、いかに多くのPVを稼ぎ、それに伴う広告費を稼ぐかが勝負である。だからこそ煽情的な見出しで韓国叩きを誘発し」、その結果として「一般の人々も韓国への憎悪を募らせていったという側面がここ数年はネット上で発生した」のだと（「ネットが増幅させる「嫌韓」」同上誌、48頁）。

(21) 残念ながら、両国のメディアは日韓関係の報道についてかならずしも信頼されていない。GE 2015によれば「日韓関係の報道に関して自国のメディア報道は客観的で公正か」という問いにたいして、「そう思う」と回答した人はそれぞれ3割に満たず（日本28.8％、韓国26.5％）、日本では「どちらともいえない／わからない」と

いう人が43.0％を占め、韓国では「そう思わない」という否定派が半数を超える（51.7％）。

　本研究プロジェクトの実施と本稿作成の過程で、次の方がたに貴重なお話を伺った。記して謝意を表したい。なお、所属などはインタヴュー当時のものであり、役職名は省略した。末尾は面会日であり、配列は五十音順である。
〈日本〉
植田祐一氏（西日本新聞社）2013年9月3日
大貫智子氏（毎日新聞社）2013年9月4日
貝瀬秋彦氏（朝日新聞社）2013年12月25日および2014年9月1日
黒田勝弘氏（産経新聞社）2014年3月27日
小林直人氏（韓日未来フォーラム）2013年12月25日
澤田克己氏（毎日新聞社）2013年9月4日および2013年12月24日
下川正晴氏（元毎日新聞社）2913年11月16日
塚本壮一氏（NHK）2013年7月23日
中島哲夫氏（毎日新聞社）2013年12月14日
山下高行氏（立命館大学）2013年12月28日
〈韓国〉
李海寧氏（イ・ヘヨン）（聯合ニュース社）2013年8月30日
李 忠 源氏（イ・チュンウォン）（聯合ニューステレビYTN）2014年3月25日
林 炳 杰氏（イム・ビョンゴル）（KBS）2013年9月3日
金大會氏（キム・デヘ）（KBSジャパン）2012年12月15日
金 忠 植氏（キム・チュンシク）（韓国放送通信委員会・元東亜日報社）
金溶洙氏（キム・ヨンス）（聯合ニュース社）2013年12月16日
尹煕一氏（ユン・ヒイル）（京郷新聞社）2014年8月27日
呂元柱氏（ヨ・ウォンジュ）（朝鮮日報社）2013年2月8日

第11章
韓国における代案言論メディア創出のダイナミズム
——言論民主化運動の系譜から

森　類臣

1　はじめに——問題の所在

1-1　韓国の代案言論メディア[1]への関心

　1945年に朝鮮半島が日本の植民地支配から解放されて以降、大韓民国（韓国）では独自のジャーナリズムが発達してきた。そこには、日本による植民地支配時代（植民地期朝鮮）からの連続性も存在している。植民地期朝鮮で発行された民族紙の『朝鮮日報』（1920年3月）『東亜日報』（1920年4月）は、解放後も主流新聞として韓国新聞界の中心となる一方、親日派問題と絡んで韓国社会に大きな問題提起がなされている[2]。また、記者クラブ[3]の残存や取材システムの類似性など、植民地期朝鮮の遺物が残存していたという事実もある。
　戦後、日本人は政治・経済・社会・文化など韓国の様々な側面に関心を寄せてきた。もちろん、本稿のテーマであるジャーナリズム、特に代案言論メディアもその例外ではない。1988年5月に創刊された『ハンギョレ新聞』、2000年2月に創刊されたインターネット新聞『オーマイニュース』は、日本のメディア研究者・ジャーナリズム従事者の興味を惹き付けた。
　『ハンギョレ新聞』が創刊されたとき、この新しいメディアに対する日本人の反応は、特に韓国の民主化に関心を寄せる人々の間では高かった[4]。日本では、韓国の民主化運動を支援し連帯する運動（日韓連帯運動）が1970年代から活発に行なわれていた[5]。ジャーナリズム分野でいえば、1970年代の『東亜日報』支援運動は日韓連帯運動の重要なイシューであった[6]。韓国で1987年に民主化宣言がなされ一定の政治的民主化がなされると、日韓連帯運動は収束に向かったが、韓国に対する日本社会の関心は継続した。このような時期に、

民主化運動の一つの結実体といえる『ハンギョレ新聞』が創刊されたのである。

　日本でまず驚かれたのが、『ハンギョレ新聞』が市民の事実上の募金（国民株）で作られたという点であった。「権力と資本から完全に独立し、国民の側に立ち、事実と真実を報道・論評する」という方針を明確に打ち出し[7]、徹底した権力監視報道（政治権力、経済権力のみならずマスメディアの権力も監視・批判）を行なった点も大きな関心を惹いた。さらに、創刊当初から50万部を発行する新聞が珍しかったことも注目された。主流新聞が事実上のカルテルを結び新聞の新規参入が難しい日本の新聞界では、全国日刊紙を創刊するという現象が久しく見られなかったからである。

　このような理由から、日本における代案言論メディア創出を企図していた人たちにとっては、『ハンギョレ新聞』創刊はよいモデルとなった。最も有名な例は、ジャーナリストの本多勝一による新聞創刊計画である。本多は『ハンギョレ新聞』をモデルに新聞創刊を計画し[8]、『朝日ジャーナル』終刊号（1992年5月29日号）の「ジャーナリスト党宣言」で構想を発表した。本多はそこで19項目に及ぶ新聞創刊のための叩き台を示し、『ハンギョレ新聞』の所有形態を「「一切のタブーを排する」点で理想に近い……資金の主要出所が読者なので、外部勢力（企業や政党や圧力団体等）に対して顧慮する必要がない」と評価している[9]。本多は、ハンギョレ新聞社が実践した「国民株方式」という資金調達モデルに特に関心を抱いていた。この方式を応用すれば、日本でも日刊紙が創刊できると考えたのである[10]。

　この後も、「最初の資金と経営形態は、やはり韓国の『ハンギョレ』新聞が一番参考になりますね。読者が株主になるメディア」[11]という発言に見られるように、本多による『ハンギョレ新聞』への言及は度々『週刊金曜日』誌上でなされるようになる[12]。

　このように本多の関心は、韓国言論史における『ハンギョレ新聞』の意義や韓国における『ハンギョレ新聞』の影響力よりも、代案言論メディア創出という観点から見た『ハンギョレ新聞』の創刊方式や所有形態にあった。

　本多と関心を共有し、実際に『ハンギョレ新聞』を取材して創刊過程を調査したのが『朝日新聞』記者の伊藤千尋である。伊藤は『週刊金曜日』誌上に、2000年9月から10月にかけて『ハンギョレ新聞』の概要について8回連載した[13]。伊藤の連載を読む限り、その関心は『ハンギョレ新聞』が権力監視機能を失わ

第11章　韓国における代案言論メディア創出のダイナミズム

ずにジャーナリズム活動を継続できる理由を探ることにあったと思われる。
　一方、2000年2月に創刊された『オーマイニュース（Ohmynews）』は、インターネット時代の潮流に乗って爆発的な人気を獲得した。2002年12月の第16代大統領選挙では、事実上の盧武鉉候補支持者のプラットホームとなり「大統領をつくったメディア」として注目された。盧武鉉は大統領選挙に勝利した直後、それまでの慣例を破って最初の単独インタビューに、既存の大手企業メディアではなく、『オーマイニュース』を選んだくらいである。このような『オーマイニュース』の評判は日本にも伝わり、『オーマイニュース』が創刊されてから2年半後である2002年7月に、日本にも市民記者制度を導入したインターネット新聞『JANJAN』が創刊された[14]。また『JANJAN』創刊に約1カ月先立つ2002年6月には『日刊ベリタ』が創刊された[15]。『オーマイニュース』の哲学やビジネスモデルが日本でも注目され、実践され始めたのである。2006年8月には、韓国の『オーマイニュース』本社が主導しソフトバンクが出資する形で『オーマイニュース（日本版）』が創刊された。しかし影響力という面で伸び悩み、2008年には、報道よりは生活情報を提供する『オーマイライフ（Oymylife）』へと変化したが、結局、2009年4月にサイトを閉鎖し、会社も解散した。なぜ『オーマイニュース（日本版）』が終了してしまったかについては様々な分析がされている[16]。

1-2　なぜ韓国で代案言論メディアが創出されたのか
　以上見てきたように、韓国の代案言論メディアに対する日本の関心は、主にそのモデルに関するものである。どのような哲学と所有形態であるのか、それはどのような点で画期的なのか、果たして日本で応用可能か、などに主眼が置かれた。その一方、なぜ韓国で代案言論メディアが創出されたのかという点にはあまり関心が払われていなかった。しかし、哲学とシステムを抽出しただけでは韓国の代案言論メディアの本質を把握するには不十分であろう。代案言論メディアが創出された背景に迫り、なぜそのような哲学とシステムが創出されたのかを分析していくことがより本質的で重要である。その作業は、韓国において「代案言論メディア」とは何かを歴史社会学的に考察することに他ならない。そして、このときに重要なキーワードが「言論民主化運動」である。
　では、ここでいう「言論民主化」とは何か。言論民主化の基底にある考え方

は、ジャーナリズムおよびジャーナリズムを遂行する報道機関の正常化である。ジャーナリズム研究では、近代以降の資本主義体制[17]においてジャーナリズムが備えるべき共通の基本原則が存在すると主張されている[18]。ある社会において、その社会の実態に即してこの原則を実践していくことこそ、ジャーナリズムとその遂行を担う報道機関の正常化である。この原則は識者によってさまざまに表現されるが、本稿では従来のジャーナリズム研究の成果を踏まえて、以下のように提示する。

①国家権力などによる検閲・統制・弾圧などの圧力なしに、自らの思想や良心に基づいて考えを自由に表明（「言論の自由」〔freedom of speech〕）できる権利が法的に保障され、かつ社会的に行使されなければならない[19]。
②自由で独立した言論（press）は、民衆の「知る権利（right to know）」を代行して情報に接近・獲得し、民衆の自治のために必要な情報を伝えなければならない。これは、言論が「民衆の権益（public interest）」に奉仕するということを指す。

①は特に権力との関係性において重要であり、ジャーナリズムによる権力監視報道の法的・思想的根拠である。また、②は報道・論評活動に正当性を与えるものである。ジャーナリズムは「事実（fact）」を積み重ね「真実（truth）」を追求／追究することで民衆に奉仕するのである。この二つの原則は、民主政治体制における意思決定は民衆が行なうという前提のもとで、民主主義社会の維持・発展のために必ず保障されなければならない。もちろん、韓国においても同様であり、社会がリベラルデモクラシーを前提とする限り、達成されなければならない。以上を踏まえ、本稿では「言論民主化」された状態とは上記2点が韓国社会において一定レベル以上機能している状態を示し、そのような状態に進む闘争のプロセスを「言論民主化運動」と規定したい。あらゆる社会運動は、それが実践される社会状況および歴史性を離れては考えることはできない。その意味で、「言論民主化運動」も韓国現代史を抜きにしては語れない。そのような意味で、「言論民主化」のための韓国独自の課題も出てくる。本稿ではその一端に触れている。

本稿では、『ハンギョレ新聞』や『オーマイニュース』だけではなく、メ

第11章　韓国における代案言論メディア創出のダイナミズム

ディア協同組合『国民TV』などごく最近の事例にまで言及する。これらを単発／一時的な代案言論メディア創出現象として捉えるのではなく、言論民主化運動の延長線上で捉え、運動体の系譜として理解することが重要であるという視点を提供する。そのために、朴正煕政権期から最近の事例に至るまで、歴史社会学的に言論民主化運動の概観を追っていく。

　もちろん、朴正煕政権以前つまり植民地期朝鮮から解放時期を経て米軍政期・李承晩政権期に至るジャーナリズムを論じることは、韓国ジャーナリズムを扱う上で本来外せない部分であり、その重要性は改めて言うまでもない。しかし、現在につながる言論民主化運動の流れを中心に論じるとき、より重要なのは朴正煕政権期からである。本来ならば、朴正煕政権期のジャーナリズムを語る背景として、それ以前のジャーナリズム状況にも言及すべきであるが、紙幅の関係で最低限触れる程度にし、本稿では大幅に割愛した。

　それでは、韓国の「言論民主化」と代案言論メディアの歴史を追ってみよう。

2　朴正煕政権による言論弾圧と言論民主化運動

2-1　朴正煕のジャーナリズム観と『民族日報』事件

　李承晩政権は1960年4月に起こった「四月革命」によって退陣に追い込まれた。李承晩政権の後を継いで臨時的に樹立されたのが尹潽善政権である。李承晩政権が終息し、韓国は一時的に民主化の気運が高まった。しかし、朴正煕の登場によって、そのような雰囲気は完全に消え去った。

　1961年5月16日、朴正煕（当時、韓国陸軍第二軍司令部副司令官・少将）および陸軍司令部第3期〜5期の軍人を中心とした勢力は、軍事政変を起こした。「5・16軍事クーデター」である。クーデター勢力は、国会議事堂や中央庁など主要政治機能を掌握し、軍事革命委員会（同年5月19日に国家再建最高会議に改称）を設置した。軍事革命委員会は、議長に張都暎（当時、陸軍参謀長）が就任したが、実権は副議長である朴正煕が握った。軍事革命委員会は、革命公約[20]を発表して軍事政権を敷いた。ここに強力な反共国家が誕生したのである。

　朴正煕は、国家にジャーナリズムを従属させる思想を持っていた。それは、例えば1973年1月26日に行なった文化公報部の年頭巡視に端的に表われてい

る[21]。このような思想を反映するように、朴はジャーナリズムに対して徹底弾圧と懐柔の両面から対処していくようになる。

　具体的には、情報機関や警察をマスメディアに派遣し事前検閲を徹底した。また、政権批判的な記事を書くジャーナリストを大量に逮捕・連行し、企業メディアそのものに圧力をかけた。法的には、1963年12月に「新聞・通信等の登録に関する法律」を制定して言論統制の法的根拠を整備した[22]。このような朴の言論政策は、ナチス・ドイツおよび日本帝国主義による言論政策と多くの共通性を持っていた[23]。さらに、1974年1月8日に発動された緊急措置一号は、言論を国家統制のもとに置く処置の断行であった。

　朴正熙政権期初期における代表的な言論弾圧事件が、『民族日報』事件であった。『民族日報』は、当時の新聞界では急進的な革新論調を打ち立てており、他のマスメディアと一線を画す新聞であった。『民族日報』の所有形態は他の新聞社と変わらなかったが、報道姿勢において代案言論メディアであったのである。

　1961年2月13日に趙鏞壽[24]らが創刊した『民族日報』は進歩的な論陣を張る新聞であり、「民族の進路を指し示す新聞、不正と腐敗を告発する新聞、労働大衆の権益を擁護する新聞、両断された祖国の悲願を訴える新聞など四つの社是を通して進歩的な論調で大きな反響を呼び起こした」[25]という。特に、南北関係においては民族主義進歩陣営の主張した南北協商、中立化統一、民族自主統一を政治的目標として明確に打ち出した。盧武鉉政権期に設置された「真実・和解のための過去事整理委員会」の調査によると、当時の『民族日報』の評価は次のようである。

　　『民族日報』は、創刊されるや否や、統一問題、韓米経済協定、反共法問題など当時韓国社会の関心事として台頭した問題と関連した論説と記事を掲載することで進歩的な性向を示し、世間で大きな人気を博した。『民族日報』は当時、毎日3万5000部程度を発行し、これは当時の主要新聞であった『東亜日報』『朝鮮日報』には及ばなかったが、比較的短期間で一気に多くの読者を確保したのである[26]。

　『民族日報』の姿勢は非常に急進的と見られ、張勉（チャンミョン）政権[27]から弾圧（印刷

第11章　韓国における代案言論メディア創出のダイナミズム

中断）された。にもかかわらず、「韓米経済協定締結反対と反共特別法およびデモ規制法への反対という二大悪法反対運動を展開、結局二大悪法制定阻止に成功するなど相当の影響力を誇示した」[28]のである。しかし、朴正熙率いる軍事クーデター勢力にとっては、『民族日報』はクーデターの正当性を揺るがす危険な存在であり徹底的な弾圧の対象となった。趙を含む民族日報社の主要幹部は、軍事クーデターの2日後である1961年5月18日に社屋から連行され、ソウル中部警察署の留置場に収監された後に西大門刑務所に移送された[29]。また、翌19日に『民族日報』は強制廃刊させられた（김주언2008：252）。連行された『民族日報』の幹部らは、「容共」容疑で軍・警察・検察の合同調査を受け、さらに検察部の取調べを受けた後、同年7月23日に裁判所に起訴された。続いて、同年10月30日に死刑が確定し、同年12月に死刑に処された[30]。

　事件を捏造した国家再建最高会議の真の狙いについて、前述の「真実・和解のための過去事整理委員会」は次のように分析している。

　　当時、5・16クーデター主導勢力は、徹底的な反共態勢を整えていることを対外的に見せつけ、対内的には政権掌握に障害となる要員を除去する必要性があった。特に軍事クーデターの第1号として「反共」を掲げているにもかかわらず、米国などから革新主体勢力の思想に関する疑心が提起されるや、対外的に反共意志を強力に見せつける画期的な対応策を整える必要がある状況だった。よって当時革新系の主張を強く代弁する代表的な新聞だった『民族日報』社長の趙鏞壽を犠牲にすることにしたのである[31]。

『民族日報』事件は、韓国言論史上特筆すべき言論弾圧事件であると同時に、重大な人権侵害事件でもあった。この事件の衝撃があまりにも強かったために、これ以降しばらくの間は、朴正熙政権に批判的なメディア／革新傾向を持つメディアが誕生する余地はなくなった。次に、そのようなメディアが韓国言論史に登場するのは80年代後半となる。すなわち、民主言論運動協議会の機関紙『言葉』創刊（1985年6月15日）およびその意志を継ぐ『ハンギョレ新聞』創刊（1988年5月15日）である。

2-2 「自由言論実践宣言」と東亜闘委・朝鮮闘委の結成

　朴正熙政権の言論統制は、法的・政策的な弾圧と利益供与による懐柔の両方を備えていた。朴政権の懐柔政策によって権力監視機能を急速に失っていったジャーナリズムは民衆、特に運動圏[32]の批判にさらされるようになる。全国大学生連合会によるマスメディア糾弾は取り上げるに値する出来事である。当時、ソウル大学を中心に言論糾弾大会が行なわれ、「言論火刑式」[33]まで行なわれたからである。このような批判をマスメディア幹部は大概無視したが、一方では、積極的に呼応してジャーナリズムの矜持を取り戻そうとした現場の記者も多かった。その代表例が、『東亜日報』記者らによる言論自由守護第一次宣言（1971年4月15日）、第二次宣言（1973年11月20日）、第三次宣言（1973年12月3日）である。さらに、この動きが最高潮に達したのが、『東亜日報』記者らによって1974年10月24日に行なわれた「自由言論実践宣言」である。『東亜日報』』記者らは、「自由言論に逆行するどのような圧力にも屈せずに自由民主社会存立の基本要件である自由言論実践にすべての努力を尽くす」ために、特に「新聞・放送・雑誌に対するどのような外部の干渉も、われわれの一致した団結で強力に排除する」「機関員の出入りを厳しく拒否する」「言論人の不法連行を一致して拒否する。どのような名目であろうと、もしも不法連行された場合は、その人が帰社するまで退勤しないこととする」という3点を内外に宣言した[34]。

　この宣言は、朴政権による言論統制に対して正面から対決する姿勢を示したという点で画期的であった。他メディアにも影響を与え、類似の宣言は、全国各地の新聞・放送・通信社記者によって行なわれた。1970年代前半の言論民主化運動は、『東亜日報』記者らによって牽引されたのであった。

　「自由言論実践宣言」の効力により、情報員の新聞社への派遣など政権による露骨な言論介入は一時的に止んだ。しかし、朴政権は巻き返しを図った。そのもっとも代表的なケースが『東亜日報』白紙広告事件である。朴政権は、1974年12月から『東亜日報』の広告主（大手企業）に対して広告不掲載を強制し始め、そうすることによって東亜日報社の財政を圧迫し『東亜日報』を実質的にコントロール下に置こうとした。広告料の見込みがなくなった東亜日報社は財政的に大打撃を受けたが、『東亜日報』の広告欄を白紙にしながらも新聞発行を継続し、朴政権へ抵抗する姿勢を示した。『東亜日報』の読者は東亜

第11章　韓国における代案言論メディア創出のダイナミズム

日報社のこの姿勢に共感し、『東亜日報』に意見広告・激励広告を提供するという方法で、事実上の募金をし東亜日報社を支持した。この時期の『東亜日報』の紙面を見ると、激励広告が多数を占める。筆者が『東亜日報』紙面で確認した限り、この状態は断続的に1975年5月上旬まで続いた。しかし、意見広告や激励広告だけでは大手企業による広告費に到底及ばず、東亜日報社は次第に経営難に陥った。そしてついに抗しきれなくなった東亜日報社は、政権と妥協する道を選んだ。1975年2月下旬に行なわれた株主総会では経営陣および編集局主筆が刷新された。高在旭名誉会長、金相万社長、李東旭主筆を中心とする新体制は自由言論実践宣言を否定し、さらに言論民主化運動を推し進めた社員を抑圧するなどして社内を統制し始めた[35]。1975年には朴政権と経営陣らの協力体制によって、朴政権に批判的だった大量の記者が解雇された。結局、朴政権による東亜日報社支配は完遂されたのである。

東亜日報社のみならず、朝鮮日報社でも同年に同じようなプロセスが進行し、社内民主化を進めていた記者らが大量に解雇された。これら一連の事件を「75年解職事件」と呼ぶ。

このような不当解雇に対して被害者である解職記者たちは、原状回復を含む名誉回復・補償措置を求める在野団体を作り、積極的に活動した。初期には名誉回復と補償を求めることが中心であったが、次第にジャーナリズム界全体の改善を推し進める運動を展開していくことになる。これら在野団体の中核に位置したのが、東亜日報社および朝鮮日報社から不当解雇された元社員（記者が多数）で構成された「東亜自由言論守護闘争委員会」（東亜闘委）そして、「朝鮮自由言論守護闘争委員会」（朝鮮闘委）であった。

東亜闘委は、1975年3月に東亜日報社から不当解雇された記者114人が中心となって結成された。「東亜日報における自由言論の正統性は、東亜日報社にあるのではなく東亜闘委にある」との宣言のもと、言論民主化運動を展開した[36]。

朝鮮闘委の場合は、東亜闘委結成とほぼ同時期に、朝鮮日報社から解雇された記者らが「自由言論闘争犠牲者対策委員会」を結成したことから始まる。この組織は、同月21日に「言論自由闘争委員会」へと再編成された。この言論自由闘争委員会が後に名称を変えたのが「朝鮮自由言論守護闘争委員会」であった[37]。

関連して、東亜闘委と朝鮮闘委のメンバーが共同で1977年12月30日に光化門の泰和館で「民主民族言論宣言」を発表したことが重要である。この宣言は「「民衆に自由を、民族に統一を」　これは誰であろうと止められない、われわれの時代の要請であり、逆らうことができない歴史の方向である」と述べて、朴政権が主導する経済成長について、①南北統一志向という観点がない、②民衆の政治的自由がないという2点から、痛烈に批判している。つまり、朴正煕政権の開発独裁に対する徹底した批判であった。宣言はさらに、「このような認識に立脚して、自由言論はすなわち民主言論、民族言論であることを宣言する」と述べ、「体制や政権は有限である。しかし、民衆と民族は永遠である。この永遠の民衆と民族のためのジャーナリズム、すなわち民主・民族言論をわれわれは至上課題とする。自由言論は、時代を越える永遠の実践課題だ。したがって、われわれは永遠の闘争を宣言しながら永遠の勝利を確信する」と結んでいる[38]。宣言では、「民主言論」「民族言論」の具体的な構想については言及していないが、民衆の政治的自由を拡大させ、南北の統一を志向するジャーナリズムが「民主言論」「民族言論」であるということは、この宣言からある程度読み取ることができる。

　続いて、1984年10月24日にソウル市で開催された朝鮮闘委設立10周年記念行事も重要である。この行事の参加者は「新しい言論の創設を提案する」という宣言文を採択した。この宣言文では「東亜・朝鮮両闘委の10周年に臨んで、制度言論の代わりとなり民衆的熱望の表現手段である新しい自由、民主、民衆、民生、民族言論機関の創設を提案する。われわれはその制度的・法的準備の一環として民衆言論（新聞、放送、通信）を設立するための終わりなき国民運動を展開することを提起する」と主張した。

　このように、70年代の言論民主化運動を分析するにあたって、東亜闘委と朝鮮闘委は非常に重要な要素となる。後に、『ハンギョレ新聞』創刊の中心メンバーとなる人物たちも、東亜闘委、朝鮮闘委出身者が多い。「75年解職事件」で不当解雇された記者らが『ハンギョレ新聞』創刊運動に参画していくのである。

第11章　韓国における代案言論メディア創出のダイナミズム

3　全斗煥政権による言論弾圧と言論民主化運動

3-1　光州事件と80年言論大虐殺

　1979年10月26日に朴正熙が側近の金載圭に殺害されると、国務総理だった崔圭夏が大統領権限代行となり、同年12月6日に第10代大統領に就任した。この間、朴政権の独裁体制から解放された韓国社会は一時的な民主化ムードとなる。いわゆる「ソウルの春」である。しかし一方で、陸軍少将だった全斗煥率いる韓国軍戒厳司令部合同捜査本部は、盧泰愚をリーダーとする軍部勢力と結託して韓国軍を掌握した。そして、軍事力を背景に政権を奪取するクーデターを断行した（粛軍クーデター）。ここに「ソウルの春」は終わりを告げ、軍政に移行したのである。さらに、全斗煥は1980年5月17日に「5・17非常戒厳令拡大措置」を布告し、5月18日は全羅南道光州市で「光州事件」（光州民主抗争）が起こった。

　光州事件について、当時は戒厳司令部の徹底的な情報統制とマスメディアへの介入により、韓国国内のマスメディアは光州を独自取材することはもちろん、客観的に報道することさえ不可能だった。例えば、MBC（文化放送）など既存マスメディアは、戒厳司令部からの提供情報に依存する形で光州市民を「暴徒」などと報道した。また、『東亜日報』も5月28日の一面記事で、「戒厳司令部発表　軍人2名殉職　12名負傷　光州で昨日明け方17名死亡」[39]というように、戒厳司令部の発表をそのまま報道した。当時の雰囲気について、『京郷新聞』外信部長であった李耕一は「私がいた『京郷新聞』もこれ〔光州事件―引用者〕と関連しては、一行も報道できなかった。社屋の前には戦車が駐留しており、編集局の入り口には銃を構えた二人の軍人がいて、恐ろしい雰囲気を作り上げていた。真実を伝えられない暗黒の状況で、（私は）制作拒否という方法を選択した」と証言している[40]。光州事件の報道に関連して、軍部に非協力的だったジャーナリストは逮捕・拘束されるという事件が多数発生した[41]。

　光州事件が発生した当時、全体像を把握することは難しかったが、この後、少しずつ事件の断片が韓国社会に知れわたるにつれて、真相究明および政権の責任追及の動きが広がっていった。この事件を徹底追及するためには、なによりジャーナリズムの改善が求められた。既存メディアが政権の統制に抗してい

225

くことと、既存メディアの弱点を克服した代案言論メディアの創立という二つの課題である。光州事件に対する真相究明の動きは、言論民主化運動と密接な関連を帯びていくこととなる。

　光州事件を機に、国家保衛非常対策委員会（全斗煥・盧泰愚などのいわゆる"新軍部"が中心）は、さらなる言論弾圧・言論統制に動き出した。1980年7月31日には、定期刊行物172種類（進歩的な論調および全斗煥グループに批判的な刊行物[42]）を強制的に廃刊処分にした。

　全斗煥は1980年9月1日に第11代大統領に就任し、同年11月12日には、「言論界構造改善」という名目で「言論統廃合」を行なった。地方においては一道一紙制とし、ソウルにおいても朝刊3紙、夕刊2紙にするなどの強制的な統廃合であった。この統廃合は、韓国新聞協会と韓国放送協会が主導した韓国言論界の自律的行為として当時報道された[43]が、明らかに全政権の介入で行なわれたものであった。

　放送界では、「放送公営化という趣旨で、五つのマスメディア（東洋放送・東亜放送・大邱韓国FM・ソウル放送・全日放送）がKBS（韓国放送公社）へ統廃合となり、CBS（基督教報道）は報道・広告が停止となった。文化放送および地方にある支局21個は、該当地域の民間人（企業）らが大株主として各々独自的な運営をしたり、36％〜51％の株式を「文化放送・京郷新聞」に譲渡して系列化」[44]したのである。同時に、政権に反抗的と見なされた記者が大量解雇された。このような強制的な言論統廃合と記者の大量不当解雇を合わせて「言論大虐殺」という[45]。

　10月には、言論基本法を制定した。この法律は「言論の権利と義務」「定期刊行物」「放送」「言論侵害についての救済」などからなっている。メディアの公的責任を基本にしているものであり、全斗煥政権における言論弾圧の根拠となった。

　全斗煥政権下の言論統制と弾圧は、熾烈を極めた。元『韓国日報』記者であり、言論統制について専門書を著した金周彦は全政権下での言論弾圧について以下のように述べている。

　　　このような言論統制は、ナチス下のドイツや軍国主義下の日本の統制方
　　式と非常に似ている。ナチスはジャーナリスト強制解雇、メディアの統廃

第11章　韓国における代案言論メディア創出のダイナミズム

合、報道指針の示達、流言飛語と不穏誘引物の取締まりなど、言論を国家イデオロギーの宣伝道具として、そし同調機構として利用するための手法を活用した。日本軍国主義も、1931年に満州事変に突入してから、通信社を一つに統廃合し「一県一紙」の原則によって新聞社を整理しつつ、新聞記者の登録を義務化し、いわゆる「世論指導」という名目で、報道指針を乱発したりした[46]。

　全斗煥の言論弾圧・統制政策は、ナチズムや軍国主義下の日本と同類のものであったことが指摘されている。
　このような統制・弾圧に抗って、1984年3月24日に「80年解職言論人協議会」が結成された。幅広い分野で反独裁運動の統一戦線を構築しようとしていた「民主化運動青年連合」[47]に呼応する形でつくられた。
　80年解職言論人協議会を結成した中心メンバーは、全斗煥政権下の「80年言論大虐殺」で不当解雇された記者らであり、金泰弘・魯香基・李耕一・洪秀原など[48]約30人で組織された[49]。中心メンバーの何人かは後に『ハンギョレ新聞』創刊に合流している。80年解職言論人協議会は「1975年3月の東亜・朝鮮日報社から解職されたジャーナリスト145人が参与した東亜・朝鮮闘委に続く大規模な在野言論団体」であり、その目的は、「民主化が速やかに実現され、言論の自由は保障されなければならない」「国民の各界各層の侵害された生存権に対する正当な回復努力を支持する」「不当解職されたジャーナリストたちは即刻原状回復されなければならない」などであった[50]。80年解職記者協議会は、1984年の定期国会における特別立法制定（不当解雇されたジャーナリスト名誉回復）を目標に全国的な運動を展開するが、与党の民主正義党の反対で挫折した[51]。
　東亜闘委と朝鮮闘委が1970年代に、主に75年解職事件で不当解雇された元記者らが集合して作り上げた団体である一方、80年解職言論人協議会は1980年の言論大虐殺で不当解雇された元記者らが集合して作り上げた団体であると言える。東亜闘委・朝鮮闘委・80年解職記者協議会は、ともに原状回復を含む名誉回復措置をマスメディアおよび政権に求めていくことが基本目的であり、他分野の民主化勢力とも積極的に連携を模索していった。

3-3 民主言論運動協議会の結成と機関誌『言葉』

　1970年代および1980年代のジャーナリズム関係の運動団体の流れを結集し、より強力に言論民主化運動を展開した団体が、1984年12月に結成された「民主言論運動協議会」（以下、民言協）である。当時民言協の中心メンバーで機関誌『言葉』の編集人だった成裕普は「70年代の言論民主化運動は、既存マスメディアの改革および不当解職記者の復職・名誉回復を目指していたが、80年代には、より大きな運動を志向しようとする動きが出てきた。民言協の結成や『言葉』の発刊は、その延長線上だった」と述べた[52]。

　民言協は1984年12月10日にソウル市清進洞で発起人大会を開いた。27人の発起人により活動の方向性が固められ、9日後の12月19日にソウル市将忠洞ベネディクト修道院リトリート館で、東亜闘委・朝鮮闘委・80年解職言論人協議会の会員と一部の出版関係者を合わせた約100人が集まり、正式に出帆した。議長に宋建鎬、共同代表には東亜闘委のキム・イナン（김인한）[53]と朝鮮闘委のチェ・ジャンハク（최장학）、出版関係者のキム・スンギュン（김승균）、事務局長には東亜闘委の成裕普がそれぞれ就任した[54]。もちろん、80年解職言論人協議会の金泰弘や出版関係者有志として参加した任在慶[55]なども主導的な役割を果たした一人であった。民言協は在野団体であったが、75年解職事件と80年言論大虐殺で大量解雇された記者を求心力とする、統合的な言論民主化運動推進団体と言ってよく、規模と勢力においても最大級であったといえる。当時、民言協は次のような現状認識を示していた。

> 　民族分断による総体的な生の分断、強大な国家の争いによる民族絶滅の危機、民主主義の死滅と政治不在、隷属経済による民族経済の破綻、貧富の格差の深化による社会の分裂、植民地主義の文化による民族文化の抹殺、資源略奪および公害による自然環境の無慈悲な破壊、不信の風潮の蔓延および人間の荒廃がわれわれの生を全面的に脅かしている。

　民言協は、このような危機感を「真なるジャーナリズムの機能」によって乗り越えることを志向していた。なぜなら「ジャーナリズムとは、ともに分かち合う言葉であり、明らかすることであり、社会的認識の手段であり、意志を共有させる紐帯の紐であり、自由の武器であり、そうすることによって遂には人

間解放の貴重な鍵となる」(56)からであった。

　民言協は宣言文で、①表現の自由（言論・出版の自由）という政治的権利を闘争によって拡大させる、②制度言論の民主化を要求する、③新しい言論の創設を志向する、④社会全般の民主化と統一的な関係を維持して進める、という四つの運動の方向性を打ち出した。これらの方向性はすべて連関性のあるものであるが、特に③は、「このようなジャーナリズムの暴力〔政治権力と癒着しているマスメディアの報道を指す―引用者〕に対する民衆の憤怒はあちこちで広がっている。それはジャーナリズムに対する不信を通り越して、ジャーナリズムに対する敵対関係にまでなっている。いくつかの事件現場で、記者たちが取材を拒否され、石を投げられているということは、民衆の憤怒の表現であり、自然な自衛権の発動以外の何物でもない」(57)という状況のもと、「このような制度言論の横暴に対する憤怒とともに、今この地で展開されている当面の危機に対する民衆の覚醒は、今までのどの時よりももっと切実に真の民主・民衆言論に対する要求として現れてきている」(58)という認識に裏打ちされた確信であった。

　民言協に至るまでの言論民主化運動の流れをまとめると、下の図1のようになろう。

　民言協は1985年6月15日に機関紙である『言葉』を発刊した。定期刊行物の登録を義務づけた言論基本法を無視した非合法メディアであった。この雑誌

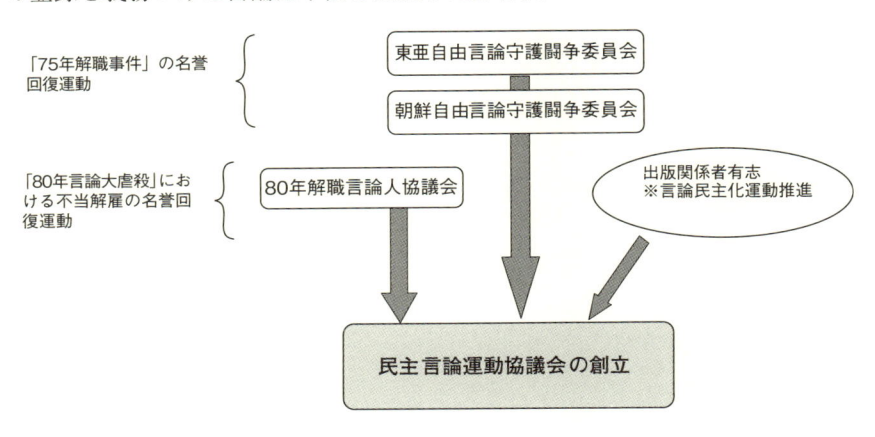

図1　民主言論運動協議会創立の流れ

229

により全斗煥政権に対抗していくことになる。民言協は「われわれは今日、言論を剝奪された真っ暗な暗黒の時代を生きている。話す権利、知る権利、知らせる権利が人間の天賦の基本権利であるにもかかわらず、権力による表現の自由、言論・出版の自由の抹殺により、われわれは「言葉」を失い沈黙を強要される言論不在の時代を生きている」[59]という認識を抱いており、雑誌『言葉』の発刊はその失われた「言葉」を自ら取り戻すという意味が込められていた。雑誌『言葉』は、マスメディアが報道しないニュース、報道できないニュースを取り上げて報道することに集中した。「報道指針事件」(政権がマスメディアの編集・報道過程に介入した事件。ニュース価値や記事掲載の可否を細かく規定する指針を各マスメディアに配布し強制した)を暴露した1986年9月号の報道などが有名である。『言葉』は「市中に出るなり一日で売り切れ、再版しなければならないくらいの爆発的な反応を得た。全斗煥政権はもちろん、制度言論従業者たちが衝撃を受け」[60]たようである。しかし当然、全政権から徹底的な弾圧を受けた。民言協の初代事務局長だった成裕普は「無許可出版」の嫌疑で連行され、雑誌『言葉』創刊号発行の責任を問われて麻浦警察署の留置場に29日間拘束された。また、民言協議長だった宋建鎬は、雑誌『言葉』2号発行の責任を問われて2日間徹夜の取調べを受けた[61]。

　雑誌『言葉』のもう一つの重要な役割は、新たな代案言論メディア設立に向けた基礎メディアとなることであった[62]。創刊号には、編集部によって書かれた記事「新しい言論機関の創設を提案する」が掲載された。そこでは「新しい言論機関は、既存言論機関が個人または少数の言論企業によって独占的に所有されているのとは違い、真実の民主言論を渇望するすべての民衆が出資し、自らの力で自身の表現機関を創設する。民衆が共同で所有し運営する、民衆の表現機関になるのだ……われわれは今展開されている「民衆言論時代」の要請にしたがって新しい言論機関の創設を提案する。新しい言論機関は一言でいえば、民衆の現実と意思を代弁するだけでなく民衆が自らの力で創設する言論機関である」と述べられた[63]。代案言論メディア創設の青写真が示されたのである。実際に、民言協の主要メンバーは後に『ハンギョレ新聞』創刊に参画することになる。

第11章　韓国における代案言論メディア創出のダイナミズム

4　『ハンギョレ新聞』の創刊

　民言協(民主言論運動協議会)の中心メンバーは、機関誌『言葉』創刊号で宣言した通り、影響力のあるマスメディアを新設することを目指し、1988年5月にその目標を達成した。『ハンギョレ新聞』の創刊である。
　一次資料で裏付けられる創刊プランの源流は1970年代に遡る。1979年11月に発案された安鍾祕(当時、東亜闘委委員長)の「新たな新聞構想」である[64]。この構想が東亜闘委・朝鮮闘委という70年代の言論民主化運動団体に共有され[65]、その後民言協による議論で理念的な基盤を整えた構想となった(1984年12月の「創刊宣言文」)。民言協による新たな言論機関創立に関する議論は、機関誌『言葉』創刊号(1985年6月15日発刊)に「新しい言論機関の創設を提案する」として発表された。しかし、具体的に創刊運動が始まったのは、1987年に「6月民主抗争」の結果として6・29民主化宣言がなされ、新しくマスメディアを創設することが法的に許容されてからであった。6・29民主化宣言が創刊の具体的な契機となったのである。
　鄭泰基(元・朝鮮闘委)が実務の中心になり、鄭が民言協の中心メンバーらとともに「新言論創設研究委員会」を作り、「民衆新聞創刊のための試案」を準備した。その後、「新言論創設研究委員会」が発展解消する形で「新たな新聞創刊発議準備委員会」が立ち上げられ、創刊発議者総会において「新たな新聞創刊発起推進委員会」へ改編された。その後、1987年10月30日に『ハンギョレ新聞』発起人大会が行なわれ、発起人56人で「ハンギョレ新聞創刊委員会」が構成された。『ハンギョレ新聞』創刊の推進体は、言論民主化を推進してきた解職記者たちであり、準備は比較的短期間だった。「新たな新聞」創刊に適した社会的条件があったのが、短期間で新聞社を創設できた最大の理由であり、もう一つの理由は「新しい言論創設研究委員会」での徹底した議論を通して、新・新聞創刊の目的と方向性を明確にし、解職記者を中心とした人的資源を集中投下できたことであった。
　さらに重要なことは、政治権力および経済権力と癒着をしてきたマスメディアに対して、言論民主化を推進してきた一部の記者(解職記者)たちが民衆と連帯して対抗したという構図が、創刊の前提条件として存在していたというこ

とである。民衆は、既存マスメディアの偏向報道および権力に一方的に左右されていた状況に失望と反感を募らせており、言論民主化運動も既存マスメディアを改革するという運動目標を転換した。代案言論メディアを新たに創出することによって、既存マスメディアに対抗し言論民主化を成し遂げるという方向性に舵を切ったのである。解職記者たちは市民の動向を注視し、代案言論メディアの創出可能性があると考えたのである。

『ハンギョレ新聞』を語るときに必ず言及しなければならないのが、「国民株方式」である。国民株方式とは、市民が少額の株（実質的には募金）を買うことで新聞社の株主となり、直接的に新聞社を支える方式のことである。大勢の民衆参加を前提としており、民衆の良心・民主化への熱望を基盤としたものであった。

国民株方式の構想は、『ハンギョレ新聞』創刊メンバーの思いつきではなく、歴史的・社会的条件のもとで構成されたものであった。既存のマスメディアの内部改革では不十分だから新たなマスメディアを立ち上げることが重要であるという考えや、立ち上げにかかる莫大な資金を国民の支援に依拠するという考えが出てきたことは、ある意味では必然的な流れであった。それは、安鍾秘の構想、民言協機関誌『言葉』における新たな新聞構想、鄭泰基ら『ハンギョレ新聞』創刊メンバーの構想など、時期を追って構想がより具体化されていることからも分かる。この構想が実行に移されるきっかけは6・29民主化宣言だったとしても、構想の現実化そのものを支えたのは、募金文化に見られる幅広い民衆の支持であった。すなわち、国民株方式が成立する背景には、韓国における言論民主化運動があり、また、運動に対する民衆（民主化運動勢力）の積極的な理解がそれを支えていたのである。これらの歴史的・社会的条件なくしては、国民株方式は成立しえなかったのである。もちろん、鄭をはじめとする創刊メンバーも、このような社会状況を十分踏まえた上で行動していた。

実際の株式公募は、1987年10月30日の創刊発起宣言大会直後から本格的に行なわれた。他のマスメディアによる黙殺もあり、初期には株購入拡大運動に苦戦したが、支援者による草の根運動や創刊を知らせるニュースレター発行（『ハンギョレ新聞便り』）、既存マスメディアに株式公募広告を出すなどの方法により、株募集活動は少しずつ進捗した。初期には知識人中心だった株購入者が、労働者や農民、低所得層にまで広がったのは、1987年12月の第13代大統

第11章　韓国における代案言論メディア創出のダイナミズム

領選挙で民主化運動勢力が支持した候補が敗北したことがきっかけであった。この時、ハンギョレ新聞創刊委員会は、民主化運動勢力を『ハンギョレ新聞』創刊に結集させ、株購入が爆発的に増えた。このようにして、1987年10月30日から108日間続いた創刊基金のための国民株公募は、1988年2月25日に出資者約2万7000人、創刊基金50億ウォンを集め、目標を達成した。この国民株方式は、韓国国内での応用可能性が高く、例えば済州島の『済民日報』も同方式の地域バージョンである「道民株方式」によって創刊された。

　国民株方式は、権威主義体制下における言論統制モデルには強い抵抗力を見せる一方で、経済権力による広告圧力や直接暴力には強くないという限界点もあった。また、理論的には少額株主の意見を可能な限り汲み取ることができるはずであったが、現実には小規模大株主の意見を収斂しきれないという問題もあった。

　このような過程を経て創刊された『ハンギョレ新聞』は、民主言論・民衆言論・民族言論という創刊理念を持っていた。民主言論とは権力から自由で独立したジャーナリズムのことであり、ジャーナリズム規範論で語られるジャーナリズムのあり方と非常に近い。それは、真実を追求すること、権力監視報道や取材対象者からの独立、客観報道などの概念で表わされる。民衆言論とは、『ハンギョレ新聞』が想定する「民衆」——被支配層一般を指し、支配層に対して抵抗的な意味をもつ概念——のための報道機関という理念である。被抑圧者・奪われた者・社会的弱者としての「民衆」の側に立つ言論である。民族言論は、朝鮮民族に資するジャーナリズムという意味であるが、正確には二つの意味がある。「朝鮮半島の統一を志向するジャーナリズム」と「抵抗のジャーナリズム」である。「朝鮮半島の統一を志向するジャーナリズム」は、朝鮮半島における民族の統合つまり、南北分断体制を乗り越えて統一された民族国家樹立を志向する。「抵抗のジャーナリズム」は、朝鮮民族の自主性を守るためのジャーナリズムであり、基本的に帝国主義を経験し、引き続き大きな力を持つ国家群（欧米および日本など）に対抗していくことを志向した[66]。

　紙幅の関係上、創刊過程・所有形態・理念（編集方針）・実践などをすべて本稿で触れることはできないが、その一つ一つを見てみると、『ハンギョレ新聞』の創刊は、東亜闘委・朝鮮闘委・80年解職言論人協議会・民主言論運動協議会という1970年代～80年代の言論民主化運動が一つの形として結実した

ものであったということができるのである[67]。

5　インターネット新聞『オーマイニュース』登場

　『ハンギョレ新聞』の創刊と比肩されるインパクトを韓国社会に与えたメディアは、インターネット新聞『オーマイニュース』だろう。『オーマイニュース』は、2000年2月22日に創刊された。金大中(キム・デジュン)政権下でインフラ整備されたインターネット網を背景に、「すべての市民は記者である」という市民記者制度を根幹に据えて人気を博した。特に2002年12月の第16代大統領選挙では、盧武鉉支持者のプラットフォームとなり、事実上ハンナラ党公認候補の李会昌支持に回った『朝鮮日報』など、保守論陣のメディアに対するカウンターメディアとして作用した。

　ところで、『オーマイニュース』は単なる新しいインターネット新聞ではない。言論民主化運動の流れに位置づけることができる代案言論メディアなのである。創刊者であり「代表記者」を名乗る呉連鎬は、前述した雑誌『言葉』で12年間の記者生活を送り、1970年代～80年代の言論民主化運動の精神を理解していた。呉は、雑誌『言葉』記者時代に「老斤里事件」[68]などを特ダネとして調査報道した、いわゆるスター記者だった。しかし、特ダネだった「老斤里事件」報道も、大手メディアがその5年後に報じるまで反響は限定的なものだったという[69]。また、呉は雑誌『言葉』記者時代に、大手メディアからの疎外を何度も経験し、ニュース価値とは何か、ニュースを生産し価値づける大手メディアの権力性とは何かについて深く考えたという[70]。

　呉のこの経験は、大手メディアの特権性を否定する「すべての市民は記者である」という発想を導き[71]、この発想は『オーマイニュース』において市民記者制度として具現化された。市民記者制度の根幹にあるのは、「準備された市民」という概念である。「準備された市民」とは、呉の言葉を借りれば「社会共同体が抱えている問題に自ら参加しようと思う市民」である[72]。

　また、呉は「韓国ジャーナリズムにおけるイデオロギー状況は、現在は保守対進歩が8割対2割であるが、これを5割対5割にまで変える」という明確な政治的志向性を持っており、特に『朝鮮日報』『東亜日報』『中央日報』を中心とした保守系メディアに対抗することを意識していた[73]。呉のこの政治的志向

第 11 章　韓国における代案言論メディア創出のダイナミズム

性も、雑誌『言葉』の記者だった時代に培われたものといえよう。

　『オーマイニュース』の哲学と実践を見ると、少なくとも初期においては韓国ジャーナリズムの正常化を強く目指したものと言え、言論民主化運動の系譜に位置づけられる。ジャーナリズムは本来民衆の知る権利に資するものであることを『オーマイニュース』はその存在によって明確に宣言し、大手メディアの権力性に挑んだ。この姿勢は、『オーマイニュース』が記者クラブを相手に法廷闘争を行なったことにも表われている[74]。

　『オーマイニュース』と同時期には、『プレシアン』など革新系メディアを標榜し影響力を高めるインターネット新聞も登場したが、市民参画ジャーナリズムというインパクトの強さでは、やはり『オーマイニュース』の存在は群を抜いている。

　『オーマイニュース』の登場とその報道実践は、既存大手メディアの「特権」を否定し、ジャーナリズムを市民の手に取り戻すものであった。すなわち、言論民主化運動を実践した代案言論メディアという文脈で捉えることが可能である。なお、『オーマイニュース』の現況については、『ハフィントンポスト（日本版）』が報じている[75]。

6　李明博政権のマスメディア掌握と代案言論メディア

6-1　キャンドル・デモと政権のマスメディア掌握

　盧武鉉政権任期満了後の2008年2月に始まった李明博（イ・ミョンバク）政権は、政権運営開始3カ月にして早くも困難にぶつかることになった。ソウルをはじめとして各地で大規模な政策反対のキャンドル・デモが5月以降に断続的に繰り広げられたからである[76]。米国産牛肉輸入問題がきっかけであったが、論点は次第に拡大し、李明博政権の主要公約（例えば四大江事業[77]など）に反対するキャンドル・デモとなっていった。キャンドル・デモについて、活字メディア、放送メディアだけでなく、インターネット・メディアも現場から中継をした。特筆に値するのは、市民記者団やアマチュアによる現場中継であった。インターネット動画サイト「アフリカ」や「カラーTV」にアップされた、市民記者団・アマチュアによる現場中継を見ながらデモの状況を把握していた人も多数いた。

　大手メディアの報道はというと、『朝鮮日報』『東亜日報』『中央日報』は

キャンドル・デモに批判的な報道に終始したが、『ハンギョレ新聞』『京郷新聞』はデモ参加者の視点から報道したといえよう。韓国の新聞ジャーナリズムにおける保守対革新という構造が、キャンドル・デモ報道においても分かりやすく表われた。また、KBS（韓国放送公社）・YTN（Your True Network）・MBC（文化放送）などの放送メディアは、キャンドル・デモを比較的好意的に詳細に報道し、政策の問題点を批判する報道を行なった。キャンドル・デモの収拾に追われた李明博政権は、反政権的な報道を行なうメディアに対して強硬姿勢を取った。それは、主に放送局に集中した。

　代表的なのはKBSに対する介入である。大統領直属の組織である監査院（公的機関および準公的機関を対象に主に会計監査をする組織）は、2008年6月からKBSの経営について特別監査を行ない、8月5日に「不誠実な経営と会計上の問題があった」と結論づけ、KBS理事会に鄭淵珠社長[78]（当時）の解任を求めた。これを受けたKBS理事会は鄭の社長解任を決定し、大統領府に解任請求を行なった。李明博政権は、大統領の権限でKBSの社長であった鄭淵珠を2008年8月11日に解任した[79]。鄭は、翌12日に「背任嫌疑」で検察に緊急逮捕された。この事件に関して、『オーマイニュース』が当日の12日に主催した座談会「政権の放送掌握シナリオ、実態と対応」には解任劇直後の生々しい実態が述べられている[80]。この記事によると、鄭の逮捕劇およびKBS掌握は5月以前から計画されたものであり、その理由は「KBSのせいでキャンドル・デモに火がつき、李明博政権の支持率が落ちたが、これはみな鄭社長のせいである」[81]という政権の判断があったからのようである[82]。

　MBCは、告発型ドキュメンタリー番組「PD手帳」で米国産牛肉輸入問題について2008年4月29日に「米国産牛肉、狂牛病から安全なのか」というテーマで衝撃的な報道をし、キャンドル・デモに大きな影響を与えた。この報道を農林水産食品部が問題視し、MBCを相手に2008年5月6日に言論仲裁委員会に訂正および反論放送請求を提起した。言論仲裁委員会は、調整決定（訂正および反論放送請求を一部認定）したが、MBCは不服を申し立て、この件は委員会から裁判へ持ち越されることとなり、2008年6月3日に裁判となった[83]。

　また、YTNのケースも見逃せない。2008年7月にYTNの新社長に公募で具本弘が選ばれたが、具は元李明博大統領の側近（大統領候補時代の広報担当）であったため、政治権力とジャーナリズムの距離をめぐって、労働組合を中心に

第11章　韓国における代案言論メディア創出のダイナミズム

社内外で大きな論争となった。これに対して、YTN経営陣は労働組合幹部6名を解雇し、労働組合のメンバー大部分を懲戒処分とした。

　李明博政権は、インターネット上における市民の発言に対しても、法を恣意的に運用することによって言論弾圧を行なった。有名なのは「ミネルヴァ事件」である。ハンドルネーム「ミネルヴァ」[84]という人物は経済学の知識が豊富であり、2008年7月から李明博政権の経済政策の誤りを指摘・批判していく言論活動をインターネット上で行なっていた。この「ミネルヴァ」の主張に共感するネティズンが増え続け、インターネット上で大きな影響力を持った。サブプライムローン事件などを的中させた「ミネルヴァ」はウェブ上で「経済大統領」の異名を持ったほどである。この状況に危機感を覚えた政権は、「ミネルヴァ」を電気通信基本法第47条第1項[85]に違反した嫌疑で逮捕した。

　以上見たように、李明博政権による言論統制・言論弾圧の対象者は、大手メディアからインターネット上の論客に至るまで幅広いものであった[86]。

6-2　政権批判に特化した新スタイルのメディア――『俺はみみっちい奴だ』

　このような李明博政権の動きに抗し、政権を監視・批判する目的で期間限定で創られた代案言論メディアが『俺はみみっちい奴だ』(ナコムス、나는 꼼수다) である。

　コンテンツはポッドキャストを通じてオーディオファイルの形で視聴者に提供される。そして既存メディアの報道スタイルとは一線を画している。つまり、事件をストレートニュースとして伝えることに重点を置いているのではなく、元政治家とジャーナリストがトーク番組の形で現政権を徹底的に批判するというスタイルなのである。『俺はみみっちい奴だ』は金於俊（『タンジ日報』代表）、鄭鳳柱（元国会議員）、金容敏（放送プロデューサー）、チュ・ジヌ（（주진우）当時『時事IN』記者）の4人が、政権批判および社会的イシューを面白おかしく伝える手法で人気を博した。2011年4月27日にスタートし、2012年12月18日に放送を終えた。1年8カ月の限定的なプロジェクトであり、その目的は李明博政権を徹底的に批判し、第18代大統領選挙において政権交代（保守政権から革新政権へ）の世論を醸成することだった。

　『俺はみみっちい奴だ』は、既存メディアも無視できないほど大きな影響力を発揮したが、『韓国経済』は、調査機関エンブレインモニターの調査結果を

237

引用しながら、その理由を「現実政治のもどかしさを解消してくれる点で人気を得ている」とし、また肯定的評価（52.8％）が否定的評価（12.1％）を大きく上回ったと報じた[87]。

『俺はみみっちい奴だ』は回を重ねるごとに、マルチメディア機能を生かして人気を重ね、一方で野外でのトークコンサートや海外でのトークショーを行なった。特に、海外でのトークショーは、第18代大統領選挙において在外韓国国民の投票が可能になったことに合わせて行なわれた[88]。

『俺はみみっちい奴だ』が社会現象になったことについては学界やジャーナリズム界も注目し、分析が行なわれた。例えば、『俺はみみっちい奴だ』は議題設定機能においてマスメディアよりも優れていたという分析[89]や、政治社会的な機能と言説媒介体の役割を明らかにしようとした分析[90]、主流メディアへの対抗的な公共圏という概念からアプローチした研究[91]などがある。

6-3　新しい代案言論メディア──『国民TV』と『ニュース打破』

李明博政権期におけるジャーナリズムのあり方に危機感を抱いた人々は、既存メディアの問題点を乗り越えるために、代案言論メディアを創出しようとした。これは、李明博政権期にマスメディアから解雇された記者と、問題意識のある市民が協力して作り出していくというプロセスを経た。直接的な契機は、李明博政権末期の言論統制および2012年12月の大統領選挙である。

新しい代案言論メディアの代表格は、メディア協同組合の『国民TV』と韓国調査[92]ジャーナリズム・センターの『ニュース打破』である。

『国民TV』は2012年に施行された協同組合基本法に則って創出された代案言論メディアであり、韓国初の協同組合形態の報道機関である[93]。政治権力と経済権力から独立し、公正なジャーナリズムを実践するために協同組合という形態を選択した。組合員は非常に多様で、個人でも法人でも組合員になることは可能である。一口5万ウォンで組合員になることができるが、独占を防ぐため、一人の出資率が全体の30パーセントを超えてはならないとされている。2016年3月5日現在、2万6591人の組合員が8万6846口（約4億1109万ウォン）の出資をしている[94]。

2012年12月26日に創立準備委員会を構成し、2013年1月から2月にかけて全15回にわたる会議で具体化していった。2013年3月3日に「メディア協同組

第11章　韓国における代案言論メディア創出のダイナミズム

合創立総会」を開いて役員・代議員を選出し、定款・選挙管理規約・役員報酬規約を制定した。3月21日には臨時代議員総会を開き、理事メンバーの再信任などを行なった後、4月1日に『国民TV』（ラジオ放送）を開局した。7月24日にはインターネット新聞『国民TVニュース』を創刊した。2014年4月1日には『国民TV』（インターネットを通じたテレビ放送）を開始した。『国民TV』という名前が示す通り、テレビジョン放送を目標としていたが「テレビジョン放送を行なうには資金が必要であったため、組合員を集める目的で、ラジオ放送を先に開始した」[95]のである。結果、ラジオ放送から1年後にテレビジョン放送を開始した。中心となったのは、金成勲（全農林部長官）、徐永錫（元『国民日報』政治部長）、金容敏（極東放送解職プロデューサー）などである。

一方、『ニュース打破』は、調査ジャーナリズム専門の代案言論である。YouTubeおよび市民放送（RTV）[96]を代表的な報道ツールとして活用し映像によるニュースコンテンツを提供しているが、一方でポッドキャストによるラジオ放送、そしてホームページはもとよりフェイスブック、ツイッターなどでも活字コンテンツを提供しており、マルチメディアを十分に使った報道を展開している。

注目を浴びた調査報道としては、「国家情報院スパイ操作に関する報道」などがあり、これらの報道によって、2014年度に数々の言論賞（統一言論賞大賞、李泳禧賞、民主言論賞など）を受賞した[97]。

『ニュース打破』は、2012年初めに、全国言論労働組合（以下、言論労組）傘下の民主言論実践委員会内で構成されたプロジェクトだった[98]。李明博政権による言論弾圧・言論統制に対抗するジャーナリズムを志向して結成された。活動資金は言論労組の予算から割り当てられた。2012年1月27日にポッドキャストを開始した。

『ニュース打破』は、2012年7月から市民からの後援金を受け入れ始めた。後援金を提供した市民は、2012年7月～12月には7000人であったが、その後増加の傾向をたどった。一時的なプロジェクトの予定だったが『ニュース打破』は、大統領選挙後にも市民の要請を受け継続することになった。後援者も2013年1月末には約2万人を超えた。大統領選挙時の既存メディアの報道に対する市民の不満・失望が『ニュース打破』に対する期待へ転換した結果だと見ることができよう。

このような新しい代案言論メディアの創出をどのように分析することができるであろうか。筆者は、『国民TV』も『ニュース打破』も言論民主化運動の延長線で捉えることによって、両者の持つ意味を深く理解できると考えている。このように主張する理由は、『国民TV』『ニュース打破』が象徴的に示している。

　『ニュース打破』は公式ホームページ上でドキュメンタリー番組「自由言論実践宣言40周年特別企画"40年"」を公開した[99]。この番組は、先に言及した1974年10月の『東亜日報』における「自由言論実践宣言」の意味と、言論民主化運動がどのように続いてきたのかを解説するものだった。『ニュース打破』は先に述べたように、言論民主化運動を率いてきた人物の名前を冠した言論賞（宋建鎬言論賞、安鍾祕自由言論賞、李泳禧言論賞など）を受賞している。これもまた『ニュース打破』の性質を考察する上で分かりやすい例と言える。現在『ニュース打破』の代表を務めているキム・ヨンジン（김용진）は「ただ作りたいから『ニュース打破』を作ったのではなく、歴史的脈絡のなかで作られたのです……70年代から続いている自由言論運動の精神を継承していると考えてもらってよいです」と答えた[100]。

　一方、『国民TV』も言論民主運動の精神を継承しているということができる。

写真1　『ニュース打破』の編集部に飾られた表彰状や楯の数々。中央にあるのは「安鍾祕自由言論賞」である（安鍾祕については注（55）を参照）。

スタジオに宋建鎬や李泳禧のパネルを掲げ、社内に1974年の「自由言論実践宣言」のレプリカを飾っている。『国民TV』の特徴は「組合員たちが組合員たちの志を最もよく表現してくれるジャーナリストを選ぶ」[101]仕組みであり、これは『ハンギョレ新聞』が「国民株」方式を用いつつ、民衆が報道機関の主人であることを強調したことと共通点がある。

写真2　『国民TV』のテレビ放送スタジオに掲げられている写真パネル。言論民主化運動を牽引してきた人々である。

写真3　『国民TV』の事務所には、「自由言論実践宣言」（1974年10月）のレプリカが飾られている。

7　おわりに——言論民主化運動の系譜から見る代案言論メディア

　これまで見た通り、韓国の代案言論メディアの創出・実践について、筆者は単発の現象とは捉えず、言論民主化運動の系譜に位置づけられ、現在も継続しているダイナミズムと捉えている。韓国の代案言論メディア創出を日本から眺めると、短期間での急成長や活発な言論活動、そして一方で安定性・継続性への疑問などに目を奪われがちであるが、歴史的に捉えていくと、実はその動きは「言論民主化運動」という一本の線でつながっており、それは長年の闘争を経て鍛えられた哲学を持っていることが分かる。
　本稿では、現在に至る韓国の言論民主化運動の系譜を、朴正熙政権期における言論弾圧と抵抗にまで遡って読み解き、その視点から代案言論メディアを捉えることに注力した。

1970年代の言論民主化運動は、1974年10月24日の「自由言論実践宣言」に代表されるが、政権の強圧的な政策によって自由言論の芽がジャーナリズムの現場から摘み取られてからは、東亜闘委・朝鮮闘委という在野での運動を通して言論民主化運動が継続していった。80年言論大虐殺以降に結成された80年解職言論人協議会と70年代に結成された運動体が統合する形で、1984年12月に民主言論運動協議会（民言協）が誕生し、雑誌『言葉』が創刊された。雑誌『言葉』はそれ自体が代案言論メディアであったが、あくまで新メディア創設のための踏み石であり、民言協の目的は1988年5月15日に『ハンギョレ新聞』創刊という形で結実した。1987年6月に「民主化」が宣言され、一定の政治的民主化が達成されてから『ハンギョレ新聞』が創刊されたということは、韓国の民主化運動全体において大きな意味を持っていた。

　『ハンギョレ新聞』は言論民主化運動を推進する運動体から出発したので、『ハンギョレ新聞』の理念・編集方針と民主化運動の精神は本質的に同じものであった。よって、『ハンギョレ新聞』が創刊後もジャーナリズムの現場で民主化運動を進めたのはある意味当然であった。『ハンギョレ新聞』が持っている言論民主化運動の精神は、インターネット時代に入っても継承され、それは『オーマイニュース』『プレシアン』などの独立系インターネット新聞となって具現した。特に『オーマイニュース』は、明確な政治的性向を持ち、記者クラブ批判など積極的にジャーナリズムの現場の不公平を改善しようとし、さらに「市民記者」という哲学を武器に大手企業メディアの特権意識を変えようとした。その後、『オーマイニュース』が切り開いたサイバー空間の活用、そして民主化以降の韓国社会における市民意識の成長は、既存の大手企業メディアへの不信などと相まって、『俺はみみっちいやつだ』の人気につながった。第18代大統領選挙後は『ニュース打破』『国民TV』など、既存メディアの所有形態とは異なった構造を持った代案言論メディアが登場した。そこにはそれを支える韓国民衆・市民社会の成熟があるのである。

　以上、本稿では韓国の代案言論メディアをどのように理解すべきなのかという問いについて、言論民主化運動をキーワードに歴史社会学的に捉えるという一つの視点を提供した。紙幅の関係上、その概観を述べるに留めざるをえず、個々の代案言論メディアについてはより詳細な検討が必要なことは言うまでもないが、大きな流れについては言及することができたと考える。韓国代案言論

第11章　韓国における代案言論メディア創出のダイナミズム

メディアを言論民主化運動の系譜から捉える試みは、韓国の市民社会の歩みとダイナミズムを探求することでもある。やはり歴史的な考察なくしては、韓国の代案言論メディアについて、その本質をつかむことは難しいのである。

注

(1) 本稿では「オルタナティヴ・メディア（Alternative media）」という用語の代わりに、「代案言論メディア」という用語を提示したい。「代案言論メディア」とは、既存のマスメディアの報道姿勢・所有形態に対して「代案的」であり、「言論」すなわち「ジャーナリズム」を実践する報道媒体＝メディアであると、ここでは定義する。特に、韓国における「代案言論メディア」の重要な性質として「言論民主化運動」すなわちジャーナリズム自体の民主化運動を志向し実践するということを挙げたい。本稿はこのような問題意識を基盤として展開している。また、韓国語では「言論（언론）」という言葉は主に次の二つのことを意味する。
　①媒体を通して自分の考えや認識を言葉や文字などで表現する行為。
　②社会的な実践としての報道・論評およびその意識形態。「言論報道（언론보도）」ともいう。なお、「言論（언론）」を伝える媒体を「言論媒体（언론매체）」という。本稿で重要なのは、②の意味である。「言論（언론）」という用語は、大体において「ジャーナリズム」という用語と置き換え可能である。なお本稿では、固有名詞については基本的には「言論」と直訳してそのまま用いている。

(2) これについては先行研究が多いが、最近発刊された문영희, 김종철, 김광원, 강기석（저）, 윤원일（기획）（2014）『조선일보대해부1〔朝鮮日報大解剖1〕』안중근평화연구소や문영희, 김종철, 김광원, 강기석（저）, 윤원일（기획）（2014）『동아일보 대해부1〔東亜日報大解剖1〕』안중근평화연구소が参考になる。歴史的には、『東亜日報』『朝鮮日報』の権威は「日帝時代に創刊した民族紙」というアイデンティティから発せられているが、そこに混在した親日性を明らかにしていく作業が、言論民主化運動の課題でもある。

(3) 「記者クラブ」は明治時代の日本で発生し、その後日本の植民地であった朝鮮半島に移植された。解放後も韓国には残存していたが、盧武鉉政権下で解体された。盧武鉉政権期における記者クラブ解体プロセスについては、森類臣（2009）を参照。

(4) 例えば、本田雅和「反骨で売る新生朝刊紙「ハンギョレ」は韓国新聞界の"台風の目"」『週刊朝日』1988年6月17日号など。

(5) 日韓連帯運動については、青地晨・和田春樹編『日韓連帯の思想と行動』（現代評論社、1977年）や柳相榮・和田春樹・伊藤成彦編『延世大学金大中図書館研究叢書

243

金大中と日韓関係：民主主義と平和の日韓現代史』（延世大学金大中図書館、2013年）などを参照。
(6) 日本における『東亜日報』支援運動については、森類臣（2015a）を参照。
(7) 「상업주의배격 대중적 정론지지향」『한겨레신문소식』9호、1988年4月19日発行。
(8) 日本では、本多の新聞創刊構想以前にも同様の動きがあり実践されてきた。その代表は、大森実らによって1967年4月に創刊された『東京オブザーバー』である。『東京オブザーバー』は創刊後、新聞界の専売制度によって販売ルートの確保・拡大が難しくなり、3年後の1970年に廃刊となった（大森実「『東京オブザーバー』暁に死す」『中央公論』1970年5月号、浅野健一「大森実　ペン一本、国際事件記者の夢。」『潮』1995年9月号などを参照）。
(9) 本多勝一「ジャーナリスト党宣言――タブーなき第四権力、新しい日刊新聞のために」『朝日ジャーナル』1992年5月29日号、106-109頁。
(10) この後、本多は新聞創刊のために動き始めたが、早急な日刊紙発行は難しいと判断し週刊誌の発行から始めることになった。そして、1993年11月に『週刊金曜日』が創刊された。
(11) 本多勝一「貧困なる精神（123）対談　伊藤千尋・本多勝一　日本に真のジャーナリズムを創るために（下）」『週刊金曜日』2000年7月28日号、50-53頁。
(12) その他には、本多勝一「貧困なる精神（125）　今なぜ『ハンギョレ』なのか」『週刊金曜日』2000年9月8日号、30頁などがある。
(13) 『週刊金曜日』2000年9月8日号〜2000年10月27日号に連載された。この連載は後にまとめられ、2001年に『たたかう新聞「ハンギョレ」の12年』（岩波書店）として発行された。
(14) 2010年3月に一時休刊し、ブログサイトとして再開したものの、現在は完全に休刊となっている。「JANJAN休刊へ　ネット新聞、広告落ち込む（共同通信）」『47NEWS』2010年3月1日を参照。URL:http://www.47news.jp/CN/201003/CN2010030101000935.html（最終閲覧日2015年2月23日）
(15) 『日刊ベリタ』は『オーマイニュース』型ではなく、『プレシアン（Pressian)』型であるといえよう。『プレシアン』（http://www.pressian.com）は2001年9月に創刊されたインターネット新聞であり、高水準の論評を中心とした高級紙（クオリティーペーパー）を目指した。当初は株式会社であったが、2013年7月に協同組合に転換した。
(16) 代表的なのは『J-CASTニュース』による以下の記事である。
　　「オーマイニュースはなぜ挫折したか　「敗軍の将と兵」が語った1万字（上）」URL:http://www.j-cast.com/kaisha/2009/05/31042243.html（最終閲覧日2015年1月24

第11章　韓国における代案言論メディア創出のダイナミズム

日)
「オーマイニュースはなぜ挫折したか　「敗軍の将と兵」が語った1万字（中）」URL: http://www.j-cast.com/kaisha/2009/05/31042244.html（最終閲覧日2015年1月24日）
「オーマイニュースはなぜ挫折したか　「敗軍の将と兵」が語った1万字（下）」URL: http://www.j-cast.com/kaisha/2009/05/31042245.html（最終閲覧日2015年1月24日）
　上記の記事では、鳥越俊太郎（初代編集長）以外の元スタッフが、『Ohmynews Japan』が経営破綻した理由について議論している。ITジャーナリストの佐々木俊尚も自身のブログ上で関連記事をいくつか書いている（佐々木は元『Ohmynews Japan』の編集委員）。また、鳥越俊太郎は『ハフィントンポスト 日本語版』のインタビューに答えて、『Ohmynews Japan』ついて回顧している。
　「ジャーナリスト・鳥越俊太郎さんに長野智子ハフィントンポスト日本版編集主幹が本音で聞いた「ネットと報道」「都知事選」「安倍政権」【前編】」（2014年3月8日）URL:http://www.huffingtonpost.jp/2014/03/08/torigoe-nagano_n_4924415.html（最終閲覧日2015年1月24日）

(17) B.マクネアの言葉を借りれば「リベラルデモクラシーにもとづく現代資本主義社会」である（マクネア1998＝2006：13）。なお、社会主義社会や共産主義社会では、資本主義社会とは別個のジャーナリズムの原則が存在する。これについてはFrederick S. Siebert , Theodore Peterson ,Wilbur Schramm（1963），Four Theories of the Press: The Authoritarian, Litertarian, Social Responsibility, and Soviet Communist Concepts of What the Press Should Be and Do, University of Illinois Pressなどを参照。
(18) Kovach, B. & Rosenstiel, T.（2001）やスティード（1998）などを参照。
(19) このような「表現の自由」に関する権利は、歴史的にみると、政治権力とそれに対抗する勢力が闘争した結果として社会的に認められてきた自由権の一種である。
(20) 革命公約は全6項からなっており、反共の強化、米国を主とする陣営との友好、社会の腐敗の一掃、自主経済の再建、対共産主義のための軍事力要請などを掲げていた。
(21) 朴は「国家の綱紀確立面で特に重要な影響を与えるのは、まさにジャーナリズムです。ジャーナリズムが好き放題に責任なく何でも書き、政府は干渉することなく放置しておくのが言論の自由であると錯覚する人々が過去にいました。それは、国家のため、ジャーナリズム自身のために、決して良くありません」と述べている。문화방송,이제는 말할수 있다, 제38회「자유언론실천선언」を参照。
(22) 韓永學は「新聞・通信等の登録に関する法律」について、「施設基準等言論企業に対する構造規制の集大成」であると述べている（韓永學2010：35）。
(23) 김주언（2008：31）を参照。

(24) 趙鏞壽については、진실・화회를위한가거사정리위원회（2006）、ハンギョレ新聞社編（1993）を参照。
(25)「［포커스］조용수 45년 만에 명예회복하다」『경향닷컴』2006年12月12日
URL:http://www.weekly.khan.co.kr/khnm.html?mode=view&artid=13329&code=115
（最終閲覧日2015年3月5日）
(26) 진실・화회를위한가거사정리위원회（2006：32-33）を参照。
(27) 李承晩政権崩壊後の過渡期的性質を持つ政権。
(28)「［포커스］조용수 45년 만에 명예회복하다」『경향닷컴』2006年12月12日
URL:http://www.weekly.khan.co.kr/khnm.html?mode=view&artid=13329&code=115
（最終閲覧日2015年3月5日）
(29) 진실・화회를위한가거사정리위원회（2006：37）を参照。
(30) 同上（2006：34-38）
(31) 同上（2006：42）
(32) 学生運動・労働運動などの社会運動を推進する勢力を総称する用語。
(33)「言論火刑式」とは、民主化運動の事実を報道せず、歪曲報道を繰り返し、民衆ではなく権力の代弁人として報道・論評活動をするマスメディアを象徴する人形を作り、それを大勢の前で火あぶりにすることでマスメディアへのアンチテーゼを民衆にアピールする儀式である。『ソウル大学新聞』2012年3月25日の記事が、1984年4月16日に同校で行なわれた「言論火刑式」の模様を伝えている。http://www.snunews.com/news/articleView.html?idxno=11470（最終閲覧日2016年2月9日）参照。
(34)「自由言論実践宣言」の原文日本語訳は以下の通り（日本訳は筆者による）。

　　われわれは、今日社会が直面する未曾有の難局を克服することができる道が、ジャーナリズムの自由な活動にあることを宣言する。民主社会を維持し、自由国家を発展させるための基本的な社会機能である自由言論は、どのような口実によっても抑圧することができないし、誰からも干渉されないものであることを宣言する。

　　われわれは、教会や大学などジャーナリズムの外で言論の自由回復が主張され、ジャーナリズムの覚醒がうながされている現実にたいして、骨身にしみる恥ずかしさを感じる。

　　本質的な自由言論は、すなわち、われわれジャーナリズム従事者たち自身の実践課題であり、当局から許可を受けるとか国民大衆が持ってきてくれるものではない。

　　したがって、われわれは自由言論に逆行するどのような圧力にも屈せずに自由民主社会存立の基本要件である自由言論実践にすべての努力を尽くすことを宣言

第11章　韓国における代案言論メディア創出のダイナミズム

し、われわれの熱い心を集めて次のように決意する。

　一つ、新聞・放送・雑誌に対するどのような外部の干渉も、一致団結して強力に排除する。

　一つ、機関員の出入りを厳しく拒否する。

　一つ、ジャーナリストの不法連行を一致して拒否する。どのような名目であろうと、もしも不法連行された場合は、その人が帰社するまで退勤しないこととする。

なお、原文は以下のサイトで確認できる。「東亜日報 민족과 더불어 80년／3부 민주화의 햇불」

URL:http://www.donga.com/docs/donga80/ch03/03-01-01-p020.htm（最終閲覧日2015年2月23日）

(35)　동아자유언론수호투쟁위원회（1987：21）
(36)　同上（1987：4）
(37)　김종철「조선투위 창립과 활동」『프레스바이플』2012年7月19日。
　　URL: http://www.pressbyple.com/news/articleView.html?idxno=4151（最終閲覧日2015年3月5日））
(38)　김삼웅『민족 민주 민중선언』일월서각（1984년）
(39)　「戒厳司発表 軍人2名殉職　12名負傷　光州에서 새벽 17명 사망」『東亜日報』1980年5月28日。
(40)　「이경일 80년해직언론인협의회장　"제작거부하자 빨갱이로 몰았다" 대부분 신문 해직언론인 관련 보도 외면 … 문제 해결위해 끝까지 노력할 터」『미디어오늘』32호,1995年12月27日
　　URL:http://www.mediatoday.co.kr/news/quickViewArticleView.html?idxno=9007（最終閲覧日2015年3月5日）。李耕一は光州事件から1カ月も経たない6月9日に、国家保安法違反の嫌疑で逮捕された。
(41)　例えば『京郷新聞』調査局長のソ・ドング（서동구）、MBC報道部局長のノ・ソンデ（노성대）など、役職についていたジャーナリストも逮捕された。
(42)　『創作と批評（창작과 비평）』『シアレソリ（씨알의 소리)』などが代表的である。
(43)　例えば1980年11月15日『東亜日報』一面の「言論機関統廃合」という記事には「韓国新聞教会と放送協会は、14日午後にそれぞれ臨時総会を開き、言論構造の自律的改編と新聞通信および放送の乱立をなくすために新聞社および放送局の統廃合と新たな通信社の設立を決議した」とある。
(44)　진실화해를위한과거사정리위원회（2008：838）
(45)　75年および80年に解雇された記者らの名誉回復は、現時点でも行なわれておら

ず、ジャーナリズム領域における「過去事清算」はいまだ不徹底の状態である。マスメディア批評週刊紙である『미디어 오늘（メディア今日）』（全国言論労働組合連盟発行）は、1995年12月27日の記事で「5・18当時、検閲を拒否して制作拒否へ参加した約700人の言論人が解職、いまだ約300人は復職できていない状態だ。5・18内乱行為に対する処罰と光州虐殺究明などとともにこれら解職ジャーナリストにたいする名誉回復措置もなされなくてはならないという世論が高潮している」と伝えている。

(46) 김주언（2008：31）

(47) 1983年9月30日結成。その目的は「民主化運動の流れのなかで、良心的な知識人、宗教人、政治家、労働者、農民たちとの連帯を強化しつつ、民主主義と民族統一のための新しい社会建設に全身で邁進すること」であった（민주화운동기념사업회 한국민주주의연구소 2010：212）。

(48) 김종철「'80년 해직언론인협의회' 결성과 활동」『프레스바이플』2012年8月6日 URL:http://www.pressbyple.com/news/articleView.html?idxno=4625（最終閲覧日2015年3月5日）

(49) 민주화운동기념사업회 한국민주주의연구소（2010：550）

(50) 同上。

(51) 同上。

(52) 成裕普への聞き取り調査は、2012年8月16日にソウル市内で行なった。

(53) 韓国人の名前については、漢字が分かる限り漢字表記とした。不明な場合はカタカナで表記し、カッコ内にハングルで示した。

(54) 김종철「민주언론운동협의회 창립과 <말>지 창간」『프레스바이플』2012年8月7日　URL:http://www.pressbyple.com/news/articleView.html?idxno=4658（最終閲覧日2015年3月5日）

(55) 元『韓国日報』論説委員。84年当時は『創作と批評（창작과 비평）』編集顧問であった。後に『ハンギョレ新聞』創刊に参画し、副社長を務める。

(56) 민주언론운동협의회 발기인일동「민주언론운동협의회 창립선언문」1984年12月19日

(57) 同上。

(58) 同上。

(59) 同上。

(60) 김종철「민주언론운동협의회 창립과 <말>지 창간」『프레스바이플』2012年8月7日　URL:http://www.pressbyple.com/news/articleView.html?idxno=4658（最終閲覧日2015年3月5日）

第11章　韓国における代案言論メディア創出のダイナミズム

(61) 同上。
(62) 雑誌『言葉』のキャッチフレーズは「民主・民族・民衆言論に向かう踏み石」であった。
(63) 「새로운 언론기관의 창설을 제안한다」『말』창간호、1987年6月15日、4-5頁。
(64) 安鍾佖は元東亜闘委委員長。安は投獄されていた1979年11月下旬に、ソウル城東拘置所6棟17号室で東亜闘委の同僚たちに「新たな新聞」構想を話したとされ、1980年3月6日の『東亜闘委便り』に詳報された（동아자유언론수호투쟁위원회 2005：413）。
(65) 1984年10月24日朝鮮闘委設立10周年記念行事における「新しい言論の創設を提案する」宣言など。
(66) 송건호（1987）『민주언론 민족언론』두레、pp.61-67参照。
(67) 詳しくは森類臣（2013）を参照。
(68) 韓国では「老斤里良民虐殺事件」という。朝鮮戦争中の1950年7月に、米軍によって忠清北道永同郡黄澗面老斤里で行なわれた民間人虐殺事件。多数が殺害され・負傷者も相当数に上った。
(69) 呉連鎬（2005：16-17）
(70) 呉連鎬（2005：20-26）
(71) ただし、「すべての市民は記者である」という概念について、呉は「2000年の『オーマイニュース』創刊のためのみに作られたものではない」としている。呉は大手メディアおよび記者クラブによって疎外され差別される状況を克服するために、自らを理論武装する必要性を感じ「すべての市民は記者である」という哲学を生み出したとしている。呉連鎬（2005：21-23）を参照。
(72) 2004年9月15日に同志社大学で行なわれた呉の講演会による発言。
(73) 同上。
(74) 2001年に『オーマイニュース』が記者クラブを相手取って「反記者クラブ」キャンペーンや法廷闘争をしたことは韓国社会のイシューとなり、盧武鉉政権の記者クラブ解体に影響を与えた。詳しくは、森類臣（2009）を参照。また、呉連鎬は当事者の立場から詳細を報告している（呉連鎬2005：132-142）。
(75) 吉野太一郎「オーマイニュース、生き残り探る「市民記者こそ我々の価値」【韓国メディア事情】」『ハフィントンポスト（日本版）』2014年3月26日。
URL:http://www.huffingtonpost.jp/2014/03/24/ohmynews_n_5020497.html（最終閲覧日2015年3月1日）
(76) 当時のキャンドル・デモについて日本語で読めるものとして、様々な角度から分析した著作である川瀬俊治・文京洙編『ろうそくデモを越えて――韓国社会はどこ

に行くのか』（東方出版、2009年）を挙げたい。筆者は論稿「ろうそくデモと韓国メディア」を寄せている。

(77) 李明博政権が掲げた公共事業の一つ。漢江・洛東江・錦江・栄山江の四つの川に人工的な堰をつくり水量を調整しようとした。

(78) 鄭は『東亜日報』記者出身であり、70～80年代の言論民主化運動に参画した後に『ハンギョレ新聞』記者となった。2003年4月に公募によってKBSの社長となった。

(79) 当時、韓国放送法第50条第2項では、KBSの社長任命権について「社長は理事会の提起によって大統領が任命する」としていた（2014年改正）。しかし、罷免権を大統領が持つかどうかはこの条項には明記されていなかったので、鄭を罷免した大統領の行為について、法の適正手続きおよび法解釈をめぐって与野党で大きな議論となった。2012年8月に、鄭は2億8千万ウォン（解任された後の任期内の給料、2008年8月～2009年11月の給料と退職金）の損害賠償請求を求めて、国とKBSを相手に裁判を起こして、一審勝訴した（2013年12月）。

(80) 「"정연주 해임은 합법 가장한 언론쿠데타""이명박 정부에 불리하면 편파방송인가" [긴급좌담] 'KBS 사태, 그후'… 정권의 방송장악 시나리오에 맞설 해법은？（"鄭淵珠解任は合法を装った言論クーデター" "李明博政権に不利ならば偏波放送なのか" [緊急座談] 'KBS事態、その後'…政権の放送掌握シナリオに向き合う解法とは？）『Ohmynews』2008年8月13日。
URL:http://www.ohmynews.com/NWS_Web/View/at_pg.aspx?CNTN_CD=A0000962280（最終閲覧2015年1月9日）

(81) 同上。

(82) 鄭はこの事件について『オーマイニュース』上で連載し、2011年に정연주（2011）『정연주의 증언――나는 왜 KBS에서 해임되었나（鄭淵珠の証言――私はなぜKBSから解任されたのか）』（오마이북）を著わした。KBS側は、この連載および著作の内容の一部が事実ではないとして、2012年2月16日に鄭とオーマイニュース社を名誉棄損で訴えた。2012年10月に1審判決が出て、KBSが勝訴した（2015年1月29日に大法院で確定）。

(83) 2011年12月1日に原告（農林水産食品部）敗訴が確定した。

(84) 本名はパク・テソン（박대성）。インターネット上を主な活動領域とした論客。

(85) 電気通信基本法第47条第1項は「公益を害する目的で電気通信設備によって公然に虚偽の通信をした者は、5年以下の懲役または5千万ウォン以下の罰金に処する」とある。2010年12月28日に憲法裁判所で第47条第1項については違憲判決がなされた。これを受けて、2015年1月に韓国国会で第47条第1項の削除または改訂が提起され、現在議論がなされている。

第11章　韓国における代案言論メディア創出のダイナミズム

(86) 李明博政権のメディア政策としてその他特筆すべきことは、新聞と放送の相互兼営（クロスオーナーシップ）を認めたメディア関連法（放送法・新聞など自由と昨日保障に関する法律・インターネットマルチメディア放送事業法）を改定したことである。これについては、白承赫「放送メディア産業」（鈴木雄雅・蔡星慧編『韓国メディアの現在』岩波書店、2012年、45-84頁）のうち、63-65頁を参照。また、森類臣「"言論悪法"成立と韓国ジャーナリズムの危機」（『進歩と改革』第696号、2009年）を参照。
(87) 「'나는 꼼수다' 이래서 인기였어?」『한국경제』（電子版）2012年1月26日
URL: http://www.hankyung.com/news/app/newsview.php?aid=201201262842g （最終閲覧日2015年3月5日）
(88) 『나는 꼼수다』（봉주24회）における発言。
(89) 박민욱「"나는 꼼수다", 대안 미디어의 맛을 보다　[기고] "나는 꼼수다"가 미디어운동에 주는 함의」『참세상』2011年12月14日
URL: http://www.newscham.net/news/view.php?board=news&nid=64297 （最終閲覧日2011年12月14日）
(90) 이기형, 이영주, 황경아, 채지연, 천혜영, 권숙영 (2012)「"나꼼수현상"이 그려내는 문화정치의 명암―― 권력-대항적인 정치시사콘텐츠의 함의를 맥락화하기」『한국언론정보학보』통권58호、74-105頁。
(91) 원숙경, 윤영태 (2012)「대항공론장의 변화에 관한 연구――〈나꼼수〉를 중심으로」『사이버커뮤니케이션 학보』제29권3호、49-81頁。
(92) 「탐사 저널리즘（探査ジャーナリズム）」は英語では「investigative journalism」であり、日本語では「調査ジャーナリズム」である。本稿では「韓国調査ジャーナリズム・センター」と訳出した。
(93) 『国民TV』が協同組合形態を選択し、インターネット時代における代案言論メディアの草分け的存在ともいえる『プレシアン』が株式会社から協同組合形態に変化したのは、背景に韓国における「社会的経済（Social Economy）」の流れがあると筆者は考えている。これについては、別途論じることとしたい。
(94) 現在の組合員数などについては、『国民TV』のホームページで確認できる。
URL: http://kukmin.tv/bbs/register.php
(95) 『国民TV』アナウンサーのムン・ヒジョン［문희정］氏の言葉。ムン氏への聞き取り調査は、2014年9月3日にソウル市内で行なった。
(96) 2001年に設立した衛星放送チャンネル。市民出資による財団法人が運営している。現在はケーブルテレビにもチャンネルを持っている。
(97) 「연말 언론상 휩쓰는 '뉴스타파'.JTBC」『PD저널』2014年12月16日

URL:http://www.pdjournal.com/news/articleView.html?idxno=54070　（最終閲覧2015年3月5日）
（98）中心となったのはイ・グネン［이근행］（当時MBCプロデューサー）、パク・チュンソク［박중석］（当時KBS記者）、ノジョンミョン［노종면］（当時YTN記者）などである。2012年末の第18代大統領選挙まで報道活動を継続し、その後解散する予定であった。
（99）URL:http://newstapa.org/21040（最終閲覧2015年3月5日）
（100）キム・ヨンジン氏への聞き取り調査は、2014年9月3日にソウル市内で行なった。
（101）前述のムン・ヒジョン氏の言葉。

参考文献
〔韓国語文献〕
김민남・김유원・박지동・유일상・임동욱・정대수（1993）『새로 쓰는 한국언론사』도서출판 아침
김서중（2007）「1950년대 언론계의 동향――이승만 정부와 그 유제」『2007년 현장민주화운동연구 종합보고서』민주화운동기념사업회、129-168頁
김주언（2008）『한국의 언론통제』리북
동아자유언론수호투쟁위원회（1987）『동아투위는 어떻게 싸웠나――자유언론을 위한 투쟁 12년――』
동아자유언론수호투쟁위원회（2005）『자유언론: 1975-2005 동아투위 30년 발자취』해담솔
동아자유언론수호투쟁위원회（2014）『자유언론 실론 동아투위 1974～2014』다섯수레
민주화운동기념사업회 한국민주주의연구소（2010）『한국민주화운동사3 서울의 봄부터 문민정부 수립까지』돌베개
진실・화회를위한가거사정리위원회（2006）『2006년 하반기 조사보고서』
진실・화회를위한과거사정리위원회（2008）『2008년 하반기 조사보고서』제8권

〔日本語文献〕
呉連鎬（2005）『オーマイニュースの挑戦――韓国「インターネット新聞」事始め』大畑龍次・大畑正姫訳、太田出版
スティード、ウィッカム（1998）『理想の新聞』みすず書房
ハンギョレ新聞社編、高賛侑（1993）『山河ヨ、我ヲ抱ケ――発掘韓国現代史の群像 上』解放出版社

第11章　韓国における代案言論メディア創出のダイナミズム

鄭晋錫（2012）「進歩と保守、その対立の狭間で――民主言論に向けての闘いと統制の歩み」『日中韓の戦後メディア史』60-107頁

韓永學（2010）『韓国の言論法』日本評論社

マクネア、ブライアン（2006）『ジャーナリズムの社会学』小川浩一・赤尾光史監訳、リベルタ出版

森類臣（2009）「韓国・盧武鉉政権による「記者クラブ」解体の研究」『評論・社会科学』第89号、31-87頁

森類臣（2013）「言論民主化運動から『ハンギョレ新聞』へ――韓国ジャーナリズムの変動過程に関する一考察」（同志社大学博士学位論文）

森類臣（2015a）「日韓連帯運動の一断面――日本における東亜日報支援運動に関する考察」『東アジア研究』第17号、23-42頁

森類臣（2015b）「（研究ノート）韓国の「代案言論メディア」に関する理解――『ナコムス』『国民TV』『ニュース打破』の事例から」『産社論集』第51巻2号

〔英語文献〕

Kovach, B. & Rosenstiel, T. 2001. *The Elements of Journalism : What Newspeople Should Know And the Public Should Expect*, THREE RIVERS PRESS. New York

第12章
朴正煕政権下韓国の外信メディア統制
―― 読売新聞ソウル支局閉鎖の展開過程を中心に

小林聡明

1 はじめに

　1961年5月、「5・16軍事クーデター」が発生した。実行したのは朴正煕少将（当時）を最高指揮官とする革命軍であった。朴正煕は、クーデター直後に最高統治機関として設置された国家再建最高会議副議長に就任し、同年7月には議長となった。

　1963年12月、朴正煕は大統領に就任し、国家再建最高会議は解散された。朴正煕政権は、朝鮮戦争後の疲弊した国土の復興を目指し、経済政策に注力した。「漢江の奇跡」とよばれる目覚ましい経済成長が実現された。そこには、クーデターを通じて権力を奪取したがゆえに不足していた朴正煕政権の正統性を満たそうとする狙いもあった。朴正煕政権は、国民所得の向上など経済成長を実現した一方、過酷な人権弾圧を行なったことでも知られる。韓国の人々が有する政治的権利を抑圧したほか、「言論の自由」の制限などメディアに対する弾圧も苛烈に行なわれた。ここで重要なことは、メディア弾圧が、韓国メディアに限定されず、在韓の外信メディアにも広く統制の網がかけられていたことである。

　韓国言論史研究において、言論統制に関する研究は豊富な蓄積がある。そのなかには、朴正煕政権から全斗煥政権にいたる1970年代から80年代にかけて実施された外信メディアへの統制を扱った研究も看取される[1]。だが、その研究は、当時のジャーナリストや関係者の証言に依拠したものであり、エピソード紹介の水準に留まっている。朴正煕政権期および全斗煥政権期において、外信メディアに対する統制が、どのように行なわれたのか、その実態は十分に

第12章　朴正熙政権下韓国の外信メディア統制

解明されているとは言いがたい。こうした限界を克服するために、本稿は読売新聞ソウル支局が閉鎖させられた経緯を描きだすことで、朴正熙政権期における外信メディアへの統制の一端を浮かび上がらせようとするものである。

　日韓国交正常化後の1966年6月、読売新聞社は韓国日報社内にソウル支局を開設した。1972年9月、朴正熙政権は、北朝鮮の現状について特集を組んだ『週刊読売』別冊の内容を問題視し、読売新聞ソウル支局を閉鎖した。これは朴正熙政権が行なった初めての外信メディアを弾圧する事例となった。以後、読売新聞は朴正熙政権下で、三度の閉鎖命令を受けるなど、在韓外信メディアのなかで、もっとも厳しい措置を受けたメディアの一つとなった。

　だが、ソウル支局閉鎖の経緯は、読売新聞社の社史ですら、十分に明らかにしておらず、いわば「知られざる歴史」になっている[2]。いったい読売新聞ソウル支局は、どのような経緯で閉鎖されたのか。その過程で、読売新聞のほか、日本外務省や韓国外務部（現、外交通商部）は、どのように振る舞ったのか。本稿では、昨今、韓国外交史料館で公開された外交文書の分析を通じて、こうした問題を解明しようとする。読売新聞ソウル支局閉鎖に関する外交文書は、日韓のメディア史やジャーナリズム史研究のみならず、政治史研究でも用いられておらず、いまだ手つかずの資料群である。

　本稿は、読売新聞ソウル支局閉鎖問題を取り上げ、朴正熙政権期に行なわれた言論統制の、新たな一面に光を当てようとするものである。それは、日韓の研究蓄積に貢献するだけでなく、メディアと権力をめぐる諸課題の所在を浮き彫りにするものでもある。ここに本稿のもっとも大きな意義がある。

2　第一次閉鎖：1972年9月8日〜同年12月6日

2-1　問題の発端

　1972年9月7日、読売新聞社は、『週刊読売』別冊（1972年9月号）（以下、別冊とする）を発行した。「チュチェの国　朝鮮」と題された別冊は、北朝鮮（朝鮮民主主義人民共和国）の政治や経済、軍事、文化を紹介していた。読売新聞社論説委員会の高木健夫顧問は、巻頭記事のなかで、「南朝鮮とだけ国交を持ち、北の共和国を敵視していた日本は、いま改めて、この朝鮮民主主義人民共和国を認識し直さなければならないところへ追い詰められてきた」とし、北朝

鮮を認識しようとする読者の要望にこたえるために別冊発行が企画されたと説明した[3]。高木は、北朝鮮にシンパシーを示す一方、韓国には厳しい目を向けていた。巻頭記事には、韓国の国家としての正統性を疑問視するかのような、次のような記述が見られた。

> 南、大韓民国という"国"は、アメリカ帝国主義のアジアにおける共産圏封じ込め政策の道具としてつくられ、手先として使われた。在韓米軍が韓国人民を虐待する数々の蛮行は、わたしたちの目にもよくわかった。それだけではなく、この国の若者をベトナム戦争の最強の弾丸除けに動員させた。

韓国政府は、この部分に自国を誹謗するものとして重大な関心を示した。別冊発売日の午後3時、駐日韓国公報館長は、別冊に韓国を誹謗する論説が含まれているとして、読売新聞社の白神勤論説委員長に直接抗議し、書簡を送った。さらに駐日韓国大使館が外務省に不満を表明し、こうした内容の記事が再び掲載されないよう再発防止を要請した[4]。

読売側は、事態の収拾にむけて直ちに行動を開始した。8日午後2時30分、二宮信親出版局長は、白神とともに駐日韓国大使館を訪問した。二宮らは、代理大使に対して、①経営上の収支のために別冊を出版したものであり、イデオロギー的な動機や大韓民国を誹謗する目的はない、②高木の原稿は最終段階で受け付けたため綿密にチェックする時間的余裕がなかった、③高木は論説委員会顧問であり、過去に読売新聞に勤務した際に縁をもっていたが、事実上、読売新聞社に関係していないと説明し、巻頭記事の内容について韓国側に全面的に謝罪した。代理大使は、「日本有数の新聞であり、もっとも公正でなければならない読売新聞が、北韓を称揚宣伝し、大韓民国を誹謗する内容を掲げる宣伝冊子を出版したこと」への遺憾を示したうえで、適切な是正措置を取るよう求めた。二宮らは、社長と相談して、必要な措置を講じると応じた[5]。

日韓の外交チャンネルでも接触が行なわれた。発売日翌日の8日、尹錫憲外務部次官は、後宮虎郎駐韓日本大使をよんだ。南北対話の開始後の南北間で相互誹謗を行なわない状況で、韓国を侮辱し、悪意をもった記事が掲載されたことを深刻に受け止め、文化公報部（文公部）によって読売ソウル支局閉鎖と特

派員の出国命令が発せられたと説明するためであった。尹-後宮会談では、読売への措置が日韓関係や両国民の感情に影響を及ぼさないようにさせる方向で認識の一致を見た。そのうえで、次の二つの点が注目される。第一に、記事内容の是非ではなく、掲載のタイミングが問題にされていたことである。後宮は、今回の措置が韓国の管轄権内での措置であるために、日本として何も言う立場にないとしつつも、日韓定期閣僚会議が成功裏に終わった、この時期に、こうした事態が発生したことは不幸なことと考えると述べた。尹錫憲も、巻頭記事が「大韓民国が生存のために、緊張緩和への最大の努力を傾けているのに、きわめて残念である」として、「タイミングが悪い」と指摘した。

　第二に、韓国側の言論の自由に対する認識が示されたことである。尹錫憲は、新聞の自由や言論の自由を大切にしているが、別冊の記事が、「責任ある言論機関として守らなければならない常道を逸脱している」ために、今回の措置をとったと述べた。常道を有するか否かが、言論の自由を上まわる価値として説明され、日本側への理解が求められた[6]。

　9日、文公部は、さらなる措置として、「外国定期刊行物の輸入配付に関する法律」に基づき、読売新聞の韓国への輸入と流通の禁止を決定した。同法第7条は、文公部長官に対して、「国憲を紊乱したり、公安または風俗を害する憂慮があると認められる外国定期刊行物が輸入配付されたとき」、その中止や内容削除を求める権限を与えていた。同日、尹胄榮文公部長官は、国会・文化公報委員会にて「外信記者の取材活動の自由は最大限に保証するが、国家の主権を冒瀆したり、国家の名誉を誹謗、中傷する報道に対しては強力な制裁措置をとる」と言明した。

　韓国政府は、読売新聞ソウル支局閉鎖などの措置を契機として、①韓国の主権の否認、②国家元首の冒瀆、③国民全体の冒瀆、④国号・国歌など国家を象徴する事物の冒瀆、⑤国家利益を大きく損傷させる虚偽事実を報道すれば、外信メディアであろうと厳格な措置をとるとの方針を明らかにした[7]。それは、韓国では言論の自由が制限されていることを内外に宣言したに等しいものであった。

2-2　日本側の反応

　韓国政府は、読売新聞への措置に対する日本側の反応に神経を尖らせていた。

9月9日、駐日韓国大使館は、外務省や日本メディア関係者に接触し、次のような反応を摑んだ[8]。

①A氏（外務省情報文化局長）
「この問題は外交問題ではなく、出入国関係の問題のため、論評する立場にない」
②B氏（毎日新聞編集顧問）
「現在まで読売は韓国や北朝鮮に対する客観的で、肯定的な報道基準がなかったと考える。偏った報道と見ており、すでに予想していた」
③C氏（NHK解説委員）
「個人としては記事内容が度が過ぎたと考えているが、措置も少しひどい感じがある」
④D氏（朝日新聞論説委員）
「まだ本を入手できていない。高木は平壌訪問以来、北朝鮮に関する文章をいろいろ書いている」
⑤E氏（産経新聞編集委員）
「韓国政府の措置には、相当な理由があると考える」
⑥F氏（産経新聞政治部次長）
「読売の行ったことは、常識以下のことであり、同じ言論人として非常に遺憾と考える」
⑦G氏（日本記者クラブ会長）
「読売の記事は度が越していた。高木は中国に勤務したことがあり、北朝鮮に行ってから、左傾化したようだ」

　外務省や朝日新聞関係者は論評を避けたが、産経新聞や毎日新聞、NHK、日本記者クラブの関係者らは、読売新聞や高木の責任を指摘した。さらに産経新聞は、韓国政府の措置に理解を示した。NHK関係者は、韓国政府の措置に批判的な姿勢も見せていた。駐日韓国大使館が収集した「反応」からは、言論の自由を制限する韓国政府にスクラムを組んで抗議するという日本メディアの姿勢は見られなかった。
　11日、外務部は駐日韓国大使館からの情報をもとに朴正煕大統領に対して、

第12章　朴正煕政権下韓国の外信メディア統制

日本メディアの反応について報告した。そこには、日本のメディアは「一般的に読売新聞の報道姿勢が、あまりにも偏っていて、行きすぎた感があり、これに対する韓国の措置を理解できるものだと受けとっている」(9)と記されていた。朴正煕の耳には、NHKが見せたような読売新聞の措置への批判的な反応は届けられていなかった。

2-3　繰り返される読売新聞の謝罪

9月11日、副社長兼編集主幹の原四郎は、水上健也外報部長や山口・前駐韓特派員とともに、駐日韓国大使館を訪問した。だが、李澔大使が出張中だったため、代理大使と面会した。席上、読売側は同記事の内容が高木個人の見解を示したものとしつつも、別冊に掲載された以上、全面的に読売側に責任があるとして謝罪した。韓国の措置と国民感情を十分に理解しており、別冊の回収措置に最善の努力を尽くすと約束した(10)。読売新聞社は、別冊の発売直後から韓国政府への謝罪の姿勢を明確にしていた。だが、同社に対する激しい反発が、韓国のメディアや市民レベルでわき起こっていた。

9日付の韓国の新聞各紙は、相次いで読売新聞を批判した。『東亜日報』は、韓国を侮辱する無責任な特集と批判したうえで、平壌に支局を設置するための「微笑戦術」として組まれた特集であったと指摘した。『中央日報』も、読売新聞が金日成の伝記など北朝鮮を讃揚する記事を掲載したのは、同紙が平壌支局開設に目がくらんだ結果であると断言した。

9日には、傷痍軍人らによる抗議デモが日本大使館前で発生した。デモ隊の一部は、大使館に乱入し、掲揚されていた日本国旗をおろし、器物を破壊した(11)。11日、民団大阪地方本部の事務局長ら幹部約80名が、読売新聞大阪本社を訪れ、①別冊全部の回収と、9月12日付新聞1面への謝罪記事の掲載、②高木健夫の解職、③上記2点の要求に対する結果を12日正午までに回答することを要求する抗議書を手渡した(12)。

別冊の発行とそれに対する措置に端を発した日韓関係の緊張を受け、外交ルートでの接触も図られた。11日、高平外務省北東アジア課長は、駐日韓国大使館の禹文旗一等書記官と会い、別冊が「北朝鮮だけを扱ったというならば問題とならないだろうが、一つの冊子のなかで、韓国をけなし、北朝鮮を称揚したことは正しくない」と指摘した。そのうえで、「特に高木論説顧問が書い

た部分が、ひどいと考えており、デモはベトナム戦争での弾丸除け云々によって誘発されたものと考えている」と述べた。高平は、読売新聞への韓国側の措置に理解を示した。そのうえで別冊発行から2日後にデモが発生した点を挙げ、「官製デモ」ではとの疑念を示唆した。禹は、別冊の内容が8日にはラジオ放送などを通じて韓国に知らされ、市民は憤激していたことを説明し、官製デモの疑いを否定した(13)。

　読売側の謝罪にもかかわらず、さらに韓国側の対応を硬化させる事態が発生した。9月13日に発売された『週刊読売』(9月23日号)に、謝罪文(34頁)とともに、別冊の広告(61頁)が掲載された。韓国側は、読売側の謝罪に疑念を抱いた。別冊の広告が掲載されたことは、読売側が謝罪しながらも、別冊の販売を継続しようとする意思の表明であると受けとったからであった。駐日韓国公報館長は、読売新聞編集局に厳重に抗議し、謝罪文と広告の同時掲載について説明を求めた(14)。

　14日、前駐韓特派員で、解説部次長を務める島元謙郎と水上が駐日韓国大使館を訪問し、李澔大使と面会した。島元らは、同社出版局がソウル支局閉鎖措置の前に『週刊読売』の印刷が完了していたことに注意を払わないまま製本し、さらに最終段階で会社幹部と相談しないまま、同号への謝罪文掲載を決定したため、謝罪と広告の同時掲載にいたったと説明した。島元らは、別冊および『週刊読売』当該号の回収を進めており、次号『週刊読売』(9月30日号)で、あらためて謝罪文を掲載すると約束した(15)。

　19日、『週刊読売』(9月30日号)が発売された。そこでは「「南、大韓民国という"国"は……」をはじめ「在韓米軍が韓国人民を虐待する数々の蛮行……」「この国の若者をベトナム戦争の最強の弾丸除けに動員させた」「また南半分の赤化云々」など」の諸点が、「大韓民国の国家主権と国民感情を著しく傷つけた」とする「おわび」が掲載されていた。

　読売側の謝罪は、さらに繰り返された。9月26日、原は、島元とともに駐日韓国大使館を訪問し、初めて駐日韓国大使に直接謝罪した。

　11月16日、訪韓した原と島元は、金鍾泌国務総理や閔寛植文教部長官らと面会し、直接謝罪した。18日、『読売新聞』朝刊は、ソウル発として「韓国"親政"革命進む21日の国民投票、大多数の支持確実」と題する記事を掲載した。それは謝罪のために訪韓した島元が、滞在中に取材してまとめたものであった。

第12章　朴正煕政権下韓国の外信メディア統制

記事は、新聞検閲が実施され、大学も閉鎖されていることに触れつつ、朴正煕政権による改憲の目的が、南北対話に備えた体制強化にあると指摘していた。だが、改憲の動きは、独裁の強化を目論むものとして、国内外からの激しい批判にさらされていた。嶋元の記事が、改憲に関する朴正煕政権の立場を代弁したものとみられても不思議ではなかった。事実、韓国政府は、この記事を「評価」したと考えられる。韓国政府は、島元に「臨時取材活動」の許可を与え、18日以後も引き続き韓国に滞在し、取材をすることを認めた[16]。

　12月6日、韓国政府は読売新聞に特派員のソウル常駐を許可した。約3カ月ぶりにソウル支局の閉鎖措置が解除された。現時点で、機密解除された韓国外交文書からは、支局再開を許可した明確な理由を読み取ることができない。だが、副社長以下、編集幹部による東京やソウルで繰り返された韓国側への謝罪のほか、謝罪広告の掲載や回収措置、さらには『読売』の記事に対する「評価」が、支局再開への道を開いたことは想像に難くない。

　読売新聞は、執筆者本人の責任に言及しながら、韓国側への謝罪を繰り返した。日本メディアの多くは、言論の自由を脅かす朴正煕政権に対して批判的な立場を明確に示さなかった。日本政府は、韓国側に支局再開への善処をはたらきかけたものの、積極的なものとは言えなかった。こうした日本のメディアや政府の微温的な姿勢は、日韓と日朝のどちらの関係を重視するのかという判断によって支えられていたと言えよう。

　読売ソウル支局の再開は、朴正煕政権の言論統制が緩和されたことを意味しなかった。再開から8カ月後、再びソウル支局が閉鎖された。

3　第二次閉鎖：1973年8月24日〜1975年1月10日

3-1　支局閉鎖と特派員追放

　1973年8月8日、金大中元大統領候補が、東京で拉致され、13日にソウルで発見された。いわゆる「金大中事件」が発生した。韓国メディアは、統制下に置かれていたため、金大中事件についてほとんど報道せず、一方で海外メディアは、連日大きく報じていた。23日、『読売新聞』は、のちに新聞協会賞を授賞することになる、次のようなスクープ記事を掲載した[17]。

韓国政府筋は22日、金大中事件に韓国中央情報部（KCIA）機関員が関係していた事実を初めて認めた。これは、韓国捜査当局による、金氏の韓国入国ルートの捜査から浮かび上がったもので、いまのところ、同情報部の上層部は事件に関与していないとされている。しかし、機関員が関係していた事実が明らかになったことで、上層部周辺に政治的責任が問われることは必至となり、日本の主権を侵害したことについて、韓国側がいかに対処するかが大きな焦点になってきた。（後略）

　スクープ記事は、金大中事件に韓国政府が関与していると断定していた。これに対して、韓国政府は強く反発した。23日午後7時、文公部は、金大中事件に関する説明の実施という名目で、在韓日本メディアのすべての特派員と、訪韓中の日本人記者を招致した。それは『読売新聞』のスクープ記事に反論することを目的にするものであった。説明の席上、尹胄榮文公部長官は、日本メディアが、金大中事件について、捏造報道を行なったり、反韓団体や人士のインタビューだけを大きく報じるなど、日本の読者に偏見を与える編集傾向を示していると批判した。そのうえで、『読売新聞』のスクープ記事に対する反論として、①捜査本部が明らかにした結果からは、韓国の機関が関与したという手がかりと証拠を見出せない、②韓国政府の調査によれば、スクープ記事にある韓国政府筋として、関与を述べた人間はいないとの二つの点を指摘した。これらを踏まえ、尹はスクープ記事が捏造であるとの見解を示した。政府として読売側に記事の即刻取消を正式に要求し、韓国側の要求に「誠意を見せないときには、読売の特派員退去を要求し、ソウル支局を閉鎖する」と主張した[18]。

　文公部は、読売側に24日朝刊までに記事を全面的に取消すよう要求した。24日午前零時すぎ、読売新聞社はソウル支局を通じて文公部の趙東元海外公報館長に対して要求を拒否すると伝えた[19]。24日付の『読売新聞』朝刊は、長谷川実雄編集局長の談話を掲載し、文公部からの要求を拒否する旨を明らかにした。談話は、「韓国政府の十分信頼できる責任ある筋から取材、さらに各方面の情報もあわせて検討の上執筆した」とし、「十分信頼性ある記事であることを再確認」したため、「読売新聞社としては、韓国政府の当該記事の取り消し要求には、遺憾ながら応ずることができない」との結論に達したと説明した[20]。

第12章　朴正煕政権下韓国の外信メディア統制

　全面取消しを求めていた文公部は、読売が要求拒否の姿勢を明らかにしたことに、ただちに反応した。同日午前10時30分、趙は読売新聞の甲藤信郎ソウル支局長を文公部に招致し、支局閉鎖と、島元および浅野両特派員の24日中の国外退去を通告した。甲藤には、残務整理のための時間として、退去まで48時間の猶予が与えられた[21]。

　韓国の新聞各紙は、一斉に読売ソウル支局の閉鎖と特派員追放を報じた。だが、厳しい言論統制下にある韓国メディアの論調では、文公部の措置に対する批判は見られなかった。なかには日本メディアの対韓報道に厳しい目を向けるメディアさえあった。『京郷新聞』は、金大中事件において、日本の新聞の報道態度は、「新聞が堅持しなければならない正確性と公正性から逸脱した傾向を帯びていることが我々の率直な印象である」と指摘したうえで、「読売新聞の今回の報道態度の心理的底辺には韓国の発展に対する嫉みと嫉妬が広がっている」と指摘した[22]。

3-2　緊張する日韓関係

　日本政府は二度目となるソウル支局閉鎖の措置をとった韓国政府に対して、第一次閉鎖時と比べて、迅速かつ強く抗議する姿勢を示した。読売への措置が発表された当日の24日午後2時30分、外務省北東アジア課のアサカイ（漢字姓名不明）次席は、駐日韓国大使館の禹一等書記官に電話し、「報道の自由を原則とする日本政府としては、報道が事実に反するとして、即時、支局を閉鎖させることはどうかと思う」としたうえで、日本政府が韓国政府の措置に憂慮していることを本国政府に伝えるよう要請した[23]。二階堂進官房長官は、同日午後の記者会見で、韓国政府の措置について遺憾の意を表明し、読売ソウル支局の一日も早い再開を願っていると発言した。

　国会でもソウル支局閉鎖問題が取り上げられた。野党は、金大中事件への韓国政府の関与を疑い、同事件を日本の主権侵害問題であるとして、韓国に明確な立場をとるよう自民党を激しく追及していた。日本政府内からも韓国に厳格な立場をとるよう求める声があがっていた。24日、衆議院外務委員会で質疑に立った社会党の楢崎弥之助議員は、韓国側が金大中事件に韓国人の関与を認めながらも、『読売新聞』の記事に抗議していることは納得できず、不可解だと指摘した。大平正芳外相は、「（記事が事実かどうか）解明されない段階で、

263

事実に反するという理由で、直ちに支局閉鎖を求められたのはいささかどうか」と答弁した。日本政府として支局再開を希望し、支局や特派員の身の安全について韓国政府に配慮を要請していることを明らかにした[24]。さらに楢崎は駐日韓国大使館に勤務する領事の写真を示し、大平に対して金大中事件の捜査を求めた。

続いて日本共産党の柴田睦夫議員が質問に立った。柴田は、韓国政府に日本政府として抗議し、読売ソウル支局閉鎖と特派員の追放を取消させるべく効果的な措置をとるべきと述べた。そのうえで大平に対して、読売への韓国側の措置への見解を正した。大平は「なるべく早く支局が再開されるよう韓国当局とかけ合いたい」と答弁した[25]。

大平の国会答弁で示されたように、ソウルや東京で日韓外交当局者による接触が、ただちに開始された。25日午前10時30分、前田駐韓日本公使は外務部を訪れ、池成九アジア局長と会談した。前田は、『読売新聞』の報道の真偽は、後日、明らかになるであろうとしながらも、日本政府として金大中事件に韓国政府が関与しているとの認識を有していることを明確に伝えた。日本側は、韓国側が『読売新聞』のスクープ記事を「捏造」と断定し、支局閉鎖措置をとったことは、「不正確な理由」に基づいていると見ており、早急に支局再開を認めるよう要請した。前田の要請に対して、韓国側は強く反発した。池は『読売新聞』のスクープ記事が度を越しているにもかかわらず、さらに24日付の『読売新聞』朝刊によって、「不確実な根拠を再び強調し、当該記事を合理化しようとした」と批判した。池は記事の訂正を要請するととともに、読者が抱いた韓国への悪印象を払拭するよう願っていると述べた[26]。韓国側は、スクープ記事による日本人の対韓イメージの悪化に神経を尖らせていた。

同日午前11時、駐日韓国大使館の李相振参事官は、外務省で中江要介アジア局次長と会談した。李は、駐日韓国大使館および領事館員が金大中事件に関与していないことをあらためて確認したと述べたうえで、①楢崎が十分な証拠がないまま某領事の写真を示し、捜査を求めたこと、②日本メディアが偏見と悪意をもって金大中事件を報じていることに抗議した。さらに李は、日本メディアの態度や報道傾向が、日韓関係に重大な事態を引き起こす可能性を指摘し、日本政府が「必要かつ可能な措置」を迅速にとるよう要請した[27]。

韓国側からの申し入れに対して、日本側は強く反発した。二階堂は、「事件

をめぐって日本側が故意にキャンペーンをしていると韓国側が受けとることは、はなはだ遺憾」であるとし、「日本には報道の自由もあり、捜査の自由もある」と述べ、韓国側の指摘が当を得ていないと批判した。さらに「日本では、国会議員が独自の調査にもとづいて発言する自由がある」と述べ、韓国側による国会論議への言及は内政干渉であるとの考えを示唆した。野党も韓国政府の申し入れが内政干渉であると批判する談話を一斉に発表した[28]。

　日本のメディア界でも、韓国政府に対する強い抗議の声がわき起こった。8月25日、新聞労連は、「韓国政府の読売新聞社に対する支局閉鎖、記者の国外退去は、言論、報道に対する重大な弾圧である」とする抗議声明を発表し、新聞協会に対して「日本の新聞経営者が圧迫に屈せず立ち上がるよう」要請した[29]。9月4日には、日本外国特派員協会が、「どのような理由があるにしろ、自由なニュース取材と情報の流通を妨げる措置には反対である」とする文書を、務台社長に提出し、読売新聞社への同情と、本件に対する関心を表明した[30]。さらに同日、在京9者編集局長会も声明を発表した。それは「一新聞社の事件としてではなく、報道界として納得のいく解決を求めたい」として、駐日韓国大使館に対して、事情説明と早急な原状回復措置を要請するものであった[31]。

　金大中事件をめぐって日韓関係が大きな緊張に包まれた。日韓間の様々なチャンネルを通じて緊張緩和にむけた動きが進められていた[32]。だが、ソウル支局閉鎖措置は緩和の兆しを見せるどころか、朴正煕政権による言論統制は、さらに強硬さを増していった。

3-3　強まる言論統制

　1974年1月8日、改憲運動を禁じる「大統領緊急措置第1号」が宣布された。1972年10月に確立された維新体制は、さらに強化された。10日、文公部は在韓日本人記者11名をよび、緊急措置を誹謗すれば緊急措置により処罰されると警告した。文公部の韓南錫海外公報館長は、日本人記者らに対して次の8項目に言及した。

　①韓国政府として日本の言論の自由を尊重し、日本メディアに干渉しない。
　②一部の日本メディアが韓国の政治体制を誹謗し、さらに国家元首を冒瀆する報道を行なったことは遺憾である。

③韓国内での日本メディアの取材活動は、韓国国内法の適用を受ける。
④韓国国内法に抵触する外国刊行物は、韓国国内で配布できない。
⑤日本メディアは、休戦状態にある韓国の環境が、日本の環境と異なっていることに留意すべきである。
⑥韓国の独立と安全は、北朝鮮の脅威にさらされている。
⑦大統領緊急措置は憲法と公共の安寧秩序を守るためのものであり、韓国国民のみならず、韓国内に滞留する外国人に適用される。
⑧日本メディアは、大統領緊急措置の不可避性を正確・公正に報道することで韓国の安全と発展に寄与してほしい。

　ここで注目すべきは、①および⑤である。すなわち、言論の自由は、普遍的な価値に基づき、尊重される絶対的なものではなく、それが配置される環境によって、統治権力は制限できるとの見解が、日本メディアへの警告のなかで示されたことである。
　韓国政府が日本メディアに対して警告を行なったことを受け、12日、後宮大使は尹外務部次官と面談した。後宮は「今回の緊急措置は本質的に韓国国内問題であり、論評する立場にない」としながらも、日本の記者に大統領緊急措置が適用された場合を憂慮しており、「国際慣例で外国記者に対して、一般的に通用する報道の自由が認められることを願う」との申し入れを行なった。尹は、大統領緊急措置は国家の安全保障を確固たるものにするものであり、韓国に駐在する外信メディアも、そのことを十分に理解し、韓国の法秩序を守るよう求めた。そして、「言論人として国際的に守る基本的規範と礼儀を守る者は、少しも心配する理由がない」ことを、日本の記者らに伝えるよう、後宮に要請した[33]。
　日本側からの申し入れにもかかわらず、韓国政府は日本メディアに対して、さらなる強硬措置を実行した。1974年1月30日、『朝日新聞』は、朴正煕政権を批判する評論家の論説を掲載した。2月4日、文公部は、韓国の政治体制を誹謗し、国家元首を冒瀆しているとして『朝日新聞』の国内配布許可を取り消した。強硬措置の矛先は米メディアにも向けられた。
　韓国外務部米州局は、『ニューズ・ウィーク』のバーナード・クリシャー東京支局長が、「一貫して国家元首の冒瀆、政府機関に対する誹謗、反政府運動

第12章　朴正煕政権下韓国の外信メディア統制

に同調的傾向を暗示するような論調」の韓国報道を行なっていると見て、問題視していた。2月18日、外務部はクリシャーに接触し、「ごく少数の反政府人士との面談による均衡と公平さを失った歪曲された報道を行なわないように説得し、非友好的で敵意のある記事と解釈された内容の報道によって不幸なことが生じないように自重」を要請した。クリシャーは、韓国が良くなっていくことを願い、正しく報道している。そして、韓国政府に対して、政府批判の内容を知らせることも意味あるものと考え、報道を行なっていると応じた。

　19日、尹河玨駐日公使は、東京でアメリカのアラン・カーター駐日公使と会談した。尹は、一部のアメリカ・メディアが歪曲報道を行なっていると指摘したうえで、在京アメリカ人記者らが、さらに慎重を期して韓国国内の政治報道を行なうよう、協力してほしいと述べた。だが、カーター公使は、記者らを説得する方法がないとし、駐日韓国大使が直接記者たちと会い、定期的な記者会見を開くことが望ましいとの立場を伝えた。事実上、米側は、韓国側の要請を拒否した。

　韓国側は日米など外信メディアによる批判報道にいらだっていた。こうした報道を抑制すべく、外交レベルでの協力要請も試みたが、十分な成果が得られなかった。そうしたなか、外務部内では、クリシャー記者ら韓国に批判的な報道を行なう外国記者に対して、入国ビザを取り消す措置が検討されるようになった。だが、米国や日本に駐在する韓国の大使らは、この措置に軒並み反対の姿勢を示した。

　駐米大使は、①入国を拒否した場合、アメリカのメディアを敵に回し、韓米友好の維持が困難になる、②入国を拒否しても、日本に駐在し、在日不純分子との接触により無責任で、悪意に満ちた報道を継続した場合、これを処理する方法がない、③自由友邦であるアメリカと日本の二つのメディアを共同の敵として団結させるよりは、むしろ両国のメディアを可能な限り、離間させ、相互牽制させることが賢明であるとして、アメリカ人記者の入国拒否案に反対した。駐日韓国大使は、①クリシャーを入国拒否にした場合、韓国に対する友好感情を阻害し、政府のイメージを損傷させる、②クリシャーは東京の外国人記者クラブの幹部であるために、同クラブから共同抗議がなされる可能性があるなどの点をあげ、クリシャーの入国ビザ取り消し措置に反対するとともに、外務部長官に再考を求めた[34]。

注目すべきは、駐日、駐米大使ともに日米メディアへの措置に、硬軟をつけることが望ましいとの考えをもっていたことである。先述したように駐米大使は、日米のメディアを離間させ、相互牽制させるべきと指摘していた。また、駐日大使も、アメリカ・メディアへの温厚な措置をとる一方、日本のメディアには、「日本人の偏波性と放縦性」に照らして、強硬な措置をとるべきとの見解を有していた[35]。

　22日、リチャード・スナイダー国務次官補代理（東アジア・太平洋担当）は、咸秉春駐米大使と会談し、クリシャーの入国が拒否された場合、韓国政府への批判がさらに大きくなり、韓米関係が悪化する可能性について言及した[36]。駐米、駐日大使からの反対、さらには米側からの要請にもかかわらず、4月20日、金東祚外務部長官は、クリシャーの所持する入国ビザ取消しの訓令を発した[37]。さらに外務部は、他のアメリカ人記者にも入国拒否処分を下すなど強硬な措置をとり続けた。

　5月22日付『クリスチャン・サイエンス・モニター』は、「韓国の新たなトラブル」（South Korea's New Troubles）とする記事のなかで、共産主義に立ち向かう朴正煕が1948年に共産主義者の将校による反乱にかかわり、死刑判決を受けていたことを報じた。韓国側は、度を越した批判であるとして、これを問題視し、記事を執筆したエリザベス・ポンド記者への入国ビザ取り消し措置を発表した。国務省は、報道の自由を侵害するとして、ワシントンやソウルで韓国側に強く抗議した[38]。

　外信メディアに対する強硬措置が相次いで繰り出されるなか、10月18日、韓国政府は読売新聞に対して記者のソウル常駐を許可し、さらに11月5日には、同紙の韓国内配付も認めた。翌年1975年1月10日、約1年半ぶりに読売新聞ソウル支局が許可された。

　ただ、現在公開されている支局再開を認める決定がなされた経緯や理由を示す資料は見当たらない。だが、それを推測することは可能である。韓国政府が、海外における対韓イメージの悪化を気にしていたことである。韓国政府は、とりわけ米メディアの対韓報道による韓国イメージの低下に悩まされていた。実際、1977年7月に咸大使から金長官に宛てた報告のなかで、「これまで2，3年間、膨大な量の否定的な韓国に関する記事が連日、当地のメディアで報道されていることで、韓国のイメージを悪くしており、究極的には韓米関係に有害な

第12章　朴正煕政権下韓国の外信メディア統制

影響を与えている」と指摘されていた[39]。

　1970年代半ば、韓国政府は韓国報道を行なう外国メディアを制限するよりは、むしろ自ら積極的に対外発信を行なうことが、対韓イメージの改善において、効果的と認識するようになったと考えられる。1977年以降、韓国政府は、アメリカのPR専門家やコンサルティング会社と契約した対外発信やアメリカや日本、欧州における韓国文化院の設置を推進した。

　第二次閉鎖の解除は、韓国政府が試みていた対韓イメージの向上の文脈から把握することができるであろう。だが、読売ソウル支局は、三度、閉鎖されることとなる。

4　第三次閉鎖：1977年5月4日～1980年1月15日

4-1　繰り返される読売新聞への抗議

　1975年1月のソウル支局再開後も、読売新聞は、韓国側からたびたび報道内容に対する抗議を受けていた。次の四つの記事は、三度目となるソウル支局閉鎖命令が下される遠因となった。

　第一に、『読売新聞』1976年12月3日付け夕刊に掲載された「KCIAの在米責任者、金公使も亡命か」とするワシントン特派員の記事である。文公部は、同記事が事実を歪曲し、韓国政府の威信を毀損したとみなし、読売側に対して抗議と訂正要求を行なった。

　第二に、同1977年2月28日付け朝刊の「朴強硬策どこまで」と題する記事である。同記事は、「退陣を迫られた朴政権は、徹底した批判封じ込め政策により、政権維持に成功したかのようにみる」としながらも、「カーター米政権の道義外交推進と在韓米軍削減不可避という状況」で、国民の間で漠然とした不安感が生じていると指摘した。韓国側は、この記事にすぐさま反応した。3月2日、外務部外報担当官は、読売新聞の木村晃三ソウル支局長をよび、記事が公正性と取材源の正確性を欠き、偏向しているため、是正するよう強く求めた。木村は、自らの情報源から得た事実に基づいて記事を執筆しているが、超人ではないので100人も200人にもインタビューはできないと主張した。そのうえで、韓国側からの警告の意味は十分に理解しており、ジャーナリストとして注意すると応じた[40]。

第三に、同1977年3月25日付け朝刊に掲載された記事「日韓ゆ着／追及の舞台参院に／疑惑の温床「援助」／利権巣食う不実企業」である。それは、韓国肥料や大韓造船公社など韓国企業13社が不正取引に関連したと報じるものであった。文公部は、同記事が根拠のない噂をもとにして「日韓癒着説」を流布し、韓国の国威を損傷したとみなした。関連企業10社は、同記事の訂正を要求したが、読売側が応じなかったため、ソウル地裁に名誉毀損による損害賠償請求訴訟を起こした。同年5月11日、読売新聞社は誤報を認め、訂正記事を掲載するとともに、不正取引に関連したと名指しした韓国企業に謝罪した。これにより、訴訟は取り下げられた。

　第四に、3月30日付けの夕刊で報じられた記事「対米工作組織を再建／金元韓国首相すでに渡米」である。文公部は、同記事が虚偽事実を流布し、大統領特使の名誉を毀損したと判断した。韓国政府として読売側に記事の訂正と謝罪が要求された。これを受け、読売側は記事内容に関する調査を実施した。4月6日、記事が事実でないことが判明したとし、読売側による記事の全文取消と謝罪が行なわれた。

　以上の記事は、韓国政府が三度目となるソウル支局閉鎖措置の実施を判断するうえで、重要な材料となった。だが、最終的に閉鎖措置実施を後押しをしたのは、読売新聞代表団が北朝鮮訪問中に当地で発したと報じられた発言や、その関連報道であった。

4-2　読売新聞代表団の北朝鮮訪問

　1977年4月15日から26日まで、為郷恒淳読売新聞編集局長を団長とし、安田志郎外報部長、文化事業本部の小竹昭三を団員とする代表団が北朝鮮を訪問した。読売新聞社は、1955年以来、数度にわたって随行記者団や単独代表団を北朝鮮に派遣していた。また北朝鮮芸術団の日本公演も周旋していた。韓国外務部は、読売新聞社が、北朝鮮に接近する姿勢を示しているとみていた[41]。韓国政府は、読売代表団の訪朝に大きな関心を抱いていた。

　平壌放送は、読売新聞代表団の訪朝直後から、代表団の平壌での動静を伝えていた。4月19日、平壌放送は、「敬愛する金日成主席閣下の誕生65年を慶祝している、喜ばしいときに、万景台を訪問するようになったことを幸せに思う」などと述べた為郷の金日成を礼賛する発言を報じた。続く22日、為郷は

第12章　朴正煕政権下韓国の外信メディア統制

革命博物館にて「偉大な金日成主席閣下の偉大な業績を知り幸せである」と述べたとも報じられた。平壌放送は繰り返し為郷の金日成礼賛発言を伝えた。韓国政府は、こうした発言を注視した。文公部は、駐日韓国大使館を通じて読売新聞社に為郷の発言について真否を問い質した。読売側は、為郷が帰国次第確認し、解明すると約束した[42]。

　30日、文公部の金永権海外公報館長は、木村支局長をよび、「為郷編集局長の平壌発言を報道した4月19日午前7時の平壌放送、同日午前8時の朝鮮中央放送の報道内容が、事実か否かを、5月2日までに一面社告を通じて明確に解明すること」を要求した。「納得できる解明がなされない場合、韓国政府は読売新聞が為郷局長の発言を是認したものとみなし、これに対する適切な措置をとる」と通告した[43]。読売側は帰国した為郷に確認し、平壌放送が報じた発言内容は事実ではないと、韓国側に口頭で回答した。だが、社告を掲載することについては明確に拒否した。「読売新聞で報道していないものを社告で釈明することはできない」とし、「平壌放送の内容には責任をとれない」というのが、その理由であった[44]。韓国側は、読売側の対応に納得できず、むしろ強く反発した。

　5月4日、韓国政府は読売新聞ソウル支局の設置許可を取消し、同社ソウル特派員の国外退去を命令する措置を発表した。あわせて『読売新聞』の国内配布・販売も、同日付で禁ずることが発表された。読売新聞への措置を明らかにした「発表文」のなかで、韓国政府は読売新聞が為郷発言の内容が事実ではないと口頭で伝えただけで、社告での釈明を拒否する無責任で不誠実な反応を見せたと指摘した。そして、平壌放送が報じた為郷発言のうち、次の3点の説明要求に対して、読売側から説明が行なわれなかったことへの不満を表明した。

①「朝鮮民主主義人民共和国は、遠くなく、祖国統一の偉業を成し遂げなければならない」などの発言は、南北対話を拒否する金日成路線にしたがって、韓半島が統一されるという、いわゆる北傀の赤化統一を支持した発言なのか。
②「金日成の偉大な業績を報道することは、我々の栄光ある義務」と発言したことは、読売新聞の良識と公正性を忘れた報道姿勢だと受け取ってもよいのか。

③「金日成に対する敬慕の情が、日に日に深くなっている」などの発言は、読売新聞の北韓に対する盲目的追従と偏向性を公言したものなのか。

「発表文」は、説明を行なわなかった読売側の対応が、読売自らが北朝鮮に偏向していることを是認したものであり、日韓両国民間の相互理解の増進と友好親善を阻害したと批判し、韓国政府として読売新聞への措置を実施せざるえなかったと、措置の理由を説明した[45]。

1977年5月、読売新聞は三度目となるソウル支局閉鎖措置を受けた。以後、韓国政府はますます日本メディアの対韓報道ぶりに神経を尖らせるようになり、機会ある毎に外務省に対して、日本メディアに対韓報道姿勢の是正を促すよう要請していた。韓国外務部は、日本政府・外務省を通じて、日本メディアの対韓報道に影響力を行使しようとしていたと考えられる。事実、外務部内では、支局閉鎖問題に関して、読売側が直接、韓国政府にアプローチしてきても、相手にせず、外務省を通じて処理するとの方針が検討されていた。そうした方針を採ることが、今後、他の日本メディアの報道を是正させる際に、日本政府の介入を確保することになろうとの見通しを有していたからであった。だが、外務省は、言論の自由の観点から、政府として報道ぶりに関与したり、なんらかの措置をとることはできないとの立場を堅持した[46]。

韓国外務部は、読売側からの直接的なアプローチは受け付けないとの方針を有していた。だが、読売側は積極的に韓国政府にアプローチした。1979年7月2日、読売新聞社から駐日韓国大使館に2通の書簡が届けられた。1通は社長、もう1通は編集局長名義となっており、外信部長が直接、大使館に持参した。いずれの書簡も、支局再開、特派員常住および韓国内の新聞配布の許可を求めていた。編集局長名義の書簡は、読売新聞社として日韓友好関係の強化と両国民の相互理解に全力を注ぐとの決意を示すとともに、法規の厳正なる遵守と国家の尊厳と体面を毀損しないことを謳っていた[47]。

1979年10月26日、朴正熙が金載圭KCIA部長に暗殺された。11月27日、読売新聞社は文公部にソウル支局の再開を申請した。29日、文公部は申請書類を正式に受理し、支局再開への道筋がつけられた。公開された韓国外交文書では、朴正熙暗殺と読売新聞社の支局再開申請が、どのように関連していたのか、また、文公部がどのような判断のもとに支局再開を認めたのかを示す記述は見

当たらない。だが、申請提出のタイミングをめぐる読売側の判断や支局再開を認める文公部の決定に、朴正煕暗殺が大きな影響を与えていたことは容易に想像できる。

1980年1月15日、文公部は読売新聞ソウル支局の再開と、同紙の輸入・流通を許可した。これを受け、読売側は、韓国政府に感謝を伝えるとともに、社長や編集総務、外信部長が出席する支局再開の記念レセプションが、ソウルで計画された[48]。第三次支局閉鎖措置は、朴正煕政権が終焉し、読売新聞社による韓国政府への感謝のなかで解除された。

5　おわりに

本稿は、読売新聞社が自らの社史でも十分に明らかにしていない三度におよんだソウル支局閉鎖の展開過程について、韓国外交文書を用いて検討してきた。ここで論じてきたことについて、次の3点からふり返りつつ、今後の課題を述べておきたい。

第一に、朴正煕政権が、自国のメディアだけでなく、外信メディア、特に日米のメディアも統制しようとしていた背景についてである。それは二つの側面から見てとれる。一つは、朴正煕政権にとって都合の悪い情報が、外信メディアを通じて韓国国内に流入する回路を遮断しようとしたことである。韓国の人びとは、自国のメディアが統制されているため、とりわけ日本の新聞やラジオを通じて韓国の情報を得ていた。こうした情報収集のあり方は、日本のラジオ電波が韓国でも容易に受信できるという地理的近接性だけでなく、植民地下で教育を受けたために、日本語を解する人口が多かったことに起因する。もう一つが、南北分断体制下における対韓イメージの管理という側面である。韓国政府は、日米のメディアが、人権抑圧などを指摘するなど韓国に厳しい報道を行なっているため、対韓イメージが悪化していると捉えていた。それは、相対的に北朝鮮イメージを向上させるものであり、南北間での激しい対立が続くなかで、韓国政府としては到底容認できるものではなかった。このことは、冷戦期における東西陣営間だけでなく、西側陣営の間でも情報流通が、いかに緊張を孕みながら行なわれていたのか、その一端を如実に示している。今後は、さらにこの点について解明を進めていく必要があろう。

第二に、日本メディアへの対応における朴正煕政権と朴槿恵政権の比較という観点である。青瓦台（大統領府）は、2014年8月に産経新聞ソウル支局長が書いたコラムが、国家元首を冒瀆しているとし、名誉毀損で支局長を告訴した。同年10月、ソウル中央地検は名誉毀損で支局長を在宅起訴した。さらに2015年1月には、記者会見において、朴槿恵大統領は言論の自由を制限しているのではないかとの質問に対して、「各国ごとに、事情が全く同じではない」と述べ、言論の自由に対する韓国の特殊性を示唆した。こうした状況は、読売新聞ソウル支局閉鎖措置をとった朴正煕政権の姿と、ある意味、重なって見えることは否定できない。その重なりとは、第一に、「国家元首の冒瀆」という規範が、結果として外国メディアにプレッシャーを与えていること。もう一つが、言論の自由は、その国家が抱えている「事情」によって制限されるという立場である。朴正煕政権も北朝鮮の脅威を指摘し、「環境」によって言論の自由が制限されるとの立場をとっていた。こうした「重なり」を念頭に置きながら、「名誉毀損」での訴追から2015年12月の無罪判決という一連の過程によって浮き彫りにされた韓国社会のジャーナリズムと権力をめぐる諸問題について、歴史的文脈のなかで、あらためて考えていくことが重要であろう。

　第三に、日本の政府やメディア界の反応についてである。第一次閉鎖の際、日本政府やメディアは「沈黙」したが、第二次閉鎖では強い抗議の姿勢を示した。だが、第三次閉鎖では、ふたたび政府やメディア界は「無言」を貫いた。言論の自由が大切であるならば、沈黙や無言という反応には合点がいかない。いったい、これら政府やメディア界の反応は、何を意味するのか。産経新聞ソウル支局長のコラムのケースとの反応の違いを踏まえ、本稿では、今後問うべき課題として、この点を指摘するにとどめておきたい。

　本稿は、読売新聞ソウル支局閉鎖の展開過程について、限られた側面しか明らかにできなかった。最大の要因は、同問題に関連する資料が、韓国外交文書しか公開されたものがないことである。韓国外務部とやり取りを重ねていた日本外務省には、関連資料が所蔵されているはずであり、当然、読売新聞社も資料を有していると考えられる。これらの資料が公開されることで、はじめて日韓の両面から、ソウル支局閉鎖の展開過程を検討することができる。まだまだ「知られざる歴史」は埋もれたままである。今後の課題は、日韓両国の資料を立体的に用いて、これを掘り起こすことにある。

第12章　朴正熙政権下韓国の外信メディア統制

注

(1) 金ジュオン『言論統制に対する最後の記録であることを願って』（韓国語）リブック、2008年、398-410頁。
(2) 『読売新聞百年史』読売新聞100年史編集委員会編、読売新聞社、1976年および『読売新聞百二十年史』読売新聞社編、読売新聞社、1994年など参照。
(3) 『週刊読売』別冊（1972年9月号）、読売新聞社、4頁。
(4) JAW-09122「タイトルなし」駐日大使代理から長官宛て、1972年9月7日、フィルム番号（以下、Fと表記）4『日本読売新聞ソウル支局設置許可取消、1972』754.52JA.1972, L-0010、韓国外交文書（外交史料館：ソウル）。
(5) JAW-09147「タイトルなし」駐日大使代理から長官宛て、1972年9月8日、F8、前掲L-0010。
(6) 「面談要録」1972年9月8日、FF66-68、前掲L-0010。
(7) クリッピング記事「「読売」国内配付も中止」（新聞名不明）F30、前掲L-0010。
(8) JAW-09177「読売新聞ソウル支局閉鎖措置に対する反応を次のように報告する」駐日代理大使から長官宛て、1972年9月9日、F22, L-0010。
(9) 「報告事項：週刊読売の韓国誹謗記事掲載事件に関連した経緯措置」外務部長官から大統領宛て、1972年9月11日、F62-65、前掲L-0010。
(10) JAW-09197「タイトルなし」駐日代理大使から長官宛て、1972年9月11日、F51-52、前掲L-0010。
(11) 前掲「報告事項：週刊読売の韓国誹謗記事掲載事件に関連した経緯措置」。
(12) OSW-0915「タイトルなし」駐大阪総領事から長官宛て、1972年9月11日、F57、前掲L-0010。
(13) JAW-09206「タイトルなし」駐日大使から長官宛て、1972年9月11日、F55、前掲L-0010。
(14) JAW-09244「読売新聞関係」駐日大使から長官宛て、1972年9月13日、F78、前掲L-0010。
(15) JAW-09337「タイトルなし」駐日大使から長官宛て、1972年9月14日、F81、前掲L-0010。
(16) 「読売取材許可」『東亜日報』1972年11月18日。
(17) 「金大中事件、情報機関員が関係」『読売新聞』1973年8月23日朝刊。
(18) 「伝言通信」1973年8月23日、F4-6、『日本読売新聞ソウル支局設置取消、1973.8.24』754.6JA.1973、L-0011。
(19) 「取り消し要求拒否-本社、韓国文化公報相の抗議に」『読売新聞』1973年8月24日朝刊。

(20)「自信をもって報道」『読売新聞』1973年8月24日朝刊。
(21) WJA-08381「タイトルなし」長官から駐日大使宛て、1973年8月24日、F10、前掲L-0011。
(22)「日本読売新聞の報道態度」『京郷新聞』1973年8月24日。
(23) JAW-08624「タイトルなし」1973年8月24日、F11、前掲L-0011。
(24)「読売支局閉鎖は疑問――大平外相、韓国側に配慮希望」『読売新聞』1973年8月25日朝刊。
(25) 衆議院外務委員会第32号『議事録』、1973年8月24日。
(26)「面談要録」1973年8月25日、F12、前掲L-0011。
(27) JAW-08661「タイトルなし」駐日大使から長官宛て、1973年8月25日、F14、前掲L-0011。
(28)「韓国の高姿勢申し入れ 政府、野党ともに反発」『朝日新聞』1973年8月26日朝刊。
(29)「新聞労連が抗議声明」『新聞協会報』1973年8月28日付。
(30)「読売・ソウル支局の閉鎖は遺憾」『新聞協会報』1973年9月11日付。
(31)「李駐日韓国大使に要望」『新聞協会報』1973年9月11日付。
(32) 金大中事件をめぐる日韓関係当局の動きについては、古野喜政『金大中事件の政治決着－主権放棄した日本政府』東方出版、2006年を参照。
(33)「尹次官・後宮大使面談要旨」1974年1月12日、F19-20『ソウル駐在日本特派員の大統領緊急措置1号関連報道およびこれに対する規制、1974』722.6JA.1974, C-0075。
(34)「ニューズウィーク紙（ママ）の歪曲報道是正措置」（米州局）F140-147『英国言論の反韓関係記事および対策、1973-76』722.6, C-0060。
(35) JAW-02398「タイトルなし」駐日大使から長官宛て、1974年2月21日、F149-150、前掲C-0060。
(36) USW-02256「タイトルなし」駐米大使から長官宛て、1974年2月22日、F151-152、前掲C-0060。
(37) WJA-02258「タイトルなし」長官から駐日大使宛て、1974年4月20日、F148、前掲C-0060。
(38) "Meeting with Ambassoder Hahm on ROKG Action Against Elizabeth Pond," From EA/K-Donald L. Renard to EA-Mr.Ingersoll, May 29, 1974, Memos to Ambassador Ingersoll, June-May, RG 59, Lot File 76 D 431, Subject Files of the Office of the Assistant Secretary of State for East Asian and Pacific Affairs, 1961-74, National Archives and Records Administration at College Park.

第12章　朴正熙政権下韓国の外信メディア統制

(39) WGW-06143「タイトルなし」駐米大使から長官、1977年7月20日、F13『対米国弘報活動：PR会社雇用、1977』752.1、2007-48。
(40)「常駐外信業務報告：駐韓読売特派員木村に対する措置」1977年3月3日、F2『日本読売新聞ソウル支局許可取消、1977』754.6、2007-49。
(41)「4．読売新聞代表団、北傀訪問」F7、前掲2007-49。
(42)「日本『読売』に強硬措置検討」『中央日報』1977年4月30日。
(43) 前掲「日本『読売』に強硬措置検討」。
(44)「読売ソウル支局閉鎖を命令／韓国政府」『朝日新聞』夕刊、1977年5月4日。
(45)「発表文」1977年5月4日、F41-45、前掲2007-49。
(46) JAW-067763「タイトルなし」駐日代理大使から長官宛て、1977年6月28日、F86、前掲2007-49。
(47) JAW-07155「読売新聞支局再開申請書簡」駐日大使から長官宛て、1979年7月7日、F18-20『日本読売新聞ソウル支局再開設許可、1978-80』754.6、2010-59。
(48) JAW-01247「読売支局再開関係」駐日大使から長官宛て、1980年1月18日、F25、前掲2010-59。

第13章
日韓両国のメディア・ナショナリズム
—— 2014年8月、竹島／独島問題を事例として

大石 裕
崔 修南

1　はじめに——日韓関係とメディア・ナショナリズム

　近代社会や国民国家（nation-state）の成立および発展が、マス・メディアを中心とする各種メディアの普及と表裏一体で進んできたことは広く知られている。そして、国民国家にとって不可欠な要素として国民的アイデンティティがあげられ、それと国民国家を単位としたナショナリズム、国民の間での情報の共有を促すマス・メディアという三者が不可分な関係を有していることは当然視されてきた。
　ここではナショナリズムに関しては、「人々が、地域、宗教、言語などを要因とする「ネーション（民族ないしは国民）」という単位を想定し、それに対する人々の求心力を増大させ、諸利益の拡張を図ろうとする思想と運動」という最大公約数的な定義をとりあえずは掲げておく。留意すべきは、現在のソーシャル・メディアの普及に象徴される多メディア化、多チャンネル化の一層の進展は、メディアとナショナリズムとの関係に二つの可能性を与えてきたことである。第一は、メディアと情報のさらなる多様化に伴い、熟議による討論が行なわれる機会や価値観の多様化が進み、情緒的なナショナリズムが生じる傾向が低下するというものである。第二は、情報通信技術の進展がメディアと情報の集中化を招き、それが多様な意見や価値観の表明を妨げ、同時に情緒的な世論、さらにはナショナリズムを表出させる機会を増大させるというものである。
　このうち、後者の現象に着目し、案出された概念が「メディア・ナショナリズム」である。すなわち、「マス・メディアやソーシャル・メディアの普及が、

第13章　日韓両国のメディア・ナショナリズム

国民国家のナショナリズムを増幅させる一連の現象」、それがメディア・ナショナリズムなのである。（大石・山本 2006）

さて日韓関係である。ここではまず、2002年の日韓共催サッカー・ワールドカップと韓流ブームに関する日本の新聞の報道を見てみよう。2002年5月31日、ワールドカップが始まった。日韓両国の代表チームはいずれも予選リーグを勝ち抜き、決勝トーナメントへと進んだ。6月15日の『朝日新聞』の社説は「よかった、よかった日韓W杯」と題し、「複雑な歴史を背負った日韓両国民ではあるが、ここまでテレビの前で互いに声援を送ってきた人々が多かったのではなかろうか。……がんばれニッポン、がんばれ韓国」と述べ、両国の友好関係の側面を強調していた。また、良好な日韓関係において忘れてならないのは大衆文化の領域での交流、なかでも日本の「韓流ブーム」である。『読売新聞』が実施した「読者が選んだ「日本の10大ニュース：2004年」では、「韓流ブーム」が第8位に入った。それを受けて、12月24日の同紙の社説では「韓国のテレビドラマ「冬のソナタ」の人気から始まった「韓流ブーム」は、多難な年の癒やしを求めたものかもしれない」と記している。

日韓交流がこのように活性化した重要な背景の一つとして、1998年10月に金大中大統領が訪日した際に小渕恵三首相とともに発表した「日韓共同宣言（21世紀に向けた新たな日韓パートナーシップ）」の存在があげられよう。この宣言のなかで特筆すべきは、韓国側から「日本の大衆文化解禁の方針」が表明されたことである。この方針に基づく施策は順次実行に移されたが、この点も良好な日韓関係を象徴する画期的な出来事だったと言える。その一方で、東アジアの国際情勢に目を移すならば、2000年6月に韓国と北朝鮮の間で南北首脳会談（金大中大統領と金正日主席）が行なわれ、その際に「南北共同宣言」が合意文書として公表され、この地域の政治的・軍事的な緊張が一時的にせよ緩和した点も忘れてはならない。これらの出来事についても、日韓両国のメディアは大々的に報じていた。

ただし、それに先立つ1980～90年代には（あるいは良好な時期においてさえも）、日韓関係は懸案を抱え、対立することが多々あった。例えば、歴史教科書問題、慰安婦問題、竹島／独島問題などをめぐって、かなりの程度批判の応酬をしていた。それは、日韓の主要メディアにおいても取り上げられ、多くの論議を呼ぶことになった。こうした一連の応酬については、メディアの報道、

279

あるいはソーシャル・メディアを介して、「反日感情」と「反韓感情」が高まるという、メディア・ナショナリズムが日韓両国において生じ、時には高まったという見方も十分できよう。

とはいえ、日本社会と韓国社会の世論や言論の実際について見るならば、これらの問題に関してはかなり異なる様相を示していたと評価しうるのもまた事実である。韓国社会では日本による植民地統治の時代から長年にわたって蓄積されてきた「反日感情」を基盤にして、日本批判の世論がつねに多数派を占めていた、というよりも圧倒的に支配的であったと言える。

それに対し日本社会では、これらの問題に関する世論は必ずしも一枚岩ではなかった。なかでも歴史教科書問題と慰安婦問題をめぐる世論は、大別すると二つの立場に分かれていた。一方は、韓国（あるいは中国）からの批判を日本の政策や方針に対する「内政干渉」だと主張し、韓国に対して再批判を行なう立場、すなわち「保守派」が存在していた。この種の見解は、アジア太平洋戦争の開戦に踏み切った、当時の日本の正当性を主張し、同時に総じてこの戦争の「被害者」の立場を強調するものであった。それはまた、第二次世界大戦後の国際社会における日本の位置づけ、国家としての日本の政治的弱さに対して厳しい批判を加え、さらには「改憲」を唱える立場をとっていた。

他方は、第二次世界大戦における日本の「(特に中国や韓国に対する) 加害者」の側面を強調する、「リベラル派」の立場である。それは、日本の戦争責任の問題を重視し、その果たし方の不十分さに関して自己批判するものである。また、「護憲」の立場から、「平和国家・日本」という立場と主張を前面に出すものである。この種の主張が「保守派」の立場に立つ、「新しい歴史教科書をつくる会」などによって「自虐史観」、あるいは「日本断罪史観」などと強く批判され、論難されてきたのは広く知られている。これら二つの立場は、様々なメディアを舞台に数多くの議論を戦わせてきた。

ただし、ここで紹介しておきたいのは、戦争「加害者」という見解に賛同し、「リベラル派」の立場に立ちながらも、「被害者」論（保守派）と「加害者」論（リベラル派）という、歴史認識（あるいは世論）の対立・分裂という問題を深刻にとらえ、その解決策を提示したことで多くの論議を呼んだ、加藤典洋の『敗戦後論』である。以下はその中心的な主張である。

第13章　日韓両国のメディア・ナショナリズム

〔「加害者論」において〕打ち捨てられた死者〔第二次世界大戦で亡くなった日本人300万人〕を〝引きとり〟、その死者とともに侵略者の烙印を国際社会の中で受けることが、じつは、一個の人格として、国際社会で侵略戦争の担い手たる責任を引き受けることの第一歩〔になる〕。(カッコ内引用者、加藤1997：55)

　日本社会を「一個の人格」にたとえ、それを前提として日本の戦争犠牲者を弔い、同時にアジアに対する侵略者であったことを認め、アジアをはじめ世界各国に対して謝罪の意を表するというのが、ここでの主張である。
　それに対し、やはり「加害者」の立場に立ちながらも、こうした独自の観点から提示されたこの主張に対しては、同様の立場をとる論者からもその後いくつかの批判が加えられた。それは例えば「自国の死者への閉じられた哀悼共同体、自国の兵士の死者への感謝の共同体としての「国民全体」を作り出し、結局は日本の戦争責任をあいまいにすることにつながる」(高橋1999：151)という批判が加えられた。また、主に在日韓国朝鮮人を念頭に置きつつ、「〈自己が先か他者が先か〉と先後関係を議論する中で、自他を綜合した集団の中から漏れ落ちてしまう人はいないだろうか。そこには〈自己〉にも〈他者〉にも帰属できない人びとの集団が存在するのではないだろうか」(坪井 2005：46-47)という批判的見解も示されたのである。
　以上の考察をもとにして、次に近年深刻化してきた日韓両国の相互批判、あるいは対立に関して、2012年8月10日の李明博前大統領による竹島／独島訪問の問題を中心に検討してみたい。というのも、この訪問以降、日韓政府間関係は1965年に締結した日韓基本条約以降「最悪」とまで評され、それと比例するように両国民感情は一段と悪化してきたからである。

2　竹島／独島問題の新聞報道(1)　2014年8月11～12日

2-1　韓国の全国紙
　ここでは次の観点から、まず韓国の新聞報道に関して社説を対象に検討を行なう。それは第一に、竹島／独島問題のどの側面が強調されたのか。第二に、竹島／独島報道が、日韓間の他の問題や争点とどのように関連づけられながら

解説され、受容されたのかという問題である。そこで、韓国の全国紙のうち『東亜日報』『朝鮮日報』(両紙は比較的保守系)、『京郷新聞』『ハンギョレ新聞』(両紙は比較的革新系)を対象とし、以下分析と考察を行なう。

　李大統領の竹島／独島訪問に関して、その翌日(8月11日)の各紙の社説についてまず見てみよう。『東亜日報』は、「8月15日の光復節を前にし、大統領が独島に足を降ろし、私たちの領土であることを明らかにしたことは意味深い。私たちの領土主権を覆そうとする、いかなる試みにも固く対処しなければならない」と述べた。こうした主張は各紙に共通して見られ、竹島／独島は韓国固有の領土という立場から、李大統領のこの訪問に対して一定の評価を与えていた。

　ここで重視すべきは、この訪問を歴史認識の問題と連関させる視点が存在したことである。それは、『ハンギョレ新聞』の社説の次の一文に象徴される。

　　この独島訪問は、むしろ李大統領自身が就任当初から「親日」といわれるほど、日本に対して寛大な姿勢を取ってきたにもかかわらず、日本側が教科書歪曲、日本軍慰安婦、独島問題など、いずれの問題に関しても譲歩と誠意を見せなかったことに対して、蓄積されてきた不満の表出である可能性が大きい。

　これは日本政府の歴史問題に関する誠意のなさ、そして度重なる「挑発」が、李明博大統領の竹島／独島への訪問を促したという主張である。

　基本的にはこうした論調を共有しながらも、その一方で、この訪問に関して疑問を投げかける社説も存在していた。例えば、『京郷新聞』は、「大統領の独島訪問によって、むしろ独島が紛争地域という印象を世界に広く与えてしまった」と述べた。『朝鮮日報』は、「領土紛争で実効的支配をしている国は現在の状態をそのまま維持しながら、新しく領有権を主張してその地域を紛争化しようとする相手国の試みに巻き込まれないように警戒しなければならない」と主張していた。また『ハンギョレ新聞』は、日本のメディアの論調を紹介しつつ、この訪問が「親族の不正と政権末期の権力低下に陥った李大統領が苦境を脱しようとした」という、李大統領個人に関する批判的な見解を示した。

　こうした主張は、韓国の全国紙が李大統領の訪問を必ずしも手放しで高く評

価していたわけではないことを示すものである。

2-2　日本の全国紙

　次に、この訪問に関する日本の全国紙の評価に関して、やはり社説を対象に検討してみる。『朝日新聞』は8月11日に、「竹島への訪問、大統領の分別なき行い」と題した社説を掲載した。そこでは、「自ら「最も近い友邦」と呼んだ日本との関係を危うくしたことは、責任ある政治家の行動としては、驚くほかない。日本政府は強く抗議して、駐韓大使を呼び戻す。日韓の関係が冷えこむのは避けられない」と厳しい批判の言葉を並べた。この主張の背景には、李大統領が2008年の就任以前から、日本に対して謝罪や反省を求めることについては慎重な姿勢をとっていたことがある。そして、「今回、大統領の背中を押したのは、こうした懸案〔慰安婦問題——引用者〕というよりも、本人の足元の問題ではなかったか。来年2月の任期切れを前に、大統領周辺では実兄や側近の逮捕が相次いだ。経済格差の広がりへの不満も強く、政権はすでに力を失っている」との診断を下したのである。

　『読売新聞』は、翌12日、「大統領竹島入り、日韓関係を悪化させる暴挙だ」と題する社説のなかで、やはりこの訪問を強く批判した。すなわち、「係争中の領土を一方の国家元首が踏めば、相手国を度外視した暴挙と言える。日韓関係も、これまで築いてきた信頼は損なわれ、冷却化は避けられない」と述べ、そのうえで11日に決定した日本政府の対応に関しては、「玄葉外相が、韓国の駐日大使を呼んで強く抗議し、武藤駐韓大使を帰国させた上で、国際司法裁判所に提訴する方針を表明したのは、当然の外交的措置だ」と述べている。

　『毎日新聞』もやはり12日の「竹島問題、深いトゲをどう抜く」と題した社説のなかで、「領土問題は国民感情を刺激する。それを注意深く制御することが、政治指導者の重い責任だ。大統領の竹島の上陸は、その責任を放棄する行動ではないのか。日米韓の安全保障協調にも悪影響が出れば、中国や北朝鮮を利する結果になる」というように、東アジアの国際情勢にまで踏み込みながら、強い調子で批判している。

　このように、朝日、読売、毎日、いずれの社説も、今回の竹島／独島訪問を厳しく批判し、日本政府の対応（韓国の駐日大使に対する抗議、日本の駐韓大使の召還、国際司法裁判所への提訴の構え）を妥当なものと主張している。そ

して、この訪問を促した主要因が、韓国内の李大統領に対する様々な批判だとの見解を示していた。

3 　竹島／独島問題の新聞報道⑵　2014年8月13〜16日

3-1　韓国の全国紙

　ここでは、8月13日から16日にかけての韓国の全国紙の論調に関して、いくつかの社説や記事を取り上げ、検討してみる（なお韓国では8月12日は新聞休刊日であった）。

　13日の報道の傾向としては、『東亜日報』と『朝鮮日報』が、日本の国際司法裁判所提訴に深い憂慮を表明したことがあげられる。例えば、「韓国、私たちの領土なのになぜ法廷に行く」（『朝鮮日報』）という記事がそれにあたる。その一方で「「独島愛国」過剰表出、問題ないのか」（『京郷新聞』）という記事では、高揚し、過激化する「愛国主義」に疑問が投げかけられていた。『ハンギョレ新聞』は「韓日政府、独島強硬だけが能ではない」と題した社説において、「韓国・日本両国政府は興奮を沈めて物静かに現実を直視する必要がある。強硬姿勢だけではどちら側も勝者になれなく、解決法も導き出されない。関係悪化の長期化は両国にとって益よりも損失が大きい」というように、両国に冷静な対応を求める主張が掲載された。

　李大統領は、15日の「光復節」（1945年8月15日、日本の植民地支配からの解放＝光復を記念する祝日）の前日（14日）に「天皇謝罪発言」を行なった。それは、「（天皇が）韓国を訪問したいなら独立運動をして亡くなられた方々のもとを訪ね、心から謝罪すればいい。「痛惜の念」だとか何だとか、そんな単語一つを見つけてくるのなら来る必要はない」というものであった。この発言は、日韓両国で大きく報道されたこともあり、日本からの強い反発を招き、両国の関係は一層悪化することになった。李大統領はまた、「光復節」の記念式典においては竹島／独島問題には触れずに「従軍慰安婦問題」を取り上げ、これは「人類の普遍的価値に反する行為」と、過去の日本の行為、および歴史認識に対し強く非難した。

　韓国の新聞もこの演説を大きく報道し、その上でこの問題に対する日本側の対応について批判した。『東亜日報』の「過去の歴史と独島、日本の「国家理

性」を要求する」と題した社説（16日）、すなわち「過去の歴史を賢く整理して未来に進もうとするなら、被害国より加害国の事実認定と反省が先行しなければならない。新しい韓日関係の出発点は、日本が帝国主義時期に犯した反人倫的犯罪に対する痛切な反省と正確な歴史認識だ」という主張はその典型である。加えて、各紙とも日本の閣僚の「靖国参拝」について報じ、また日本での反韓デモを報じた新聞もあった（『東亜日報』『朝鮮日報』）。その一方で、この演説に関しては、「残念な大統領の光復節祝辞」（『京郷新聞』16日）、「李大統領の外交発言、配慮と品位がない」（『ハンギョレ新聞』16日）と題した社説も掲載され、それらのなかでは韓国内の政治問題と関連させながら批判が展開されていた。

3-2　日本の全国紙

　このような一連の動きに関して、『朝日新聞』は「近隣と靖国、互いにいがみ合う時か」という社説（16日）のなかで、民主党政権の二人の閣僚が靖国参拝したことを批判した。同時に、李大統領の「天皇謝罪発言」にも言及し、以下のように解釈し、批判した。

　　　折も折、日本の植民地支配からの解放を祝う「光復節」の前日、韓国の李明博（イミョンバク）大統領が、謝罪を天皇訪韓の条件にするともとれる発言をした。韓国内には、韓国併合や旧日本軍の慰安婦問題をめぐって強い対日批判がある。それをあおるかのような大統領の発言を、野田首相が「理解に苦しむ」と批判したのは当然のことだ。

『読売新聞』は、「韓国大統領発言、日韓関係の停滞化を懸念する」と題した社説（16日）のなかでこの演説に触れ、「大統領の竹島上陸で冷え込んだ日韓関係が一段と悪化し、それが長期化することも懸念される。あと半年しか任期が残っていない大統領が、日韓関係の将来に禍根を残すような言動をとるのは、無責任に過ぎよう」とやはり強い調子で批判したが、閣僚の靖国参拝には触れることはなかった。さらに、「天皇訪韓は、両国民によって自然に受け止められるような形で実現することが望ましい。それなら、天皇訪韓問題は、当面、棚上げにするしかない」と強い姿勢を示した。
　『毎日新聞』の16日の社説、「韓国大統領発言　外交努力自ら壊すな」では、

竹島／独島訪問とこの発言に関して、「李大統領には強く自制を求めたい」とした上で、「こうした時代変化の中でも両国民が友好的な往来を続け、部分的ではあれ文化も共有しているのは、両国の人々が営々として築いてきた協力関係のたまものである。李大統領の行動や発言を看過できないのは、この努力の積み重ねを決定的に崩壊させかねないからだ」と述べた。このように、日本の全国紙3紙はいずれも、「天皇謝罪発言」の問題が生じたこともあり、日韓関係の一段の冷え込みを懸念しながらも強い調子で批判していた。

4　竹島／独島問題の新聞報道(3)　それ以降の批判の応酬

　日本政府は17日になると、竹島／独島の領有権問題を国際司法裁判所に付託すると表明した。また、李大統領の竹島／独島訪問と「天皇謝罪発言」について、野田首相は遺憾の意を表明する書簡を韓国政府に送るなどの措置を講じた。23日には、野田首相は衆議院予算委員会で「天皇謝罪発言」に関して「常識から逸脱している。理解に苦しむ」と述べ、李大統領の発言に対し初めて公式の場で撤回と謝罪を求めた。
　さらに20日前後に、安住淳財務相が韓日財務長官会談を中止し、通貨スワップ協定の延長中断、そして1993年以後定期的に行なわれてきた日韓フォーラムも延期などの方針が次々と打ち出されるに至った。

4-1　韓国の全国紙

　韓国側は日本政府が竹島／独島問題を国際裁判所へ提訴するという決定に対して強く反応し、日本側からの激しい反発に受けて立つかのように、韓国各紙も特集を組み、応戦する様相を見せた。竹島／独島問題は、「光復節」を経て歴史認識問題や従軍慰安婦問題と連関しながら、また日本政府の強い反発によってさらに熱を帯びることとなった。実際、『東亜日報』は18日の社説「感情的対応を自制する時」と題し、次のような主張を行なっている。

　　日本は最近日韓財務長官会議を一方的に延期し、日韓通貨スワップ延長を再検討する一方、韓国の国連安全保障理事会非常任理事国入りを防ぐという威嚇行為をはばからないでいる。日本は雲をつかむような独島領有権

主張を取りやめ、過去の歴史問題に対してより真剣な態度で周辺国に謝罪し反省しなければならない。

他の新聞も同様に、「度を越えた日本の外交攻勢、自制を求める」(『ハンギョレ新聞』20日)、「日本は100年前と何も変わっていなかった」(『朝鮮日報』22日)、「独島提訴で日本が得られるものは何なのか」(『京郷新聞』22日)、といった見出しを掲げた社説を掲載し、日本政府の対応を批判した。

それに加えて、「天皇謝罪発言」の撤回と謝罪を求めた日本政府に対して『ハンギョレ新聞』は「天皇発言のために内閣と日本全体が狂的に反応するのは、天皇を「現人神」として崇めながら、周辺国を侵略した過去「帝国主義日本」を想起させるだけだ」(20日)という記事を掲載し、日本政府の対応を強く批判した。また『東亜日報』は、22日に「感情的対応を自制する時」と題する次のような社説を掲載した。

　日本は、李明博大統領の独島訪問に続く天皇関連発言に過度に鋭敏な反応を見せている。李大統領の発言は政治と関係がない席で、ある教師の質問に答える形で行われたものであったという点を日本は考慮しなければならない。その上天皇の過去「痛惜の念」のような謝罪の発言を批判した内容が、天皇を冒瀆したと見ることはできない。日本憲法で天皇が国民統合の象徴ならば大韓民国憲法で大統領は国家元首だ。その程度を冒瀆とするなら韓国大統領を非難する日本政治家たちは何なのか。

さらに『朝鮮日報』は、「天皇問題となれば、理性を失い、集団的に盲目現象が生じる第二次大戦以前の日本の姿が、昔の映写機をつけたようにそのまま繰り返されている」(25日)と述べた。このように韓国各紙は、戦前戦中の日本と連関させて、「天皇謝罪発言」への日本の反応をとらえ、批判する傾向が見られた。

4-2　日本の全国紙

『読売新聞』は「「竹島」提訴へ――日本領有の正当性を発信せよ」と題した18日の社説のなかで、「竹島に関する日本の領有権の正当性を広く国際社会に

訴え、認知させる意義は大きい」と述べ、次のような厳しい主張を展開した。

　　竹島は歴史的にも国際法上も日本の領土であると、政府は折に触れて主張していく必要がある。現在の混乱を招いた責任は、ひとえに、竹島訪問を一方的に強行した李明博韓国大統領にある。内政面で苦境にある首脳が、日本との歴史認識や領土の問題を持ち出し、国内のナショナリズムに訴えて人気取りを図るのは、韓国歴代政権の常套手段だった。

　他方、『毎日新聞』は「尖閣諸島と竹島、冷静かつ賢明な対処を」(18日)、そして『朝日新聞』は「尖閣と竹島、政治が対立をあおるな」(21日)と題した社説で、日中、日韓の領土問題を関連づけながら、比較的穏健な対応を日韓両政府と両国の世論に対して求めていた。こうした論調は、『朝日新聞』の23日の社説「竹島提訴、大局に立つ日韓関係を」にも見られた。ここでは、「〔韓国に対する-引用者〕対抗措置は当然のことだろう」と述べながらも、「落ち着いた関係を築くには、歴史問題にも、もう一度向き合わざるを得ない。……残念なのは、日本側で歴史認識への疑問を呼び覚ますような言動が繰り返されることだ」というように、韓国に対する批判と同時に日本側の自制を求める主張も展開したのである。

　『朝日新聞』は25日になると、社説「日本と韓国、非難の応酬に益はない」を掲載したが、そのなかで韓国の新聞に対する批判も行なわれた。それは、「残念なことに、韓国の新聞を見ると、首をかしげざるを得ない論評が目につく。国内政治やメディアの圧力が政権の強硬姿勢の背中を押し、対立をあおる構図は危険きわまりない」というものであった。また、「天皇謝罪発言」に関しては、23日に日本政府が韓国側に謝罪と撤回を求めたことに対し『読売新聞』は日本政府の対応について25日の社説「首相「領土」会見、国際社会へ反転攻勢の一歩に」で以下のように評価している。

　　衆院は、大統領の竹島訪問と天皇陛下「謝罪要求」発言に抗議する決議を採択した。韓国による竹島の不法占拠の停止や、発言の撤回を求めている。大統領発言には、日本だけでなく、韓国国内でも批判があり、撤回要求は当然だ。決議は、韓国を「重要な隣国」と位置づけるなど、バランス

のとれた内容だ。共産、社民両党などが賛成せず、全会一致とならなかったのは残念である。

　この発言に関しては、『朝日新聞』は「日本と韓国、非難の応酬に益はない」と題した社説（25日）で「礼を失している」という表現を用い、また『毎日新聞』も「日韓摩擦、頭を冷やして考えよう」と題した社説で「ぶしつけな対日姿勢」と述べ、各々不快感を表明した。とはいえ、両紙とも日韓関係の改善という視点から、両国の政府と国民に冷静な対応を求めていた。

5　考察——争点連関と歴史認識の観点から

　ジャーナリズム論において、ジャーナリズムには「国籍」があるのかという深刻な問いが存在する。あるいは、マス・メディアが国益に反する報道を行なうことは可能かという問いかけが行なわれることもある。これらの問いがジャーナリズムに重くのしかかるのは、特に、外交問題や自国の利害が深くかかわる国際問題の場合であるのは明らかである（ここでは「国益」の捉え方に関しては、あえて言及しない）。マス・メディアを主体とするジャーナリズムが国家社会というシステムのなかで活動している以上、ジャーナリズムには「国籍」があり、また「国益」にかなった報道を行なう、というのが一般的な回答となろう（もちろん、それとは異なる立場からの報道が行なわれる場合も時にあるのだが）。
　こうした問題設定と回答の仕方に対しては、ジャーナリズムの本来の任務と矛盾するものという批判が必ずや生じるであろう。それらが、公平・中立、そして客観を旨とする規範的ジャーナリズム論の観点に立てば批判の対象となるのは当然である。
　しかしその一方で、例えば「メディア研究の重要な問いは、報道を行うにあたり偏向や選択が存在するか否かということではない。ある一定の視点に立って、メディアが社会を記述し、説明するのは当然のことである」（McCullagh 2002：15）という見解に依拠するならば、規範的ジャーナリズム論とは異なる、もう一つのジャーナリズム論のあり方が見えてくる。すなわち、日韓両国のメディア、あるいはジャーナリズムは、どのようなフレームによって竹島／独島

問題を切り取り、意味づけてきたかという観点である。それはまた、この問題を他のどの問題や争点と連関させながら報じ、論じてきたかという観点と密接にかかわる。そこで以下では、こうした視点からこれまで紹介し、解説してきた「竹島／独島問題の新聞報道」に関して分析を行なうことにしたい。というのも、この問題に関する日韓のジャーナリズムは明らかに国籍を有し、自国の国益を優先させてきたからである。

　まず韓国に関してだが、竹島／独島問題が歴史認識の問題と連関していたことがわかる。すなわち、歴史認識フレームのなかでこの問題が報じられ、論じられてきたと捉えられるのである。李大統領の竹島／独島訪問に関する報道や論評では、韓国内の内政問題と結びつけられることもあったが、それでも日韓関係のなかの領土問題という場合には、圧倒的に歴史認識との連関が強かった。また、日韓関係の悪化を懸念する意見もいくつか提示されたものの、それが支配的になることはなかった。

　日本に対するこうした厳しい論調を促した要因としては、やはり歴史的に蓄積されてきた「反日感情」の存在があげられよう。領土問題に関する歴史的な視点としては、韓国社会では広く受容されている主張、すなわち「韓国固有の領土に対する日本の攻勢〔領有権の主張〕は、過去における帝国主義を正当化することである」（カッコ内引用者、『ハンギョレ新聞』2012年8月16日）をあげることができる。こうした認識は、竹島／独島の領有権が覆されようとしているのは、日本が右傾化し、帝国主義へと回帰しているからという日本社会批判の主張をも導き出すことになる。そして、この種の主張は、日本側の歴史認識の問題が韓国メディアによって日常的に問題視されてきたことと深く結びついてきたのであり、だからこそ竹島／独島問題はメディア・ナショナリズムを発現させ、高揚させてきたのである。

　次に日本に関しては、竹島／独島問題は、教科書問題、慰安婦問題、靖国問題などとともに日韓間の最重要問題の一つという認識は広く共有されてきたと思われる。しかし、竹島／独島問題は韓国社会のように必ずしも歴史認識と連関してきたわけではなかった。知られるように、日本社会は中国との領土問題、すなわち「尖閣問題」を安全保障上のきわめて重要な問題と見なし、2012年8月時点でもメディアはさかんに報道していた。例えば『毎日新聞』は8月16日「尖閣と竹島、政府を挟撃」と題する記事で以下のように述べている。

第13章　日韓両国のメディア・ナショナリズム

　終戦記念日の15日、香港の団体メンバーが尖閣諸島（沖縄県）に上陸し、周辺諸国と「歴史」「領土」でギクシャクした関係の続く日本外交の苦悩を印象づけた。韓国の李明博(イ・ミョンバク)大統領は10日の竹島（島根県）上陸に続き14日には天皇陛下の謝罪を求めるに至り、日韓関係の冷え込みは決定的になった。日韓共通の同盟国・米国は対中けん制の意味でも日韓関係の強化を期待するが、韓国は中国重視の姿勢を強め、それが一層、日本の立場を難しくしている。

　この記事に加えて「北方領土」「竹島」「尖閣諸島」の各問題について簡単な説明も行なわれている。このように、日本にとって竹島／独島問題は歴史上の、あるいは歴史認識と連関する問題であると同時に、あるいはそれ以上に「領土問題」というフレームのなかで報道され、そうした認識は日本社会でもかなりの程度共有されていると考えられるのである。
　これまで、2012年8月10日の李明博前大統領による竹島／独島の突然の訪問に関する日韓全国紙の報道や社説を分析してきた。近年の世論が、マス・メディアとソーシャル・メディアとの相互作用の上に成立しているケースが多々あることは広く知られている。高度情報社会の現在では、その方が一般的とも言える。そして、本事例においてもこの傾向は見られ、マス・メディアとソーシャル・メディアが相互に連動することで、日韓いずれの社会においても情緒的な世論やナショナリズムが表出するという、メディア・ナショナリズ現象が生じたと考えられる。メディアが社会統合の有力な担い手であることは間違いない。しかし、それゆえに国際関係や外交の領域においては、メディアは危険な存在へと容易に転化しうるのである。

参考文献

大石裕・山本信人編著（2006）『メディア・ナショナリズムのゆくえ――「日中摩擦」を検証する』朝日新聞社
加藤典洋（1997）『敗戦後論』講談社
高橋哲哉（1999）『戦後責任論』講談社
坪井秀人（2005）『戦争の記憶をさかのぼる』ちくま新書
McCullagh, Ciaran（2002）*Media Power: A Sociological Introduction*, Palgrave Macmillan

編者紹介
奥野 昌宏（おくの まさひろ）
成蹊大学名誉教授。専門はマス・コミュニケーション論、ジャーナリズム論、東アジアのメディアと社会。主要業績：『マス・メディアと国際関係――日本・韓国・中国の国際比較』（共著、学文社、1994年）、『マス・メディアと冷戦後の東アジア――20世紀末北東アジアのメディア状況を中心に』（編著、学文社、2005年）など。

中江 桂子（なかえ けいこ）
成蹊大学文学部教授。専門は文化社会学、メディア文化論。主要業績：「柳宗悦〈民芸〉というまなざし――ヘゲモニーへの挑戦の軌跡」（『国際行動学研究』4巻、2009年）、『社会学ベーシックス 日本の文化と社会』（共著、世界思想社、2010年）など。

執筆者紹介（掲載順）
金 政起（キム ジョンキ）
韓国外国語大学校名誉教授。専門は政治コミュニケーション、日本政治史。主要業績：『国会ブラクチ事件の再発見』（ハンウル〔韓国〕、2008年）、『美の国　朝鮮』（ハンウル〔韓国〕、2013年）など。

金 泳徳（キム ヨンドク）
韓国コンテンツ振興院海外事業振興団長。専門は大衆文化産業論、日本における韓流や韓国における日流、ドラマ制作システムおよび産業。主要業績：『日中韓の戦後メディア史』（共著、藤原書店、2012年）、『メディア文化と相互イメージ形成――日中韓の新たな課題』（共著、九州大学出版会、2014年）など。

市川 孝一（いちかわ こういち）
明治大学文学部教授。専門は社会心理学、メディア文化論。主要業績：『人気者の社会心理史』（学陽書房、2002年）、『増補新版 流行の社会心理史』（編集工房・球、2014年）など。

文 嬿珠（ムン ヨンジュ）
韓国放送通信審議委員会研究員。専門は放送通信法制論、出版学。主要業績：「東日本大震災報道における対日本イメージの構成」（『日本学報』〔韓国〕92号、2012年）、「日本のヘイトスピーチと規制」（『日本研究論叢』〔韓国〕Vol.39、2014年）など。

白 承嫌（ベック スンヒョック）
韓国コンテンツ振興院責任研究員。専門は映像コンテンツの製作と流通、コンテンツ融合、コンテンツ価値評価。主要業績：『韓国メディアの現在』（共著、岩波書店、2012年）、「放送コンテンツ市場と収益分配モデル」（『韓国放送学報』〔韓国〕2015年）など。

蔡 星慧（チェ ソンヘ）
学習院女子大学・成城大学ほか非常勤講師。専門はマス・コミュニケーション論、出版メディア論、日韓文化論。主要業績：『出版産業の変遷と書籍出版流通』（出版メディアパル、2006年）、『韓国メディアの現在』（共編著、岩波書店、2012年）など。

田中 則広（たなか のりひろ）
ＮＨＫ放送文化研究所メディア研究部主任研究員。専門は日韓文化交流史、メディア・コミュニケーション、植民地研究。主要業績：「諸外国の短波による対日情報発信：1970-80年代前半の公共放送局による日本語放送を中心に」（『放送研究と調査』64巻10号、2014年10月）、「一九一〇年代の「京城」における日本人の活動写真興行――新田耕市および早川増太郎の事例を中心に」（『メディア史研究』38号、2015年）など。

李 錬（イ ヨン）
韓国・鮮文大学校言論広告学部教授。専門はジャーナリズム史．マスコミ倫理法制、マスコミ文化論、危機管理など。主要業績：『朝鮮言論統制史』（信山社、2002年）、『政府と企業の危機管理コミュニケーション』（博英社〔韓国〕、2010年）など。

森 類臣（もり ともおみ）
立命館大学R-GIRO専門研究員。専門はジャーナリズム研究、韓国朝鮮社会論。主要業績：「韓国メディア企業における資本調達および構造の一考察――『ハンギョレ』の「国民株方式」を事例に」（『マス・コミュニケーション研究』82号、2013年）、「日韓連帯運動の一断面――日本における東亜日報支援運動に関する考察」（『東アジア研究』17号、2015年）など。

小林 聡明（こばやし そうめい）
日本大学法学部専任講師。専門は東アジア国際政治史、比較ジャーナリズム史、朝鮮半島地域研究。主要業績：『在日朝鮮人のメディア空間－GHQ占領期における新聞発行とそのダイナミズム』（風響社、2007年）、『観点のある韓国放送社会文化史』（共著、韓国放送学会編、ハンウル〔韓国〕、2012年）など。

大石 裕（おおいし ゆたか）
慶應義塾大学法学部教授。専門は政治コミュニケーション論、ジャーナリズム論。主要業績：『メディアの中の政治』（勁草書房、2014年）、『ジャーナリズムは甦るか』（共著、慶應義塾大学出版会、2015年）など。

崔 修南（チェ スナン）
慶應義塾大学大学院法学研究科政治学専攻修士課程修了。

成蹊大学アジア太平洋研究センター叢書
メディアと文化の日韓関係
相互理解の深化のために

初版第1刷発行 2016年3月31日

編　者　奥野昌宏・中江桂子
発行者　塩浦　暲
発行所　株式会社 新曜社
　　　　〒101-0051　東京都千代田区神田神保町3-9
　　　　電話 (03)3264-4973代・Fax (03)3239-2958
　　　　E-mail：info@shin-yo-sha.co.jp
　　　　URL：http://www.shin-yo-sha.co.jp/
印　刷　メデューム
製　本　イマヰ製本所

©Seikei University Center for Asian and Pacific Studies, 2016
Printed in Japan
ISBN978-4-7885-1471-3　C1036